ANDREA ALCARAZ

LES TROIS UNITÉS

Roman

À Denise et Micheline, mes deux étoiles.

Je m'appelle Cloé Marc, j'ai seize ans. La psychologue du château m'a conseillée d'écrire toutes les choses marquantes de ma vie. Elle pense que je suis trop renfermée et qu'il faut que je parle. Alors, **parlons**.

L'ACCIDENT

Ma sœur Emilie passait son temps à brosser mes longs cheveux blonds. Elle disait qu'un jour, je déciderai de les couper. Ce jour-là elle en mourrait. Ce qui l'amusait, me semble-t-il, c'était la façon dont ils formaient des anglaises. Malgré le nombre de fois où elle passait la brosse dessus, ils rebondissaient aussitôt relâchés. Les siens étaient courts et bruns. Elle avait fait une couleur pour désobéir à notre grand frère, Adam.

— Salut ! lança-t-elle en rentrant du lycée.

Elle était ravie de mettre notre frère en colère. La veille, ils s'étaient disputés. Adam désapprouvait son nouveau petit ami, Vincent. Celui qui avait troqué leur statut de meilleurs amis.

— Emie, je rêve ! Qu'as-tu fait à tes cheveux ? Tu fais vraiment vulgaire. Papa aurait détesté !

Mes parents sont partis alors que je n'avais que deux ans. Se trouvant sur une montagne couverte de neige, une avalanche les emporta. Parmi leur groupe de six, seulement deux ont survécus. C'est ce qu'on dit.

D'après Adam, c'était l'origine des provocations d'Emilie à l'encontre de tout le monde. Une sorte de rébellion contre la vie.

Je n'ai jamais vraiment posé de question. Je ne les ai presque pas connus. De plus, Emilie remplaçait à elle seule toutes les personnes qui auraient pu me manquer. Elle était peut-être irresponsable de sa propre vie, mais pas quand il s'agissait de moi. Je n'ai jamais manqué de rien. Nous avions huit ans d'écart et, aussi loin que mes souvenirs me permettent d'aller, c'était elle qui s'occupait de tout, me concernant.

Adam était le fils que mon père avait eu d'un premier mariage. Il était tout juste majeur quand on l'informa de l'accident de nos parents. Suite à leurs décès, sa mère Elisabeth accepta de nous prendre en charge tous les trois. En réalité, prise par son travail et ses nombreux déplacements à l'étranger, elle n'était jamais là. Le deal était que nous pouvions rester tous les trois si nous ne faisions pas d'histoire. Elle n'était pas très bonne en éducation et avait abandonné l'idée d'avoir des enfants depuis Adam. Elle se contentait d'envoyer une somme d'argent assez importante tous les mois ainsi qu'une carte le jour de son anniversaire. Il avait dû jouer sur cela lorsqu'il lui a demandé de nous héberger et de remplir les papiers pour notre garde. Adam a toujours été fort pour convaincre les gens. Ainsi, nous vivions tous les trois dans une grande maison avec le personnel d'Elisabeth qui s'occupait de toutes les tâches quotidiennes. Sans son aide, nous n'aurions rien. Elle nous a même fait ouvrir un compte en banque chacun, avec assez d'argent pour toute une vie. Adam avait dix-huit ans, Emilie dix et moi deux.

La femme de chambre s'occupait volontiers de nous faire prendre le bain à Emilie et moi. Elle nous donnait à manger et nous berçait le soir. Je n'en ai que de vagues souvenirs puisqu'Emilie grandit bien trop vite et prit le relais en ce qui me concernait. Elle m'a toujours dit que j'étais comme sa fille. Elle disait que j'étais tellement sage, qu'il en fallait peu pour me satisfaire. C'est vrai que je ne me suis jamais plainte. Mais ce n'est pas parce que j'étais sage. J'ai toujours pensé que dans cette histoire c'est Emilie qui avait le plus souffert. Elle connaissait mieux nos parents que moi. Adam était bien trop occupé à s'insérer dans le monde de la politique pour nous accorder du temps. Elle sacrifiait déjà assez sa vie, alors je n'allais pas en rajouter. Dès qu'Adam était à la maison, ils se disputaient à coup sûr tous les deux. Les sujets étaient divers et variés. Le plus souvent, c'était parce qu'Adam était incapable de s'occuper de moi quand elle devait s'absenter. Elle lui reprochait souvent d'être égoïste et de la priver de vivre sa vie.

LE CHÂTEAU

Le soir de mon dixième anniversaire, en sortant de l'école primaire avec ma classe de CM2, Emie n'était pas là. Nous n'avions pas l'habitude de fêter les anniversaires car Adam oubliait à chaque fois. Cependant, Emie avait toujours un cadeau pour moi. En l'attendant, assise sur le banc de l'école, je me demandais ce qu'elle avait pu me préparer comme surprise cette fois. Au bout d'un long moment, c'est Adam qui arriva avec sa Golf noire. Je compris tout de suite qu'il y avait un problème. Je me souviens qu'il m'expliqua leur dispute. Emilie voulait partir faire ses études avec son petit ami. Le ton est très vite monté. Une gifle s'est perdue. « *Elle est partie avec ses affaires mais ne t'inquiète pas Cloé, je lui donne deux jours pour revenir* » M'avait-il assuré.

Cela fait six ans. Cela fait six ans que le seize avril n'est plus le jour de mon anniversaire mais le jour où Emie s'est enfuie.

Je savais au fond de moi que cela finirait par arriver. Néanmoins, je pensais qu'elle me prendrait avec elle en partant. A quoi pensait-elle ? Qu'est-ce que j'avais à faire moi, ici, seule avec Adam ? Avec le recul, je réalise que je ne lui en veux pas d'être partie. Elle n'était pas heureuse et n'aurait jamais pu élever une enfant, sans l'argent d'Elizabeth. C'est à lui que j'en veux, il n'a pas été capable de la retenir, ni de la retrouver.

Après son départ, il a mis trop de temps à remballer sa fierté et essayer de la chercher. Quand il comprit qu'elle ne reviendrait pas de sitôt, il contacta l'internat dans lequel travaillait Vincent — son meilleur ami et fiancé d'Emie — pour que j'aille y finir mes études. Apparemment elle était partie sans lui. Vincent et moi avions donc cela en commun. Depuis, quand je le regarde, je vois tout l'amour qu'il a pour ma sœur. Nous n'en parlons que très peu. Cela fait encore mal, même après six ans. Il me semble qu'il n'a eu personne d'autre. Elle est pour lui, comme pour moi, irremplaçable.

L'internat est immense. Pour y entrer, nous devons emprunter un pont passant par-dessus une rivière, que nous appelons Livia. C'est un ancien château de trois étages, datant du XVII ème siècle, comme j'en ai vu, petite, dans mes livres de contes. Il y a une cour intérieure. Du moins, ce qui fut une cour puisqu'elle a été rénovée et transformée en patio. C'est ici que nous prenons les repas, ou que nous faisons les fêtes de Noël pour les étudiants qui, comme moi, n'ont pas de famille avec qui les fêter. C'est dans ce patio que j'ai rencontré les personnes qui comptent le plus pour moi. D'abord Vincent, il y a six ans lorsqu'Adam m'a amenée ici pour la première fois. Il faisait noir, nous n'avions pas parlé de tout le voyage. Je me moquais bien qu'il m'amène ici ou ailleurs. Dans tous les cas il n'y aurait pas eu Emie. Adam avait dû se sentir pris au piège avec moi dans les pattes. Il a eu raison de m'amener ici. Au moins j'étais avec Vincent. Ce dernier aurait fait n'importe quoi pour la petite sœur d'Emie. Mon frère le savait. Quoi qu'il en soit, Vincent avait dû être prévenu de ma venue. Il me sourit en me voyant. Un sourire triste. Peut-être s'attendait-il à ce que je ressemble un peu plus à Emilie. Ce n'était pas le cas. Elle était assez petite et fine, cheveux roux et épais au naturel avec des yeux noisette. Le portrait craché de notre mère, paraît-il. La dernière fois que je l'ai vue, elle avait coupé ses cheveux et les avait teints en brun. Moi, je ressemble à notre père et à Adam. Cheveux blonds, yeux verts, et longue comme une girafe.

Ce soir-là donc, Adam tendit ma valise à Vincent en le remerciant. Puis, il se tourna vers moi : « Je te laisse un téléphone portable, j'ai déjà enregistré mon numéro. Je suis sûr que tu te plairas ici. Tu es mature, intelligente et tu n'as jamais eu besoin de personne » C'était faux bien sûr, j'ai toujours eu besoin d'Emilie. Il fit quelques pas vers la porte, puis se retourna et me fixa un instant. Je crus apercevoir ses lèvres bouger sans néanmoins distinguer le moindre son. Vincent murmura un « oui » à côté de moi comme s'il avait pu entendre la voix de mon frère. Comment se faisait-il qu'il fut à côté de moi d'ailleurs ? Je ne l'avais pas vu se déplacer. Ma vision était-elle brouillée ? Je ne pleurais pas pourtant. Je n'ai su que bien plus tard toute le secret de cet échange.

Vincent fit rouler la valise avec une vitesse que je n'aurais pu égaler. Il avait l'air pourtant aussi triste et fatigué que moi. Il semblait se contraindre et m'attendre, en se retournant plusieurs fois pour s'assurer que je le suivais. Je ne suis pas si lente ! Si? J'étais toujours la première en course à pied à l'école! C'est moi qui sautais le plus haut au saut en hauteur !

Je trottinais vexée, jusqu'à lui, quand il s'arrêta brusquement devant une porte d'ascenseur. Je devais lever la tête pour le regarder, il était aussi grand qu'Adam. Ses yeux étaient vert foncé, il était brun et avait les cheveux tellement courts que j'avais du mal à les voir de là où j'étais.

— Tu as dix ans c'est bien ça ?

— Oui, monsieur.

— Tu peux m'appeler Vincent. Je suis le directeur de cet établissement. Il appartenait à mon père et à son père avant. Ici, tous les élèves vouvoient leurs professeurs ainsi que moi-même. Ils doivent être présents à tous les cours notés sur leur emploi du temps personnalisé. Nous formons des classes selon le niveau de l'élève, sans prendre en compte son âge. Quelques cours peuvent se dérouler la nuit. N'aies pas peur si tu entends du bruit. Il y a des règles à respecter, je les ai posées sur ton lit pour que tu puisses les lire et les signer.

Il s'arrêta un moment pour que nous montions dans l'ascenseur. Il appuya sur le bouton du dernier étage : vingt-trois. Comment pouvait-il y avoir autant d'étages ? Je me rappelle m'être dit à ce moment-là « *Comment c'est possible ? Heureusement que je n'ai pas peur de l'ascenseur, il serait difficile de monter tant d'étages à pied !* » Il se baissa tout à coup à mon niveau, et me regarda droit dans les yeux :

— Tu n'es pas comme les autres Cloé mais je souhaiterais que tu fasses semblant de l'être… Du moins, pour l'instant. Tu peux venir me voir n'importe quand et me parler de tout. Mon bureau est au rez-de-chaussée, près de l'entrée. (…) Emilie m'a beaucoup parlé de toi.

Puis, il se releva. A ce moment-là, beaucoup de questions se bousculèrent dans mon esprit : « Pourquoi ne suis-je pas comme les autres ? Pourquoi devrais-je faire semblant ? Savait-il où était allée Emie ? Lui avait-elle demandé de veiller sur moi ? » Mais je ne dis rien. Non pas parce qu'il me faisait peur, ou parce que j'étais déboussolée, mais parce que sa voix dérailla légèrement quand il prononça le prénom de ma sœur. La douleur était encore trop fraîche dans nos cœurs pour que nous puissions parler d'elle librement.

L'ascenseur sonna enfin, et s'ouvrit sur un tout petit couloir. Pourtant, je m'attendais à être à des mètres au-dessus du toit. En face de moi, il y avait deux portes. À gauche, je pouvais distinguer une fenêtre, un peu plus loin. À droite, un rideau rouge de la longueur du mur et sur toute sa largeur. Bizarre.

Vincent ouvrit la porte de gauche avec une clef qu'il me remit. Je voulais dire merci mais aucun son ne sortit de ma bouche. Ma chambre était spacieuse. En entrant je sentis une odeur de violette qui me prouvait une fois de plus que Vincent s'attendait à ce que je vienne. Il y avait un grand lit à baldaquin avec des voiles blanc-rosés sur le dessus. Les draps ne formaient aucun pli, je vis les documents à signer, posés dessus. Il y avait une coiffeuse adossée au mur de droite avec un nécessaire à coiffer. En face de la porte, la grande baie vitrée donnait sur une terrasse que je ne pouvais pas bien distinguer à cause de la pénombre. En m'avançant vers la fenêtre je découvris une porte coulissante à demi ouverte sur ma gauche. Derrière elle, une salle de bain. À droite, une autre porte, comme celle de l'entrée de la chambre, mais fermée. Je regardais de toute part en essayant de mémoriser toutes les informations que je venais de recevoir : Où suis-je ? Emilie est partie… Adam est parti… Tout à coup, Vincent me prit le bras pour que je me retourne face à lui et m'essuya une larme du bout des doigts. Je n'avais pas conscience que j'étais en train de pleurer. Il me prit dans ses bras un long moment en silence puis desserra son étreinte et me regarda. Ses yeux étaient emplis de larmes qui ne coulaient pas. Il me tenait encore les deux bras, comme pour m'empêcher de tomber et je me sentis en sécurité. Je compris à cet instant pourquoi Emilie passait son temps libre avec lui. Après tout, elle aussi avait besoin de quelqu'un pour ne pas tomber. Ses yeux essayaient de me dire quelque chose que je n'arrivais pas à percevoir. Pensait-il que je savais lire dans les pensées ? En tout cas, il se voulait rassurant. C'est exactement ce qu'il fallait à la petite fille de dix ans qui se tenait en face de lui ce soir-là.

Le jour suivant, j'entendis beaucoup de bruit de huit heures à dix heures. Je pris soin de me laver, d'enfiler des vêtements qu'Emie m'avait achetés, de passer un coup de peigne sur mes anglaises blondes. Puis, il y eut un grand silence. C'est à ce moment-là que je décidai de sortir de ma chambre. Je pris l'ascenseur et descendis au patio. Le seul endroit que je connaissais. Le cœur du château. Je n'avais pas vu la veille à quel point il était beau : les rayons du soleil traversaient le toit de verre pour éclairer le sol en marbre. Tout avait été rénové. Ce n'était plus la cour extérieure d'un château mais bel et bien la pièce maîtresse de celui-ci. Les immenses plantes étaient disposées de part et d'autre du patio. Des tables se trouvaient par petits groupes aux quatre coins de la salle, comme si nous avions le choix entre différents restaurants. Au milieu, une fontaine était encadrée d'un petit muret de pierre sur lequel je m'assis. En levant la tête vers les murs du château, j'aperçu deux escaliers se rejoignant pour former une petite scène sur laquelle étaient disposés des sièges en cuir noir et un micro au centre. C'est ici que devaient se passer les rassemblements. J'essayais d'imaginer Vincent, en haut de cette estrade, face à ce micro quand soudain j'entendis du bruit tout près de moi. Je fis valser ma chevelure blonde en me tournant vivement vers le son. C'était une jeune fille, qui devait être à peine plus âgée que moi. Elle était en pyjama et tenait un jus de fruit dans sa main droite. Elle était assez grande, sûrement de la même taille que moi. Ses longues jambes fines étaient dorées, ses cheveux noirs. Elle me regarda et me sourit. Alors, je pris le regard dont je me servais à l'école quand je ne voulais pas que l'on vienne me voir. Celui que j'utilisais souvent pour ne pas être embêtée : la tête légèrement baissée, les yeux fixés sur son visage et les sourcils froncés. Ce regard marche toujours. Il fait peur aussi bien aux petites filles qu'aux garçons, et même aux adultes. Ils devaient se dire « *Pas commode cette enfant, quelque chose ne doit pas tourner rond chez elle.* » En gros, « *elle est folle* » quoi.

Mais, comme on dit, il faut toujours une exception ! Elle s'approcha de moi d'un pas décidé, sans une once de crainte. Elle prit une chaise du réfectoire et se mit en face de moi. Cette fois, je la regardais d'une façon que j'essayais de faire passer pour de l'indifférence.

— Salut ! Je suis Lana, tu es une nouvelle élève de la classe de Nuit ?

— …

— Tu sais tu peux me le dire, pour l'instant ça ne se voit pas trop sur moi mais regarde ! Je suis encore en pyjama ! Tous les élèves du Jour sont partis pour la journée !

— …

— Tu as quel âge ?

— Treize ans, mentis-je –De toute façon je les faisais largement.

— Comme moi ! Tu connais le château ?

Je fis « non » de la tête, avec l'air le plus blasé qu'il était possible de faire.

— Je vais te faire visiter !

Elle partit la première et se retourna en voyant que je ne suivais pas. Elle me regarda un instant puis ferma ses yeux longuement, en les rouvrant une larme s'échappa de son œil droit mais elle ne chercha pas à l'essuyer. Si elle comptait me faire le coup du pleurnichage pour que je lui parle, elle se mettait bien le doigt dans l'œil ! Moi aussi je sais pleurer sur commande si je me concentre comme elle l'avait fait ! Elle revint sur ses pas tandis que je tournais la tête, s'accroupit face à moi et me prit la main. La sienne était douce et je me mis à la regarder, sans trop savoir comment réagir. Puis, une fois mes yeux levés sur les siens, je sentis dans son regard noir un grand chagrin. J'en avais déjà assez du mien, alors qu'elle ne m'en rajoute pas, celle-là.

— Tu n'as pas treize ans n'est-ce pas ? Questionna-t-elle.

— Quoi ? Fis-je en levant un sourcil.

Comment le savait-elle ? Tout à coup, je sentis le rouge me monter aux joues. J'allais me mettre en colère, je le sentais. Mais elle se mit à me sourire et dit:

— J'ai rarement rencontré quelqu'un de si pur. Je suis sûre que nous allons bien nous entendre.

Je me mis à la regarder avec des yeux écarquillés de manière exagérée pour bien lui faire comprendre que je la trouvais complètement folle. Elle se mit à rire, d'un rire doux et frais comme un jour d'hiver sous la neige. Un rire pas complètement vrai. Le rire qui serait sorti de ma bouche si je voulais cacher à Emie que ça n'allait pas. Elle s'écarta en disant :

— Si tu veux bien de moi comme amie, je te promets que je ne t'abandonnerai jamais.

J'eus un réflexe de recul. Je ne faisais plus semblant de la trouver folle là, je la trouvais vraiment folle. Comment une fille que je ne connaissais de nulle part pouvait me dire les mots que j'avais toujours rêvé d'entendre de la bouche de mon frère et de ma sœur ? Si j'avais bien appris une chose depuis mes deux ans, c'était qu'on était seul, qu'il fallait se suffire à soi-même. Ne compter sur personne. Elle paraissait si sincère que je me mis debout tout en la regardant pour lui dire :

— Tu es complètement folle. Tu n'as pas d'amie ou quoi ? Je ne suis pas mère Theresa. Si tu as besoin de parler de ta vie pourrie, va voir quelqu'un d'autre.

Alors, elle se leva, tourna sur elle-même et partit en direction de l'ascenseur. Sa démarche n'était pas celle de quelqu'un d'énervé. Ni de quelqu'un de blessé. Elle semblait danser sur un nuage sans jamais poser les pieds au sol. Je me mis à lui courir après. Sans trop savoir pourquoi. Je me sentais soudain attirée par toutes les ondes positives qu'elle dégageait. Il y avait quelque chose de surnaturel, chez cette fille. Quelque chose qui m'empêchait de la laisser partir. Elle continua sa danse jusqu'à l'ascenseur puis le dépassa. Elle vagabondait dans les couloirs immenses en ralentissant lorsque l'on croisait une salle importante comme la bibliothèque, les salles de classes, la salle de cinéma, la salle de réunion, la salle de travaux pratiques... Je n'en revenais pas de la décoration baroque moderne de ce lieu. Lana appuya soudain sur la poignée d'une porte et nous nous retrouvâmes derrière le château. Une forêt s'étendait à perte de vue, de toute part de mon champ de vision, je la trouvais magnifique. Je compris tout de suite qu'elle serait mon refuge. Je remerciais Lana d'un sourire timide, qu'elle me rendit et nous rejoignîmes la forêt toutes deux.

À cet instant, je ne me doutais pas que l'étendue de la forêt n'était rien comparée à l'étendue de l'amitié qui m'attendait avec Lana.

Au début, j'ai intégré des cours la journée. Les autres élèves semblaient tout à fait normaux et n'ont pas osé croiser deux fois de suite mon regard associable. Lana était donc bel et bien une exception. Un jour, pendant le repas, elle m'informa que seuls les élèves les plus talentueux intégraient les cours de nuit. Ceux dont les capacités étaient au-dessus de la norme. Lana était dans une des classes de Nuit, elle était ma seule amie et il fallait absolument que je la rejoigne. J'apprenais vite, je n'aurais pas de mal à sauter quelques cours. Cependant, les élèves de la Nuit étaient vraiment différents des autres. Comme si le château abritait deux catégories de personnes : ceux que l'on pouvait retrouver n'importe où dehors, en ville, dans les boulangeries ou au supermarché, et ceux que l'on ne trouvait qu'ici. La question était donc : À quelle catégorie appartenais-je ?

LA DÉCOUVERTE

Pendant trois ans, nous nous sommes retrouvées, Lana et moi, après mes cours de Jour et avant ses cours de Nuit, pour nous raconter notre journée, notre vie passée et nos rêves. Nous allions souvent à la rivière, à l'abri des regards. Lorsque Vincent parlait devant la classe, il avait toujours un regard pour moi, un regard inquiet. Alors je lui renvoyais un sourire pour lui montrer que tout allait bien. Seulement, je m'ennuyais vraiment en cours. Honnêtement, ils étaient tous abrutis ou quoi ? Peut-être faisaient-ils semblant de s'intéresser ! Mettre autant de temps pour comprendre des cours si simples, ça me dépasse ! Et puis ce château avec un ascenseur de vingt-trois étages, ça n'étonne personne ?

Cela m'agaçait. Ainsi, je songeais de plus en plus à aller voir Vincent. Je n'étais jamais allée dans son bureau. On se parlait quelquefois, lorsque j'étais seule ou lorsque l'on se croisait. Nous avions une sorte de complicité naturelle. Sûrement due à l'absence d'Emie. Un jour, comme je toquais à sa porte, il m'invita à entrer et me dit qu'il se doutait que je finirais par venir pour lui demander de passer en cours de Nuit. Il m'informa qu'Adam avait bien précisé que c'était hors de question. Il agissait en tant que responsable légal. Je ne compris pas vraiment pourquoi. Ces classes de Nuit portaient sûrement un lourd secret, que j'étais bien décidée à découvrir. Mais pour cela, je le savais, il faudrait de la patience et de la discrétion. Je n'insistai donc pas et fis demi-tour. En sortant, je passai par le patio et regardais le sol en me posant un tas de questions sur ces classes de Nuit. Pourquoi Adam en avait parlé avec Vincent bien avant que je progresse en cours ? Pourquoi Vincent avait-il anticipé ma demande ? Moi qui pensais qu'il avait bien d'autres choses à faire que de s'intéresser à moi. Il semblait pourtant bien au courant de tous mes efforts. Je me rappelais de ce qu'il m'avait dit le premier jour « *Tu n'es pas comme les autres...* » « *Mais je te demande de faire semblant de l'être* » Que voulait-il dire ? Je me rappelais également des mots de Lana lors de notre première rencontre « *Tu es une nouvelle élève de la classe de Nuit ?* » « *ça ne se voit pas encore sur moi* ». Pourquoi faire partie des cours de Nuit devrait-il se voir sur nous ? Ou plutôt Comment ? Je voyais bien que les élèves de Nuit étaient différents. D'ailleurs ceux de Jour ne cessaient de parler d'eux. Ils ne se mélangeaient pas, j'entendais leurs commérages sans cesse en cours, ou à la cantine. Lana, elle, ne semblait pas les entendre, ou s'en moquait complétement. Pendant trois ans, j'ai pensé que c'était en travaillant d'arrache-pied que je pourrais intégrer les classes de Nuit. Ce n'était apparemment pas la bonne méthode. Je décidai de mener mon enquête quand soudain tout mon corps heurta quelque chose de solide

— Aïe ! Fis-je, sourcils froncés

En ouvrant les yeux je découvris face à moi un tee-shirt bleu foncé prenant toutes les formes d'un torse. Je reculai d'un pas et levai la tête en direction du visage de ce garçon.

Ouaw.

Aucune insulte, ni arrogance, ni stratagème pour le faire fuir ne put sortir de ma bouche... Il était bien plus grand que moi à cette époque. Sa peau mate luisait à la lumière du soleil. Ses yeux bleus clairs transperçaient chacune de mes cellules. C'était sans aucun doute le plus beau garçon que je n'avais jamais... Mais... Je l'avais déjà vu ! On n'oublie pas un tel regard. Je l'avais vu où ? Pendant que je réfléchissais, je ne m'étais pas aperçu que j'étais face à lui, comme une idiote, à le dévisager sans dire un mot...

Et qu'il faisait pareil.

Vincent, qui arrivait dans mon dos, regarda le garçon, puis moi, alternativement et dit :

— Matt, viens dans mon bureau tu veux ? Il y a trop de monde pour que l'on discute ici.

Mais « Matt » ne me quittait pas des yeux. Il attendit un instant qui me parut être une éternité avant de répondre à Vincent, d'une voix grave et posée :

— T'appelles ça un petit détail ?

Etais-je en train de rêver ? Parlaient-ils de moi ? « ça » ? « détail » ? Il fallait absolument que je me rappelle de ce Matt.

— Je t'avais dit de ne pas venir, répondit Vincent, si tu avais accepté de me parler au téléphone, tu aurais été prévenu plus tôt.

Matt retira ses yeux des miens. J'étais en apnée. Il semblerait que l'état de sidération dans lequel je me trouvais avait momentanément bloqué ma respiration puisqu'à ce moment-là, mes poumons reprirent leur activité et je repris enfin mon souffle. J'avais déjà oublié ma trousse à l'école, ou de regarder à droite et à gauche avant de traverser. Mais oublier de respirer… C'était une première !

« Traverser… » Ce mot eut l'effet d'une flèche en pleine poitrine, dans mon esprit. Je me souvenais de l'endroit où je l'avais vu. J'étais sortie avec l'école primaire, en CM1. Quand je me suis éloignée du reste du groupe, j'ai traversé seule la route. Un scooter — ou quelque chose comme cela — m'a percutée de plein fouet. Un jeune garçon est descendu du scooter. Il a enlevé son casque — rouge me semble-t-il — Il devait avoir quatorze ans. Ma vision était brouillée de larmes et de peur. Puis, j'ai cligné des yeux et je me suis retrouvée dans une pièce, sur un lit. Lui à côté de moi, le même regard, avec quelques années de moins. Je me souvins l'avoir regardé et avoir senti la douleur s'estomper petit à petit. J'étais comme anesthésiée. Toutes les choses autour de moi étaient floues et sans contour. Je luttais pour garder les yeux ouverts. Il s'activait autour de moi. Touchant rapidement tantôt ma jambe, tantôt mon ventre, puis mon bras. Je ne ressentais rien. Il était affolé. Moi, éteinte. Je me souviens m'être demandée si j'étais en train de mourir. Puis, plus rien.

Vincent et Matt continuaient leur conversation que je n'entendais pas à cause de l'afflux de souvenirs qui se bousculaient dans mon esprit. Pourquoi ce souvenir survenait-il maintenant ? Comment ai-je pu d'ailleurs l'oublier ? Comment étais-je rentrée ce soir-là ? Pourquoi ne suis-je pas allée à l'hôpital ? Y avait-il d'autres choses que j'avais pu oublier ?

Nous nous tenions tous les trois à côté de la fontaine, au milieu du patio. C'est là que j'avais buté dans Matt. Je m'assis donc sur le muret qui encadre l'eau, exténuée tout à coup par ce trop-plein d'informations. Les deux hommes s'arrêtèrent de parler pour me regarder d'un air dubitatif. La seule chose qui me vînt à l'esprit fut :

— Pourtant, je ne crois pas avoir de cicatrices ?

Je sentais le regard de Vincent se poser sur Matt, puis sur moi. Nous nous regardions dans les yeux, comme si tout autour de nous avait disparu. Il avait l'air de réfléchir à la réponse adéquate. Soudain, il ouvrit la bouche puis la referma. Il se tourna vers Vincent, qui cherchait également une réponse à la question que j'avais déjà oubliée, trop occupée à me perdre dans ses grands yeux bleu turquoise. Comment pouvait-il être si brun avec des yeux si clairs ? Le contraste avec sa peau mate en était déconcertant.

Lana passa sa tête derrière Vincent et me fit redescendre sur Terre. Elle ne dormait jamais cette fille ou quoi ? Elle regarda Matt, lui sourit et dit :

— Salut Matt, tu es de retour ?

« Bon. Lana connaît Matt. Si je ne parle pas trop, j'éviterai de sortir à nouveau des questions venant de nulle part. Tout à l'heure je soutirerai toutes les informations possibles à Lana », pensais-je

— Hey Lana, t'as grandi. Ça fait un bail que j'veux vous apprendre deux ou trois trucs. C'est Vincent qui bloque mais… Il a peut-être raison.

Il accentua sa dernière phrase en me jetant un regard en coin. Je décidai de regarder Lana. Elle ne semblait pas avoir remarqué. Peut-être étais-je paranoïaque finalement.

Elle souriait, comme à son habitude. J'admirais une fois de plus la douceur qui émanait d'elle alors qu'elle ne faisait rien de particulier. Vincent et Matt semblaient s'adonner à un discours muet. Je constatais qu'absolument tout le monde autour regardait dans notre direction. Pour une fois, j'aurais aimé entendre leurs commérages. Je me mis à les regarder tous les trois. J'étais encore assise sur le muret de la fontaine tandis qu'ils étaient debout. Je me sentis tellement petite face à eux. Je n'étais pas à ma place. Je décidai d'aller m'enfermer dans ma chambre.

Je n'entendis rien de ce qu'il se passait autour. Je pris l'ascenseur bondé, qui se vidait au fur et à mesure des mystérieux étages. L'ascenseur sonna au dernier, je fis face aux deux portes gris anthracite qui occupait mon étage. Derrière celle de gauche, il y avait ma chambre. Je ne remercierai jamais assez Vincent de m'avoir offert la plus haute pour me permettre de respirer. Derrière celle de droite, il y avait également une chambre, non habitée. Je le savais parce que la terrasse était commune aux deux chambres et que j'avais regardé plusieurs fois à travers la baie vitrée pour inspecter l'intérieur. Cependant toutes les portes étaient scellées : celle du couloir, la baie vitrée, et la porte intérieure qui reliait ma chambre à celle d'à côté. Pourtant, j'avais tourné le verrou qui se trouvait de mon côté de la porte pour pouvoir l'ouvrir. J'avais regardé par la baie vitrée, un deuxième verrou était placé de l'autre côté, en bas de la porte.

Je ne savais pas très bien pourquoi, mais j'eus envie de retourner voir cette chambre. J'ouvris ma porte, courus jusqu'à la baie vitrée. Puis, une fois dehors, je me mis face à la pièce. Elle était aussi spacieuse que la mienne, dans des tons plus ternes. Il y avait un grand bureau garni d'un ordinateur et de plusieurs documents rangés tout autour. Le lit était plus petit que le mien et beaucoup plus simple. Une porte se trouvait dans le fond, sûrement la salle de bain. Mon regard se porta de nouveau sur le lit, puis sur les tableaux au mur. J'avais déjà regardé plusieurs fois cette chambre. Ce jour-là, je la voyais d'un autre œil. C'était celle de mon souvenir, j'en étais sûre à présent. Celle où Matt avait soigné mes blessures de l'accident il y a quelques années. Certaines choses avaient changé : le bureau par exemple qui était plus grand. La télé avait dû être ajoutée. Cependant, le lit était le même, les tableaux du mur aussi, même si leurs contours n'existaient pas dans mon souvenir. Je sentis tout à coup une sensation d'étouffement. Je paniquai à l'idée que Vincent, Adam ou même Emilie aient pu me cacher des moments de ma propre vie.

Au même moment, le téléphone portable — que m'avait donné Adam le soir où il m'avait abandonnée — sonna. Il était le seul à m'appeler. Je ne répondais jamais. Ce jour-là, cela accentua ma sensation d'oppression. Surtout avec cette chaleur de mi-mai. J'avais du mal à respirer. Je mis mon maillot en vitesse, une robe par-dessus et attrapai une serviette de bain pour aller me rafraîchir à la rivière. Je pris l'ascenseur et priai pour ne croiser personne. Une fois en bas, je décidai d'emprunter la porte la plus proche de l'ascenseur pour aller à l'extérieur. Je fis le tour du château. En passant devant le balcon qui reliait ma chambre à celle de Matt, je me sentie observée mais ne relevai pas la tête. De toute façon, le château n'avait que trois étages de l'extérieur. Pourtant, ma chambre se situait au vingt troisième. Pour la première fois en trois ans, je ne trouvais pas cela normal. Je me rendis compte que, tout ce temps, je l'avais juste pris pour fait : Dehors, trois étages. Dedans, vingt de plus. J'accélérai le pas pour fuir toutes ces choses bizarres. On m'avait demandé de paraître normale, mais ce monde ne l'était pas.

Je me rendis à l'endroit où nous avions l'habitude de nous retrouver avec Lana. Nous nagions des heures et faisions des concours d'apnée. Il n'y avait jamais personne. C'était assez à l'écart du château, dans la forêt. Les autres élèves se baignaient en général devant, à côté du pont. Arrivée à notre endroit secret, je pris une profonde inspiration tout en jetant ma serviette et ma robe sur un rocher. Je plongeai dans l'eau claire. J'ai toujours adoré l'eau. Elle est apaisante et silencieuse. Chaque fois que j'avais une baisse de moral, je passais des heures dans l'eau à attendre que mon cœur se calme. Je me souviens qu'Emilie me faisait tout de suite prendre un bain quand je pleurais étant petite. Elle ne se fâchait pas si je restais deux heures. Elle prenait soin de remettre de l'eau chaude régulièrement pour ne pas que j'attrape froid.

Je sortis la tête de l'eau pour reprendre mon souffle et m'apprêtais à y retourner aussitôt quand j'aperçus Lana. Elle se tenait debout face à moi, l'air gêné ou inquiet. Peut-être les deux. Avant, j'adorais nager avec Lana. Depuis qu'elle a commencé à avoir plus de formes que moi, je me sentais comme une petite fille à côté d'elle. Pour tout le reste, cela ne se voyait pas qu'elle avait trois ans de plus que moi. Ce n'était pas du tout gênant. Elle s'assit sur le rocher et me regarda d'un air décidé.

— Qu'est-ce que tu attends ? Viens, fis-je

— Je n'ai pas pris mon maillot. Je te cherchais, tu es partie vite. Qu'est-ce qu'il s'est passé ?

— Mon frère a dit à Vincent qu'il était hors de question que j'assiste au cours de Nuit.

— Mmm.

— « Mmm » ? Quoi « mmm » ? Ça ne te fait rien ? Tu vas t'y mettre toi aussi avec tous ces mystères ! M'énervais-je

— Ecoute Cloé, dit-elle d'une voix douce, tu es ma meilleure amie, et je sens que tu es prête à exploser là. Moi aussi je trouve ça injuste que l'on ne te dise pas clairement les choses. J'en ai marre de te faire des secrets.

J'étais abasourdie. Il y avait donc bel et bien des secrets. Je sortis de l'eau, pris ma serviette pour m'enrouler dedans et m'assis à côté d'elle. Je ne voulais pas la regarder. Je savais qu'un secret était toujours dur à révéler et je n'ai jamais aimé que l'on me regarde quand, moi-même, je devais avouer quelque chose. Je décidai de fixer la terre, recouverte de brins d'herbe et de branches d'arbre sur lesquels marchaient de petites fourmis et... Bref. C'était la première fois que j'étais gênée avec Lana. Je l'entendis prendre une profonde inspiration et je ne pus m'empêcher de tourner la tête vers elle.

— Avant toute chose, commença-t-elle, promets-moi de ne pas partir en courant et surtout de n'en parler à personne.

— Tu me fais peur.

— Promets-le.

— Accouche !

— Et promets-moi aussi que ça ne changera rien entre nous. Ne me fais pas regretter de t'avoir tout dit.

En cet instant, elle paraissait fragile. Elle m'a toujours parue douce et calme, mais jamais fragile. Je découvrais un aspect d'elle qui m'était totalement inconnu. D'ailleurs, cela me fit penser que je ne connaissais pas grand-chose d'elle au final. Bon, elle intégrait les cours de Nuit donc forcément, elle était spéciale. Elle avait perdu ses deux parents également et était fille unique. Sa couleur préférée était le rubis et elle était amoureuse d'un garçon nommé Davy Kellor. Il était ici, à l'internat, mais je ne l'avais jamais vu. Apparemment, son niveau à lui était supérieur au sien. Quand je lui demandais où il était, elle me disait toujours qu'il était sorti. Elle était assez discrète sur sa vie intime. Au bout d'un moment, je lui dis :

— Je te le promets, quoi que tu me dises, ça ne changera rien. Après tout, tu peux avoir tous les secrets du monde, ça fait trois ans que tu les as et tu ne m'as jamais tuée !

Elle fit un sourire timide et je compris qu'il fallait que je me remette à regarder l'herbe et les fleurs et les fourmis et…

— Je suis née avec … un Don. — Jusque-là, je le savais. Elle était exceptionnelle, ça se voyait tout de suite — Mes parents ont eu un accident de voiture. Il pleuvait des cordes et nous avons traversé la barrière de sécurité. Il y avait un fleuve et la voiture a coulé. J'étais à l'arrière lorsque les pompiers ont remonté la voiture, cela faisait plus de deux heures que nous avions eu l'accident. Ils ont constaté un décès par noyade pour mes parents avant de se pencher vers moi, je n'avais rien.

Elle guetta ma réaction, je regardais toujours le sol, m'attendant au pire. Du coup, elle continua :

— Vincent est venu me chercher à l'orphelinat le lendemain. Il avait entendu mon histoire aux informations et m'a décrit l'internat ainsi que les cours de Nuit. J'ai accepté de le suivre, je n'avais plus rien à perdre. J'étais plutôt rassurée qu'il existe des personnes comme moi. Tu comprends ?

— Tu veux dire que tous les élèves de Nuit ont le même Don que toi ?

— Pas le même, disons que chacun a des particularités plus ou moins visibles. Les professeurs nous aident à les contrôler, à les exploiter ou à les canaliser.

J'avais pris l'habitude de cacher mes émotions depuis que mes parents étaient morts. Emilie m'avait dit que les gens arrêteraient de nous plaindre si nous jouions la carte de l'indifférence. J'ai donc appris à mettre un masque pour ce sujet-là. Puis je m'en suis servie pour à peu près tout le reste. Lorsqu'Emilie est partie. Lorsqu'Adam m'a laissée ici. Lorsqu'un professeur s'énervait car je n'avais pas fait le travail demandé. Lorsque mes camarades de classe essayaient de me parler… Mais je m'étais promis que je ne devais rien cacher à Lana. Depuis notre première conversation où elle avait tenu bon face à mon mauvais caractère, je m'étais dit qu'elle avait gagné le droit de connaître mes réactions. Alors j'allais être franche, même si mon visage n'exprimait rien.

— En gros tu es une magicienne ? Tu as des pouvoirs magiques ? Comme Les Sœurs Halliwell, genre.

— Ce n'est pas vraiment de la magie. Je ne fais pas apparaître de lapin et je ne me pique pas avec tout plein d'aiguilles sans rien ressentir. Je ne tue pas de démons et je ne fais pas exploser les choses – Même si certains peuvent le faire – Je ne me téléporte pas…

Elle s'arrêta un instant et me jeta un coup d'œil inquiet.

— Alors qu'est-ce que tu fais ?

— Je ressens les émotions. Je ne peux cependant pas les contrôler. Je sais respirer sous l'eau, pourtant je n'ai pas d'écailles et je ne suis pas une sirène, plaisanta-t-elle

Je tentai d'esquisser un sourire qui ne venait pas. Je n'avais pas du tout envie de partir en courant. Je n'avais pas peur non plus. Je trouvais ça plutôt fascinant. Même si au fond de moi, je savais qu'il y avait quelque chose de surnaturel chez elle depuis le début, qu'elle me le dise rendait les choses bien plus réelles. Tout prenait un sens : notre première conversation au patio, sa façon de savoir exactement quand il fallait se taire ou parler, partir ou rester. Et le fait qu'elle gagne à chaque fois lors de nos concours d'apnée. Tricheuse !

Elle attendait que je réagisse..

— Je ne partirai pas en courant Lana.

— Tu m'en vois ravie ! Je suis désolée de ne pas te l'avoir dit plus tôt. Je n'avais pas le droit, il est important que l'on se protège, tu comprends.

Je fis signe que oui, en me rhabillant. Il commençait à faire froid. Elle me raccompagna jusqu'à ma chambre et je la suppliais de rester. Elle pouvait bien rater les cours pour une fois ! Elle accepta et on s'installa sur le lit avec un paquet de chips et des cacahuètes. Je bouillonnais à l'idée d'en savoir un peu plus. Elle le sentait forcément !

— On va faire un truc : tu me poses des questions et j'y réponds. D'accord ?

— D'accord ! Tu n'as le droit qu'à un joker.

Elle fit oui de la tête, en riant. Par quoi devais-je commencer ? Il y a tellement de questions à poser.

— Qu'est-ce qu'ils ont, les autres, comme « Dons » ?

— Il y a quatre Dons. Le Don du Feu, celui de l'Eau, celui de la Terre et le mien : celui de l'Air. Tu ne peux en avoir qu'un et il est inné. Tandis que les pouvoirs que tu développes autour se travaillent. Je ne peux pas te dire ce que font les autres. C'est là que je choisis d'utiliser mon joker. Je te donne mon secret car tu es mon amie. Je ne parle pas pour les autres.

Bon, au moins, elle n'avait plus de joker, je me concentrais donc sur elle.

— Tu en as d'autres toi ? Des … « pouvoirs » ?

— Je suis susceptible d'en développer, je ne suis pas très douée tu sais, ils ne servent pas à grand-chose.

— Tu n'as pas besoin de dormir ? Je te vois toujours debout !

— Je ne dors que très peu, je n'ai pas besoin de beaucoup d'heures. C'est propre à moi, cela n'a rien à voir avec les Dons me semble-t-il. Davy dort parfois toute la journée !

— Tu l'as rencontrée ici, Davy ?

— Oui, le premier jour. On s'est tout de suite bien entendu, mais on est sortis ensemble que bien plus tard. Il était d'accord avec moi pour que je t'en parle. Il t'aime bien.

— Mais il ne me connaît pas !

— Je parle souvent de toi et son fr...

Elle s'arrêta net. Et me regarda d'un air coupable. Qu'est-ce qu'elle avait d'un coup ?

— Quoi ?

— Je pensais que c'est toi qui allais en parler la première. Je me disais que si c'était toi qui posais les questions...

— D'accord, la coupais-je, sentant qu'elle commençait à paniquer.

Je cherchais donc une question vague qui lui aurait permis de tout me dire sans se sentir coupable. Je comprenais son raisonnement même s'il était bizarre. Je réfléchis un instant et lui dis :

— Tu penses que je devrais savoir quoi ?

— Commençons par ...Vincent.

— Vincent... Fait partie de la classe de Nuit ?

— Oui ! S'exclama-t-elle, les yeux brillants.

Ce jeu se transformait en devinette. Je savais que je ne pouvais pas demander quel Don avait Vincent. Ni rien d'autre sur lui d'ailleurs, car il devait être le premier à ne vouloir le dire à personne. Il devait vouloir protéger ses élèves et son internat. Je réfléchissais à une nouvelle question quand tout à coup elle me frappa de plein fouet : Matt.

— Tu connais Matt de l'internat ?

— Ah, voilà… Non. Enfin, oui. Euh, pas tout à fait. Attends ! On recommence, la réponse est : pas seulement.

Comment ça « pas seulement ? » Mon cœur fit un bond avant de me rappeler que Lana était déjà en couple avec Davy. Je me détendis un peu. Elle me regarda d'un air sceptique

— Est-ce que tu ressens mes émotions là, tout de suite ?

— Oui…

— Et lorsque nous étions dans le patio tous les quatre ?

— Oui …

— Qu'est-ce que c'est ?

— De l'admiration surtout. Puis de la peur. Dit-elle, le regard vers les chips.

— Hum, fis-je, gênée à mon tour. Que peux-tu m'apprendre sans te sentir coupable de me l'avoir dit ?

— Rien, dit-elle en soufflant. Mais je vais te le dire quand même. J'estime que tu as le droit de savoir. Et personne n'est aussi proche de toi que je le suis depuis trois ans, n'est-ce pas ?

— C'est vrai. Il n'y a que toi… Et Vincent.

— C'est là où tu te trompes, commença-t-elle. Pourquoi crois-tu que ton frère connaisse Vincent depuis si longtemps ?

Pourquoi parlait-elle d'Adam tout à coup ? Je savais juste qu'ils étaient meilleurs amis depuis toujours et que ma sœur avait fini par sortir avec Vincent. Au début, c'était pour embêter Adam puis c'est devenu sérieux. Ils se sont fiancés, et elle est partie. Et j'ai atterri là. Voilà.

— Euh…

Je n'allais tout de même pas lui dire ça, ce n'était sûrement pas ce qu'elle attendait.

— Je ne me suis jamais posé la question.

— Bien, alors pose-la-toi, rétorqua-t-elle

Je réfléchis un instant. Oh et puis je m'en fichais d'Adam ! Pourquoi s'était-on éloignées du sujet « Matt » ? C'était bien plus intéressant franchement ! Peut-être qu'il y avait un lien. Je la regardais un instant, sentant une pointe d'impatience dans ses yeux qui me signalèrent que oui, cela devait être important. Alors, récapitulons : Vincent était à l'internat depuis toujours, puisqu'il m'avait dit qu'il appartenait à son père et à son grand-père avant. Il a repris les rênes très tôt. Mon frère est le fils de mon père et d'Elisabeth. Comment ont-ils pu se connaître ? La seule raison qui pouvait les faire se rencontrer était que …

— Adam ?!

— Oui. Ton frère était ici mais n'y est pas resté longtemps. Il n'y était déjà plus à ta naissance.

Elle s'arrêta un moment, puis reprit :

— Ton père aussi, d'après ce que j'ai pu comprendre.

— Ce n'est pas vrai !

J'étais abasourdie. Il y eut un instant de silence, Lana devait sûrement me laisser reprendre mes esprits. Elle n'avait pas l'habitude que je puisse avoir des réactions si vives. Quoi que… Puisqu'elle pouvait connaître toutes les émotions, c'était comme si elle m'avait déjà vu réagir vivement des tonnes de fois ! Comment savait-elle tout ça d'ailleurs ? J'hésitais à lui poser la question. Etait-ce important ? J'avais peur de poser une mauvaise question et qu'elle se referme comme une huitre, me laissant seule avec ma curiosité. Je pris tout de même mon courage à deux mains pour le lui demander. Elle prit une grande inspiration avant de me répondre. Mon souffle à moi était coupé.

— Bien. On y est. J'ai connu Davy quand je suis arrivée ici à douze ans. Il en avait seize. C'était un an avant que tu n'arrives. On est devenu amis très vite et on est sorti ensemble, comme tu le sais, que l'année dernière.

— Oui, fis-je, pour l'encourager à continuer, car je ne voyais pas bien le rapport.

— C'est lui qui m'a tout appris ici, je suis même allée chez lui plusieurs fois. J'ai rencontré sa famille. Ou du moins, une bonne partie. Il a deux frères et une sœur. Sa sœur, Jinn, a mon âge et également un Don. Elle est dans un autre internat que leur grand frère, Benjamin, dirige. Et son petit frère a choisi d'être ici le premier. Il me l'a présenté peu de temps après mon arrivée mais il était plutôt solitaire. Un soir, alors que Davy m'apprenait à contrôler mes ressentis émotionnels, il reçut un appel de lui et partit sans rien me dire. Quand il revînt, il m'expliqua qu'il devait raccompagner son frère chez lui et qu'il reviendrait seul. A son retour il m'informa que son frère avait mis en danger la sécurité de l'internat et des élèves. Il a amené une petite fille à qui il avait fait du mal, pour la soigner. Il avait donc exposé ses pouvoirs en dehors de l'établissement et face à une inconnue. Il s'agit de son frère…

— Matt, la coupais-je

— Oui. Je n'ai su que bien plus tard que c'était toi la petite fille de l'histoire. A peu près quinze jours après ton arrivée ici, quand Davy t'a vue pour la première fois. Ensuite, j'ai voulu tout savoir. Pas pour t'espionner hein, mais pour aujourd'hui. Je savais que ce jour allait arriver où tu te souviendrais et qu'il faudrait répondre à tes questions et te dire que Davy est le frère de Matt.

— Merci, murmurais-je.

Il y eut un nouvel instant de silence. Au moins, je pouvais compter sur Lana pour me dire la vérité. Ce n'était apparemment pas Adam, ni Vincent qui m'auraient avoué quoi que ce soit. Cela faisait trois ans que j'arpentais les couloirs de ce manoir, et aucun des deux ne m'avait dit qu'ils s'étaient connus ici, qu'Adam avait un Don. Finalement, je ne connaissais pas du tout ma famille. Je tentais donc d'en connaître un peu plus :

— Qu'as-tu appris d'autre ?

— J'ai surpris Vincent en conversation téléphonique avec Adam. C'est à ce moment que j'ai su que ton frère avait passé du temps ici, et j'ai cru comprendre que ton père aussi. Mais je n'ai rien su d'autre.

— Ils n'ont rien dit … à propos de ma sœur ?

— Ils n'ont pas eu besoin, je l'avais déjà vue ici plusieurs fois, avec Vincent. Elle était ... « normale » enfin, tu vois, elle n'avait pas de Don. Enfin, pas à ma connaissance.

— Ah… Fis-je, déçue.

— Je pense… Non, je suis sûre qu'elle était au courant pour la classe de Nuit. Je le sentais dans sa manière de nous regarder. C'est ce qui me pousse à tout te dire aujourd'hui. Vincent a fait une exception, c'était ta sœur. Tu es la mienne.

Je lui fis un sourire, qu'elle me retourna. Puis elle ajouta :

— Tu ne m'as jamais rien demandé sur elle et je sais à quel point ça te rend triste d'en parler donc…

— Oui, bien sûr, je comprends que tu ne m'aies rien dit. Tu en as déjà dit beaucoup plus que ce à quoi je m'attendais ! Ça fait un moment que j'ai perdu l'espoir qu'Emilie revienne, ne t'en fais pas.

J'avais d'autres questions en réserve mais après le sujet « Emilie » il y eut un nouvel instant de silence, bien trop long, et je n'avais pas remarqué que je m'étais endormie, épuisée par toutes ces révélations improbables.

À mon réveil, j'étais seule. Je n'avais pas entendu Lana partir. Le soleil frappait à travers la baie vitrée et m'éblouit un peu. Je pris un instant pour me remémorer les informations de la veille. Il fallait absolument que je pose des questions à Matt. Après tout, lui seul connaissait les détails de l'accident. Il semblerait qu'il soit digne de confiance puisqu'il m'avait sauvé la vie au détriment de sa scolarité ici et de la sécurité de ses camarades. Avec un peu de chance, je pourrais peut-être en savoir davantage sur Adam aussi. Pour Vincent, j'avais un plan : Je ferai exprès de me faire surprendre en train d'espionner les classes de Nuit pour lui dire que j'étais au courant des fameux « Dons » ou « pouvoirs », ainsi je pourrai poser des questions, sans que la faute ne retombe sur Lana.

Je pris une douche en vitesse car il était déjà dix heures. J'avais raté deux heures de cours. En descendant, j'entendis beaucoup de bruit en direction du patio. Pourtant, la pause était terminée. Je me dirigeai vers ma salle de classe pour ne pas prendre plus de retard. Je toquais à la porte mais personne ne me répondit. J'avais cours de biologie toute la matinée avec Mr. Ivan Jéromie, il avait environ trente-cinq ans avec quelques cheveux blancs. C'était le plus âgé des professeurs. Je me suis souvent dit que le corps enseignant était jeune parce que Vincent ne voulait pas avoir de problèmes d'autorité. Il était à présent évident que les critères se basaient non pas sur leur âge mais sur leur Don. Après réflexion, tous les professeurs de Jour étaient des professeurs de Nuit. Avant, je me disais que Mr Jéromie était plus âgé que Vincent mais bien trop gentil pour lui poser quelque problème que ce soit. J'avais souvent fait l'impasse sur les quatre heures de biologie que nous avions le jeudi matin et il n'avait jamais signalé mon absence. Je mettais cela sur le compte de mon rang de première de la classe. Alors, contester les directives du chef d'établissement était impensable. Maintenant je savais que c'était parce qu'Ivan Jéromie avait un Don. Vincent devait être plus fort que tous les autres enseignants pour être le chef, c'était logique, non ? Etre directeur si jeune était impossible en dehors du château, dans la vie « réelle ». Quoi qu'il en soit, il ne me dit pas d'entrer ce jour-là. J'ouvris quand même la porte, la classe était plongée dans le noir. Les rideaux étaient tirés et le silence de la pièce faisait résonner le bruit qu'il y avait dans le patio. Mes yeux prirent quelques secondes pour s'accommoder à l'obscurité. Les chaises étaient rangées sous les tables et le sol était parfaitement propre. Personne n'avait utilisé cette salle ce matin. Je refermais la porte et partis en direction du patio.

Tous les élèves étaient attroupés devant la petite scène où Vincent était visiblement en train de discourir depuis plusieurs minutes. De là où je me trouvais, j'avais du mal à apercevoir la scène. Je balayais le patio du regard pour me trouver une meilleure place. Je découvris que Lana était là, avec plusieurs personnes. Je me sentis rougir, c'était la première fois que je la voyais entourée. Je sentis une pointe de jalousie. Je pris le taureau par les cornes et les rejoignais. Je fis plusieurs pas assurés, évitant la foule. Quand Lana s'aperçut de ma présence, elle s'éloigna du groupe comme pour ne pas que l'on se mélange. Elle me fit signe d'aller vers la fontaine avec elle, c'était à l'écart de la foule — et de son groupe d'amis — ma jalousie augmenta. Pourquoi ne voulait-elle pas que l'on reste où elle était ? Qui étaient ces gens ? Je n'avais pas bien vu à cause de tout ce monde et cela m'intriguait de savoir avec qui Lana restait quand j'avais le dos tourné ! Je croyais qu'elle ne parlait pas aux autres élèves du Jour, m'aurait-elle menti ? Je la vis monter sur le petit muret entourant la fontaine et me tendre la main avec un sourire pour que j'y monte à mon tour. Ce que je fis, sans lui rendre son sourire. Elle était concentrée sur le discours de Vincent, les yeux fixés vers la scène. Les miens se mirent à chercher les élèves avec qui elle parlait tout à l'heure. C'est là que je les vis : un petit groupe de six personnes au milieu de la foule. Ils se différenciaient des autres de par leur allure assurée et leur air mûr et trop calme. Il y avait deux filles brunes, bouclées aux cheveux courts, des jumelles et quatre garçons. L'un d'entre eux tourna la tête dans notre direction et me regarda intensément. J'avais l'habitude de défier les autres du regard. Je commençai à froncer les sourcils quand il me vînt soudain à l'esprit les paroles de Lana : ces élèves étaient de la classe de Nuit, j'en étais sûre. Ce qui signifiait donc, d'après la discussion de la veille, qu'ils avaient eux aussi un Don. J'avais souvent cherché les ennuis avec les autres enfants, depuis l'école maternelle. J'aimais provoquer une bagarre et la gagner. Cette fois, je sentais qu'il ne fallait pas que je cherche les embrouilles avec eux. Je sentis Lana tourner la tête vers moi. Comme j'avais l'impression d'être prise en train de faire une bêtise, je me retournai vivement vers elle avec un sourire coupable, puis vers la scène, comme si de rien n'était. Elle devait sentir ma jalousie. Il fallait que je sois concentrée sur autre chose. Mon cœur fit un bond, Vincent n'était pas seul sur la scène. Il y avait Matt à sa droite, le regard dans notre direction. Je me mis à regarder Lana, puis Matt, et je compris : Ce n'était pas pour me réprimander de chercher les ennuis qu'elle s'était tournée vers moi, c'était parce que Matt était en train de me regarder. Encore. Cette fois elle l'avait remarqué, ou simplement ne faisait-elle plus semblant de ne pas le remarquer. Pour en avoir le cœur net, je lui dis :

— Hier aussi il m'a regardée comme ça.

Elle pinça les lèvres, et plissa les yeux comme pour déchiffrer Matt, qui leva un sourcil vers elle.

— Ne parle pas. Me dit-elle, les yeux toujours fixés sur la scène.

J'avais l'impression d'être une enfant quand ils étaient tous les deux dans la même pièce. Vexée, je me mis à me concentrer sur ce que disait Vincent. Il était apparemment à la fin de son discours puisqu'il énonça :

— Nous allons donc vous distribuer les récentes conditions d'enseignement que je viens de vous lire, à nous rendre lundi, signées. Votre nouvel emploi du temps sera établi en commission par vos professeurs et moi-même en fonction de vos résultats aux examens et de l'ajout des nouvelles matières. Je voudrais également vous présenter votre professeur d'Activités Physiques, Monsieur Kellor, qui vous fera passer un test d'aptitude dès la semaine prochaine. Merci de votre attention.

Des applaudissements résonnèrent dans l'immense patio. J'observai les visages de mes camarades de classe pour comprendre si oui ou non le discours de Vincent avait eu un impact positif. Certains semblaient angoissés, d'autres se donnaient des coups d'épaule et faisaient mine de se battre. Plusieurs filles se contentaient de sourire en direction de la scène en se dandinant de manière exagérée. Les professeurs s'activaient à distribuer les documents que j'étais impatiente de découvrir, puisque je n'avais rien écouté lors de leur lecture. Lana descendit du rebord de la fontaine et trottina jusqu'à Mademoiselle Mallet pour lui prendre deux documents. Je m'assis en la regardant se faufiler pour revenir. Elle me souriait, sans faire attention au monde qu'il y avait autour. Quelqu'un la bouscula. Elle tomba au sol et regarda sa main écorchée. Je couru dans sa direction, m'apprêtant à sauter sur la personne qui aurait le malheur de lui marcher dessus. Les six élèves de la Nuit me devancèrent et s'accroupirent autour d'elle. Le jeune homme qui l'avait bousculée continua son chemin. Il devait avoir l'âge de Lana. Il était grand et fort. Il ne se retourna même pas sur Lana pour s'excuser, ou voir si elle allait bien. Il se précipita vers la sortie avec son papier à la main et je ne pus m'empêcher de déverser toute ma colère contre lui. Je pensais à tous ces mensonges, tous ces secrets que l'on avait pu me faire. Je pensais à la distance immense entre le monde de Lana et le mien. L'injustice qu'Adam avait pu avoir un Don, des pouvoirs, alors qu'Emilie et moi en étions dépourvues. Les larmes me montèrent aux yeux, sans pour autant couler. Je m'approchai du garçon. Ma vision devenue floue ne m'empêcha pas de l'attraper par le bras afin qu'il se retourne. Je frappai son visage de toutes mes forces. Il était plus grand que moi et je dus me mettre sur la pointe des pieds pour donner le deuxième coup. Le troisième termina dans ses côtes. Je ne voyais rien d'autre : lui et moi en train de nous battre. Comme s'il était la cause de tous mes maux. Il essaya de se protéger de ses bras et je ne vis pas son visage. Etait-il surpris ? Je fis une pause un instant, le laissant reprendre ses esprits.

— Ex... Excuse-moi d'avoir bousculé ta copine, bégaya-t-il

Il n'était donc pas surpris. Plutôt très conscient de ce qu'il avait fait et à qui, même. Ma colère redoubla d'intensité. Ces derniers temps, les commérages sur les élèves de Nuit s'intensifiaient. *« Hautains »* *« fiers »* *« étranges »* *« anormaux »* étaient les adjectifs qui ressortaient le plus. La jalousie devait pousser mes camarades de classe à les détester. Un tel acte ne me surprenait pas. Après tout, cela devait arriver tôt ou tard. Il n'y a aucune cohésion de groupe entre les élèves de Jour et ceux de Nuit. Ils se détestent. Je m'apprêtai à recommencer à taper le garçon quand Lana me prit le bras. Je fis un geste rapide pour me libérer de son emprise et frappai le garçon à nouveau, du pied cette fois. Je n'entendais rien de ce que disait Lana, ni les gens autour. Je vis le garçon se tordre de douleur avant de se redresser pour me retourner mes coups. Il s'avança vers moi alors qu'une ronde s'était formée autour de nous. Il avait eu le temps de me donner un coup de poing sur la lèvre inférieure, lorsque Mademoiselle Mallet le tira par son tee-shirt. Il claqua sur mes dents et je sentis le goût du sang. Puis, je fus soulevée du sol. Des bras forts m'entouraient. J'essayais de m'en échapper. Ce n'était sûrement pas une nouvelle tentative de Lana pour m'arrêter, ils étaient bien trop forts pour être ceux d'une fille. Mes pieds ne touchaient plus le sol et on m'éloignait du reste du groupe. Je voyais leurs airs effrayés tantôt sur le garçon qui me tenait, tantôt sur moi. Même les six élèves de Nuit et Lana semblaient inquiets. Car les élèves de Nuit n'avaient jamais de grandes émotions comme la peur. Du moins, pas en public.

Je me débattais autant que je le pouvais. Je ne supportais pas de me sentir prisonnière. Je me tortillais dans tous les sens. Lui donnant des coups de coudes dans les côtes, et des coups de pieds dans les jambes mais il ne bronchait pas.

Je fus entraînée dans l'ascenseur, toujours à reculons. Quand les portes en verre teinté s'apprêtèrent à se fermer je me mis à crier. Il enleva un bras de mon torse et me mit la main sur la bouche. Je sentais mon sang couler sur sa main et mes yeux s'embrumèrent : je commençais à avoir peur. Tout mon corps était collé au sien. Il me maintenait de sorte à ce que je ne puisse plus bouger. Pourquoi personne ne nous avait suivis ? J'étais seule, dans un ascenseur fermé, avec un kidnappeur bien plus fort que moi. Même les élèves de Nuit –les amis de Lana– n'avaient pas osé le défier. Quelle idiote ! J'avais pourtant senti qu'il ne fallait pas chercher les problèmes ce jour-là. De son coude, il appuya sur un étage. Je me débattais encore. Le trajet de l'ascenseur semblait interminable. Mes larmes coulaient vivement maintenant. Puis, l'ascenseur sonna et s'ouvrit sur mon étage. Il enleva ses bras d'un coup sec et je trébuchai en dehors en me rattrapant au mur d'en face. Je me mis face à ma porte en cherchant les clefs dans ma poche, sans me retourner. « *Je ne fermerai plus jamais ma porte à clef* » pensais-je. Qu'est-ce que j'étais lente ! J'entendis l'ascenseur se refermer tandis que j'insérai la clef dans la serrure. Je ne la tournai pas encore à l'intérieur, de peur de faire trop de bruit. Ce qui était totalement stupide, certes. J'attendis un instant. Il n'y avait plus aucun bruit. Peut-être que c'était Vincent ? Personne ne savait — à part Lana et Vincent — que c'était mon étage. Et Vincent avait sûrement autant de force que cela. J'appuyai ma tête contre la porte quelques secondes. J'étais effrayée à l'idée de me retourner et de découvrir qu'il y avait bien quelqu'un et que ce n'était pas Vincent. Je fermai les yeux un instant puis décidai de m'assurer qu'il n'y avait plus personne. J'allais compter intérieurement jusqu'à trois, et me retourner. Un, Deux…

Trois. J'ouvris les yeux en me retournant vivement. Il était là. Matt était là, adossé nonchalamment aux portes fermées de l'ascenseur. Il essuyait sa main gauche, pleine de mes larmes et de mon sang, avec un mouchoir vert, ceux qui sentaient la menthe. Il leva ses yeux intenses sur moi, encore plus clairs que la veille. Je ne pus empêcher mes larmes de se remettre à couler, sans bruit. Je n'avais pas remarqué à quel point Matt était effrayant. Il paraissait plus âgé que ses dix-huit ans, et, en cet instant, même si je savais que mon physique me donnait facilement seize ans, je me sentais bien plus jeune. Ses yeux trahissaient sa colère, même s'il tentait de rester calme. J'étais pétrifiée face à lui. J'attendais qu'il dise quelque chose mais il ne dit rien. Il resta ainsi quelques secondes qui me parurent des heures, expira bruyamment comme pour étouffer un reproche, puis fis quelques pas vers moi. Mon cœur tapait de plus en plus fort et je crus qu'il pourrait exploser. Il jeta son mouchoir dans la poubelle du couloir, qui habituellement était toujours vide. Puis, il en sortit un autre de la poche de sa veste en cuir. Il s'approcha encore de moi et je dus lever les yeux pour le regarder. Il n'était qu'à quelques centimètres de moi.

J'eus le réflexe de reculer d'un pas et je butai contre ma porte. Je ne pouvais pas reculer davantage. Il fit doucement un pas de plus et mit sa main sur mon épaule. Je ne tentai même pas de cacher ma peur. Je regardais ses yeux s'adoucir mais mon cœur ne se calmait pas. Il tendit doucement son autre main vers mon visage et essuya mes larmes, puis mes lèvres. Je fermai les yeux pour me calmer et humai l'odeur de la menthe, bien meilleure que celle du sang. Je le sentis s'approcher encore un peu plus et mon souffle se coupa. J'ouvris les yeux et le découvris penché sur moi, me frôlant. J'entendis un bruit de serrure et il ouvrit ma porte. Celle sur laquelle j'étais appuyée de tout mon poids. Oubliant de me servir de mes jambes, j'atterris sur les fesses. Je relevai brusquement la tête en entendant le rire de Matt. Il se moquait peut-être de moi, mais au moins il n'était plus en colère. Je pouvais enfin me calmer. Il entra dans ma chambre alors que je restais assise sur le sol. Il se dirigea vers mon petit bureau, y déposa un papier plié en quatre, puis regarda dehors. Je me remis debout, en l'observant. Il tourna sa tête vers la porte scellée et déclara :

— Cette porte doit rester fermée des deux côtés.

Il s'agissait de la porte qui lie les deux chambres. Il avait dû voir que mon verrou était ouvert. Pourquoi devrais-je le fermer puisque la porte est déjà fermée de l'autre côté, et que personne n'habite dans l'autre chambre ?

« L'autre chambre » ou devrais-je dire « Sa chambre ». C'était le moment idéal pour lui poser toutes les questions qui me taraudaient depuis la veille. Mais comment aborder le sujet ? J'avais peur de dire quelque chose qui le mettrait en colère. Je m'assis sur le lit, pris une grande inspiration pendant qu'il fermait le verrou et demandai, le regard vers le sol.

— Tu vas emménager là ?

Moi qui ai toujours réussi à paraître sûre de moi, je perdais toute mon assurance face à lui. Au lieu de commencer par des questions importantes comme « Pourquoi m'avoir sauvée ? » « Pourquoi ai-je tout oublié ? » « Pourquoi n'ai-je pas de cicatrice ? » « Comment sais-tu que ma chambre est ici? »… Je posais des questions inutiles. S'il emménageait à côté, j'aurais plus de temps pour lui poser des questions, et je pourrais facilement lui parler et … Il serait tout près. Matt était certes effrayant, plus âgé que moi de cinq ans — et maintenant prof d'activités physiques — il n'en restait pas moins que je le voyais comme jamais je n'avais vu personne avant. Tout, en lui suscitait l'admiration. Le contraste entre sa peau mate et ses yeux bleu clair. Son air mûr et calme. Sa voix grave. Son sourire qui sortait d'une publicité pour dentifrice. Sa taille mannequin. Sa musculature parfaite. Bon, soit on m'avait jeté un sort, soit ce mec était *vraiment* parfait. En tout cas physiquement. Il devait donc y avoir un problème dans son caractère.

Déjà, il était effrayant.

Il attrapa la chaise de mon bureau, la mit à l'envers. Il s'assit en face de moi, les deux mains appuyées sur le dossier devant lui. Il prit un air sévère et plongea ses yeux dans les miens.

— J'me fous de ce dont tu te souviens, tu vas oublier. Je suis pas « Matt » mais « Monsieur Kellor », je suis pas « tu » mais « vous » et t'es pas hébergée juste à côté de ma chambre. On s'est jamais vu avant, et n'crois pas que tu es spéciale en quoi que ce soit. A partir de maintenant, tu vas être très sage. C'est clair ?

« C'est clair ? » Non, ce n'était pas clair du tout ! J'avais envie de crier « Pourquoi ? » Quand allais-je avoir des réponses ? Quelle était la meilleure attitude à avoir ? Il ne valait mieux pas le contrarier au vu du comportement qu'il adoptait lorsqu'il était énervé. Mais je n'allais tout de même pas m'écraser si facilement ! Moi aussi je savais m'énerver !

Moi aussi je savais avoir du caractère ! J'allais lui montrer de quel bois je me chauffais.

— Pas vraiment, non, commençai-je

Je me mis debout, avançai jusqu'à la porte d'entrée en faisant tout mon possible pour ne pas trembler. Je sentais ses yeux sur moi et j'essayais de rester impassible. J'ouvris la porte en me retournant vers lui.

— ... Mais je sais très bien jouer la comédie. Puisque nous ne nous connaissons pas, veuillez s'il *vous* plaît, sortir de ma chambre, *Monsieur Kellor*.

Il sourit poliment. Ce n'était pas le sourire moqueur qu'il m'avait adressé plus tôt. Il remit la chaise à sa place et se dirigea vers la sortie. Il s'arrêta à mon niveau, me regarda un instant. Je crus perdre le semblant d'assurance que j'avais eu du mal à rassembler pour lui dire ces quelques mots. « *Faites qu'il sorte vite* », pensais-je, en détournant mes yeux des siens. C'est ce qu'il fit. Je pris soin de ne pas claquer la porte. Je ne voulais pas qu'il pense que cette conversation avait pu me toucher.

Les jours suivants, il y eut les examens, les tests d'aptitude. Sa matière consistait en toutes sortes d'activités physiques : la course, le saut en hauteur, l'accro-branche, l'équitation, l'escalade, le kayak, la plongée, la boxe... Mais très peu d'activités d'équipe. Parfois, il nous mettait dans des situations compliquées et nous devions nous en sortir par nos propres moyens. Par exemple il nous enlevait le matériel de sécurité en escalade, en boxe ou à l'accro-branche. Souvent, les filles craquaient lors de ses cours. C'était quelqu'un de très dur et difficilement abordable. J'étais sûre qu'il mettait une distance parce qu'il savait qu'il plaisait. Il n'était pas beaucoup plus âgé que nous et j'étais la plus jeune du cours. Il agissait avec tout le monde comme il avait agi avec moi dans ma chambre, lorsqu'il avait pris son air professionnel. Il ne me regarda plus jamais comme il l'avait fait les deux premiers jours. Il montrait de l'indifférence à mon égard pratiquement tout le temps. Les exceptions étaient rares : je surprenais un sourire en coin parfois lorsque je réussissais une activité où la plupart des filles échouait. Je croyais percevoir une pointe d'inquiétude lorsque je combattais contre des garçons à la boxe. Un soir, j'ai dû crier suite à un cauchemar car il est venu dans ma chambre, essoufflé, et a attendu que je me rendorme. Cependant, lorsque nous nous croisions seuls, il n'avait aucun regard pour moi. Je me disais donc que le reste n'était qu'illusion. C'était d'ailleurs plus simple de penser cela. Je ne voulais plus jamais avoir affaire à une de ses colères. Il m'avait peut-être sauvé la vie, mais depuis il avait dû le regretter et me haïr pour la manière dont cela avait impacté la sienne.

Le nouveau règlement indiquait que nous étions susceptibles d'être renvoyés si nos notes étaient insuffisantes. Vincent avait placé la barre haute. Il voulait que nous excellions. Pour ma part, je réussis haut la main tous mes examens mais ne reparlais plus des cours de Nuit à Vincent. Lana non plus n'évoqua pas ce sujet. Apparemment la venue de Matt avait mis un terme à nos projets d'étudier ensemble. De toute façon, je n'avais développé aucun Don. On ne me reparla jamais de cette bagarre avec « Tom », le garçon qui avait bousculé Lana. Il me regardait souvent, sans méchanceté. Je ne savais pas trop ce que c'était d'ailleurs, comme regard. Je n'ai pas été sanctionnée ni par « Monsieur Kellor » ce jour-là, qui m'avait malgré tout fait très peur, ni par les autres professeurs présents. Lana ne me posa aucune question sur ce qu'il s'était passé et je ne lui dis rien non plus.

Je rêvais souvent d'Emilie, comme avant. Mais aussi de Matt, de cette chambre, de mon sang sur ses draps, de son air effrayé. Comme pour me rappeler que je devais découvrir quelque chose sur ma vie. Matt avait été clair. Je le craignais au moins autant qu'il m'attirait et ne trouvais pas le courage de mettre mon plan à exécution concernant la Classe de Nuit. La fin de l'année approcha très vite. Cette année-là, Adam insista pour que je passe les deux mois de vacances avec lui. Puis pareil pour les deux années suivantes. J'ai trouvé cela suspect. De quoi voulait-il m'éloigner ? De qui ?

J'avais essayé de lui poser des questions un jour, sans mentionner son Don, ni l'accident. Il demeura muet et je n'insistai pas de peur qu'il m'interdît de retourner à l'internat. Ce fut donc trois années de plus dans l'ignorance, luttant pour ne pas m'enfuir à mon tour. Je restais sagement à ma place, attendant le moment propice pour découvrir un indice. Je voyais Lana s'éloigner petit à petit, prendre de l'assurance, mûrir. Elle s'était fiancée à Davy, que j'avais rencontré à l'infirmerie un jour. J'avais perdu un combat de boxe et j'étais mal en point. Il m'avait souri, s'était assis près du lit et m'avait parlé longuement. Cela m'avait aidé à surmonter la douleur. Il ressemblait à Matt mais avec des yeux marron. Il n'était pas aussi grand que son frère.

Il me raconta les détails de sa rencontre avec Lana. Je voyais dans ses yeux à quel point il l'aimait. Il me signala qu'elle parlait tout le temps de moi et que c'était comme s'il me connaissait déjà par cœur, ce qui me fit rire. Puis il me parla de sa famille. J'appris que leur frère aîné était quelqu'un de très sévère et qu'il avait toujours été plus exigent avec Matt qu'avec les autres. Il avait voulu les entraîner à combattre, à devenir les plus forts. Seul Matt avait tenu jusqu'au bout, apparemment pour protéger les siens. Je ne compris pas bien pourquoi, ni contre qui. Beaucoup de secrets planaient sur ces classes de Nuit et sur leurs élèves. Ils semblaient de plus en plus tendus, comme sur le point d'entamer une guerre. Je le sentais dans l'atmosphère et avec Lana. D'après ce qu'elle m'avait dit, il existait au moins un internat comme le nôtre avec des élèves ayant un Don. C'est le grand frère de Matt et Davy qui le dirigeait. Peut-être s'en servait-il d'une mauvaise manière, qui pourrait nuire ? Après tout, tout était possible. Surtout au vu du portrait que Davy m'avait dressé de son grand frère. Il ne valait mieux pas croiser son chemin.

Dans tous les cas, on me tenait à l'écart des portes de ce monde-là, et je ne comptais pas forcer l'entrée pour l'instant. Je me contentais d'observer de loin. Je croisais de plus en plus les élèves de Nuit et commençais à les reconnaître. Je les entendais chuchoter parfois, comme si tout ce qu'ils disaient devait être énoncé à voix basse. Chaque mois, je voyais une nouvelle fille au bras de Matt. Quand tout le monde rentrait de week-end — alors que je passais le mien au château — j'aimais observer l'arrivée des élèves et des professeurs. Ils revenaient bronzés et plein d'énergie. Mais Matt gardait le même self-control et ne semblait même pas s'apercevoir qu'il était accompagné de filles magnifiques chaque mois. Au début, j'étais verte de jalousie, puis je m'y suis faite. Il n'y avait jamais rien eu entre nous. Je ne saurais rien sur l'accident tant qu'il ne le déciderait pas de lui-même, il fallait que je l'accepte. Je continuais tout de même à l'admirer constamment, buvant chacune de ses paroles. Respectant soigneusement chacun de ses conseils pour être la meilleure.

Au fil des années, des élèves étaient virés, certains partaient d'eux même. D'autres, plus doués, parvenaient, comme moi, à gravir petit à petit les échelons. Puis, il y avait des arrivants, de nouveaux élèves de Jour, et de Nuit, d'après Lana. Je menais ma vie de façon à ne pas me faire trop remarquer, même si je savais que les autres élèves continuaient leurs commérages sur moi. En effet, je n'étais pas trop aimée. Un jour Lana, amusée, me signala qu'ils m'appelaient « La princesse » parce que je restais dans mon donjon, là-haut, et que je ne me mélangeais pas. Il disait « là-haut » parce qu'ils s'étaient aperçu que je restais dans l'ascenseur alors qu'ils descendaient. Mais ils ne pouvaient pas accéder à mon étage. Comme si le château autorisait ou non l'accès à certains endroits, selon les élèves. Je n'étais pas dupe, s'ils ne m'aimaient pas c'était surtout parce que j'étais désagréable avec eux. Vincent ou les autres professeurs ne me punissaient pas lorsque je n'allais pas en cours ou que je ne faisais pas le travail demandé. Cela suscitait la jalousie. De plus, je ne manquais pas d'argent grâce à Elizabeth, la mère d'Adam. Il envoyait son personnel m'acheter des vêtements de marque. Mes longues anglaises blondes n'arrangeaient rien. Lana disait que Davy et elle, avaient aussi adopté ce surnom à mon égard parce qu'ils l'aimaient bien. C'était bienveillant de leur part. Je n'avais rien d'une princesse mis à part mon apparence. Je savais me défendre et n'étais pas fainéante. Je consacrais la plupart de mon temps libre à escalader les arbres de la forêt. À observer les animaux le jour et les étoiles la nuit. À songer à Emilie, à l'endroit où elle avait pu se cacher. Si elle était toujours vivante. Ma vie n'était pas toute rose et personne n'avait rien à m'envier. Mais les adolescents sont durs entre eux alors je préférais rester dans mon coin.

L'EVEIL

Aujourd'hui, j'ai seize ans. La psychologue du château m'a conseillé d'écrire toutes les choses marquantes de ma vie, elle pense que je suis trop renfermée et qu'il faut que je parle plus. Lana est d'accord. Elle a dix-neuf ans maintenant et songe au mariage avec Davy. Elle voudrait que je sois leur témoin. Je me vois mal entourée de tous ses amis aux supers pouvoirs mais je ne lui dirai pas comme ça. Adam et moi n'avons toujours pas la relation qu'un frère et une sœur doivent sensément avoir. Je m'en fiche. Je n'ai jamais eu de signe de vie d'Emilie, et, à vivre la constante tristesse de Vincent, je pense que lui non plus. Cela fait six ans.

Nous sommes en septembre, Adam m'a ramenée deux jours avant la rentrée. C'est pour cela que j'ai vu la psychologue plus tôt. C'est un rituel, tout le monde doit passer par elle avant d'entamer la rentrée. Peu de personnes sont restées au château cet été. Vincent n'y était pas. Lana est venue avec moi chez Adam. De toute façon il n'était jamais là. Nous en avons bien profité ! Lana ne manque pas d'argent non plus, grâce à Davy. Apparemment, la famille Kellor est très riche. Quant à Adam, il passe son temps à travailler. Il m'a dit qu'il faisait de la politique, je crois. Du coup, il n'a plus besoin de l'argent d'Elizabeth et il me donne sa part de la pension qu'elle nous verse. Même si la mienne me suffit amplement. Je pense qu'il cherche à se racheter de m'avoir abandonnée à son tour.

Bref, avec Lana, nous nous sommes offert une croisière et nous avons parcouru les îles Grenadines. C'était magnifique. Je n'ai rien vu de si beau. Puis, nous avons cherché un appartement pour leur couple en métropole. Ils s'appelaient souvent, mais Davy devait rester avec sa famille. Lana ne semblait pas déçue. Nous n'avons jamais été si proches, même avant cette histoire de Classe de Nuit.

Je suis donc au château pendant qu'elle s'adapte à sa nouvelle maison. Elle va quand même venir s'installer ici la semaine, c'est plus pratique. Ils rentreront ensemble le week-end. Je suis heureuse pour eux. Davy est quelqu'un de bien. Même s'il est beaucoup absent. Qu'en pense Lana ? Je vais le lui demander en texto :

C : Tu trouves pas qu'il est beaucoup absent Davy ?

L : Y'a une sale ambiance chez eux. Matt a disparu depuis quelques jours & Davy veut que sa sœur vienne au château cette année pour l'éloigner des conflits.

Mon cœur a fait un bond. Oh non, ça n'allait pas recommencer. Toutes les personnes auxquelles je tiens doivent-elles disparaitre ? En plus, j'ai pensé à lui tout l'été. Il est vrai que nous n'avons jamais été vraiment proches, depuis cette histoire dans l'ascenseur. Il m'avait fait peur à ce moment-là, et m'avait paru bien plus dangereux que bienveillant. Seulement, par la suite, il m'a toujours poussée vers le haut et m'a donné mes propres armes pour que je puisse me débrouiller toute seule. Contrairement aux autres, il n'acceptait pas que je manque ses cours. Ça l'importait. Je lui ai rendu la pareille en essayant d'être la meilleure. Moi aussi, cela m'importait. J'ai conscience que ses cours permettent d'anticiper une attaque. Mais laquelle? Je ne sais pas. En tout cas, j'espérais pouvoir me battre aux côtés de Lana, Davy, Vincent et … Matt.

« Matt a disparu depuis plusieurs jours » Oh non, pas lui, pas lui, pas lui. Tout à coup, je me précipite hors du patio, j'ai besoin de savoir qu'il va revenir, les larmes me montent aux yeux, je cours vers l'ascenseur et appuis sur le dernier étage. J'ouvre la porte de ma chambre –que je ne ferme plus à clefs depuis l'épisode de la dernière fois- puis j'ouvre le volet de la baie vitrée et sors. J'hésite un moment avant de passer de son côté de la terrasse. Je ne l'ai jamais fait depuis qu'il m'avait dit que nos relations étaient strictement professionnelles. Sauf que pour moi, elles ne le sont pas. Je ne supporte pas de savoir qu'il ait pu disparaitre. Je me précipite alors et regarde à l'intérieur de la pièce sombre, en mettant mes mains en visière pour mieux voir. J'aperçois l'ordinateur en veille, je le sais car le bouton clignote, ce qui veut dire qu'il l'a utilisé récemment, ouf.

Son lit bouge ! Oh zut, zut, il est là, il va me voir et il va s'énerver à coup sûr. Je me dépêche de regagner ma chambre, le cœur battant à tout rompre. Je récupère mon téléphone et envoie à Lana :

C : Matt est là, rassure Davy.

L : Merci. Je dois te laisser. On se voit dans deux jours, ça va aller ?

C : Ouais.

Ça ira, bien sûr, quand mon cœur se calmera. Lana s'inquiète que je sois seule avec Matt parce qu'elle aussi sait à quel point il peut être dangereux. Elle le sait sûrement mieux que moi puisqu'elle le connaît mieux. Elle connaît ses pouvoirs. Je pense qu'elle me protège. Elle sait quelque chose que je ne suis pas prête à entendre. C'est pour cela que nous n'avons jamais parlé de l'incident de l'ascenseur. Je ne suis pas prête à connaître les horreurs que peut cacher Matt Kellor alors que je l'admire du plus profond de mon être. Pendant trois ans, tout le monde avait été très prudent et avait consciencieusement évité de me parler de l'accident de scooter et de ses conséquences. Pendant trois ans, j'avais également évité tout sujet pouvant concerner Matt. D'abord par fierté, après lui avoir dit que je savais bien jouer la comédie. Puis, parce qu'en y réfléchissant, il devait y avoir une bonne raison pour qu'Adam, Vincent ou Matt ne me disent pas la vérité.

Cependant, fermer les yeux trop longtemps sur ce qu'est ma vie en réalité n'est pas bon non plus. J'y ai beaucoup réfléchis cet été. Je ne peux pas rester la petite fille sage qui ne pose aucune question. Même si cela énerve Matt. Il s'agit de ma vie après tout. Je sais qu'il joue la comédie depuis qu'il m'ignore. J'avais ressenti que j'étais spéciale pour lui la première fois que je l'ai vu dans le patio. Et aussi quand Vincent l'a présenté devant tous les élèves. Je ne suis pas folle, il ne regardait que moi. En plus des nombreuses fois où je l'ai senti m'observer en douce. Je ne sais pas pour quelle raison. J'espère évidemment que c'est parce que je lui plais. Mais franchement, c'est impossible ! Nous ne faisons pas partis du même monde. Il est vrai que plus les années passent, moins l'écart entre nos âges se fait sentir. Je n'ai peut-être que seize ans mais tout le monde croit que j'ai le même âge que Lana. Alors, je continue d'espérer qu'un jour, je serai à la hauteur de Matt. Il prend soin de dresser une barrière entre nous. Il ne veut pas que je sache ce qui nous lie. Mais je le saurai.

D'ailleurs, c'est décidé ! Cette année va être l'année du changement ! Je suis déterminée à savoir ce qu'il s'est réellement passé lors de cet accident. Ce qu'Adam essaie de me cacher depuis mon enfance. Je suis déterminée à redevenir Moi.

Au fait, quelle heure est-il ? 13 h 30 ! Et il dort encore ! Lui qui est toujours debout avant tout le monde, ça m'étonne. Peut-être qu'il est malade ? Ou alors ça ne va vraiment pas dans sa famille et il fait une dépression ? Pfff, Matt, une dépression ? Jamais. Il est trop fort pour ça. Je m'allonge sur mon lit, les pieds en dehors pour ne pas salir les draps propres. Je regarde le plafond en songeant à cette nuit-là, où Matt avait couru jusqu'à ma chambre parce que je criais. J'avais rêvé de l'accident, mais ce n'était pas moi qui étais blessée. C'était Emilie, et Matt n'avait pas pu la sauver. Il y avait du sang partout et j'étais effrayée. J'étais à demi endormie quand Matt m'a touché le bras, j'ai ouvert les yeux et je l'ai vu aller dans la salle de bain, il avait pris une serviette humide et me l'avait posée sur le front. Puis, il s'était assis sur le lit et avait attendu que je me rendorme. J'aurais voulu ne jamais me rendormir. Juste pour qu'il reste avec moi. C'était l'an dernier, après les examens de mi- semestre. Evidemment, on ne l'a jamais évoqué.

J'entends du bruit dans le couloir, il a dû se réveiller. Je tourne la tête vers la porte d'entrée en me rendant compte que dans la précipitation, j'ai oublié de la fermer. Je décide donc de me lever en faisant le moins de bruit possible pour aller la pousser. Quand j'arrive au niveau de l'entrebâillement, sur la pointe des pieds, je sens une présence. Je lève la tête et le vois. Il est torse nu et semble à moitié endormi. Ses pas sont lents. Il est de dos et tire le grand rideau rouge que j'ai toujours trouvé bizarre depuis mon arrivée, car il ne cachait aucune fenêtre et était le seul objet vraiment à l'ancienne de tout le château. Tout le reste avait été soigneusement décoré dans un style baroque-moderne. Lana dit « baroque glam' ». Bref, Matt s'adosse au mur, le regard vers le sol. Je sais que je dois fermer la porte avant qu'il ne me voit mais je n'arrive pas à retirer mes yeux de lui. Sa peau est encore plus mate à cause de l'été et ses cheveux sont ébouriffés, brun foncé. Je vois son torse parfaitement dessiné, il a un tatouage sur le côté. Je ne le vois pas en entier. D'ailleurs je ne savais pas qu'il en avait un, je ne l'avais jamais vu torse nu. Il avait sa combinaison pour le cours de plongée et il ne se baignait jamais avec nous après. Parfois je m'amuse à écouter les nouvelles élèves qui le voient pour la première fois, parce que leurs réactions à chaud me rappellent ce que je me dis chaque jour en le voyant. Pour les autres, ça s'estompe avec le temps. Quand elles commencent à connaître son mauvais caractère.

Une fois contre le mur, Matt tend instinctivement le bras pour attraper le rideau, sans détacher ses yeux du sol, on dirait vraiment qu'il dort. Puis il se recouvre avec le rideau et je ne peux m'empêcher de rire. Qu'est-ce qu'il fout ? Derrière le rideau, je vois sa silhouette qui relève vivement la tête puis, plus rien. Je me précipite vers le rideau. Incroyable ! Où est-il ? J'ouvre et referme le rideau à plusieurs reprises, je n'en reviens pas ! Je me demande si finalement ce n'est pas moi qui suis en train de rêver ! Je réfléchis un instant, me pince le bras. Aïe ! Je ne rêve pas. Ce rideau sert à se téléporter ? C'est fascinant ! J'imite alors son comportement, m'adosse au mur et tire le rideau. Rien ne se passe. Je reste là un instant, en essayant d'imaginer où il a pu aller. Qu'est-ce que je fais, moi, en me levant ? Je prends ma douche, mais il y en a une dans sa chambre. Si ce truc était une espèce de télé-porteur, il ne l'aurait pas utilisé pour aller dans la salle de bain. J'imagine alors un bon petit déjeuner avec des croissants et un chocolat chaud. Il a dû aller manger. Je ferme les yeux et imagine le patio. Allez, j'y crois, je vais me téléporter à mon tour ! Bingo ! J'ai réussi ! Sauf que je ne suis pas au patio. Je suis à la cafétéria.

À la cafétéria des profs. Je regarde la table devant moi, où se trouve un croissant, et un chocolat chaud. Ce truc est GE-NI-AL ! Je m'approche de la table, surprise. La pièce est plongée dans le silence, puisque les professeurs n'arrivent que dans deux jours. Je touche la tasse de chocolat chaud pour m'assurer qu'elle est bien réelle. Elle est brûlante. J'entends un bruit dans mon dos, je me retourne brusquement en renversant la tasse au sol, répandant le lait chocolaté partout. Je regarde le sol tâché en suivant des yeux le trajet du lait chocolaté jusqu'à… des pieds nus ! Je lève la tête : Matt reste comme à son habitude, d'un calme extraordinaire. Je me précipite vers un lavabo juste à côté et remplis un verre d'eau pour le lui renverser sur les pieds. Je les fixe, espérant qu'ils ne soient pas complètement brûlés. La rougeur ne se voit pas trop sur la peau mate, je me rapproche pour les regarder de plus près et Matt se met à rire. D'un rire franc, comme jamais je ne l'ai entendu rire. Alors je me relève et me perds dans son sourire parfait. Je ne peux m'empêcher de le suivre. Alors je me mets à rire avec lui, timidement. La situation est improbable. Je repense à ce que Lana m'a dit sur Matt : son grand frère qui ne l'a jamais épargné. Le fait qu'il ait disparu depuis quelques jours. Sa façon d'être toujours prêt à intervenir dans n'importe quelle situation. Son attitude dure et fermée avec tout le monde. Je ne suis apparemment pas la seule à avoir eu une enfance difficile. J'ai soudainement envie de le prendre dans mes bras, mais je me retiens ; il va péter un câble si je fais ça. Surtout qu'il est à moitié nu avec du chocolat et de l'eau plein les pieds.

D'ailleurs, en regardant attentivement, ils n'ont toujours pas rougis.

— C'était pas très chaud, t'inquiète.

— Tu rigoles ? C'était brûlant !

Il arrête de sourire et me regarde d'un air curieux. Il aurait dû être énervé car j'ai oublié de le vouvoyer. J'ai plus l'impression qu'il essaie de lire en moi. Ça me met mal à l'aise. Je prends conscience de la situation : je suis seule avec Matt. Il ne porte qu'un short. Son tatouage représente un aigle en vol. J'essaie de me focaliser sur autre chose. Comment suis-je, moi ? Mes yeux se posent sur mon jean, c'est un slim qui moule assez bien mes formes. Mon débardeur est plutôt large, laissant apparaître très légèrement mon décolleté. Il est bordeaux, assorti à mes sandales. Je n'ose d'ailleurs pas bouger pour ne pas les faire tremper dans le lait. Matt ne parle pas, ce qui redouble mon malaise. Il me scrute toujours comme pour deviner ce que je pense et je me sens nue à mon tour. J'espère de toutes mes forces qu'il dise quelque chose le premier. Je regarde partout espérant trouver une échappatoire. Je croise les bras pour me cacher un peu et mes yeux se posent de nouveau sur lui. Bon, il est toujours là, à m'observer alors que je ne sais pas quoi dire. Il reste calme et posé, comme à son habitude, à me transpercer de ses yeux turquoise et heureusement, quelque chose me vient à l'esprit :

— Oh ! Désolée pour le chocolat, vraiment je pensais être seule, tu… Vous m'avez fait peur. Haha.

Nouvel instant de silence. Il boit une gorgée de café et me dit :

— C'est tout ?

Je réfléchis un instant.

— Euh non ! Bien sûr, je vais nettoyer !

Super ! Mes résolutions pour être directe et sûre de moi semblent quelque peu vaciller, là. Je ne vais arriver à rien si je reste nunuche comme ça ! Comment vais-je pouvoir avoir des réponses avec cette attitude d'enfant fautive, franchement !

Il se remet à rire, doucement. Et s'approche de moi.

— Attention ! Le lait !

Il lève sa main et fait un geste bizarre, perpendiculaire au sol, comme pour caresser quelque chose qui n'existe pas. Le lait disparaît. Je lève vivement la tête, incrédule.

— Etonnée maintenant ? Tu viens d'me voir me téléporter. T'apprends à le faire en un rien de temps. Et en plus tu sais où j'ai atterri.

C'est vrai, Matt s'est téléporté en croyant qu'il était seul. Cela ne m'a pas étonnée car je savais qu'il avait des pouvoirs. Là, c'est différent. Il me les montre, à *moi*.

— Je me disais que tu avais… Que vous aviez sûrement faim.

— …

Je parviens très bien à le vouvoyer d'habitude, qu'est-ce qu'il m'arrive ? Maintenant, il semble contrarié. J'appréhende sa réaction, mais rien ne vient. Puis, il s'approche de moi. Mon cœur se met à battre de plus en plus vite et je me sens étouffer, j'ai besoin de respirer. Je m'assois vite sur une chaise, sans réfléchir, et me met à tripoter le croissant en essayant de reprendre mon souffle. Il a dû remarquer le malaise. D'une part parce que ma peau à moi est susceptible de rougir. D'autre part parce que dans un autre contexte, je ne me serais jamais permise de m'asseoir dans la salle des professeurs. En revanche, il ne m'en tient pas rigueur. Il s'installe en face de moi, avec un deuxième café. Je ne le regarde pas, je ne peux pas. Le pire, c'est que je le sens me regarder. Je décide d'adopter sa tactique : ne pas parler. Je vais faire semblant de déguster mon croissant, comme si c'était tout à fait normal que je sois là.

Cette tactique marche puisqu'il dit :

— Depuis quand t'es au courant pour nous ?

— Ça fait trois ans que je sais pour la Classe de Nuit.

— La classe de Nuit ?

Il n'allait quand même pas faire semblant de ne rien savoir, après ce que je venais de voir, tout de même.

— Euh…Oui, mais je ne sais pas exactement ce que vous faites et puis, je ne l'ai jamais dit à personne.

— « Vous » ? Ah.

Il se dirige vers moi alors que je regarde mon croissant. Il prend le bas de ma mâchoire de sa main gauche et me relève la tête vers lui.

— Je parlais pas de la Classe de Nuit en disant « nous ». Crois-moi, c'est mieux si tu sais rien.

Je ne comprends pas, et de toute façon je n'arrive pas à réfléchir lorsqu'il est si proche de moi. « *Justement non ! Je ne veux plus être ignorante !* » Il passe la porte de la cafétéria et je lâche mon croissant pour courir le rejoindre en pensant « *Cloé il faut vraiment que tu dises quelque chose. Fais avancer les choses, réfléchis, réfléchis* »

Oups. Il s'est arrêté et je lui fonce dedans de plein fouet. Ça devient une habitude. Le pire c'est que je me suis vraiment fait mal au front. Je me masse la tête pendant qu'il se retourne vers moi et dit :

— Vincent arrive. Allez, remonte, vite.

Encore un ordre... « *Vincent arrive* » comment le sait-il ? On ne peut pas entendre de voiture d'ici. Je suis sûre que c'est une excuse pour m'esquiver ! Il me contourne et va s'assoir dans la cafétéria, à la place que j'avais prise. Il me fait signe de déguerpir avec un air faussement sévère. Très bien, je vais partir. Je fais quelques pas dans le couloir, puis me retourne : J'entends du bruit à l'extérieur de « l'espace professeurs ». Merde, je n'ai pas le droit d'être là ! J'ouvre la première porte qui se présente à moi et me cache derrière. C'est le placard à balais. J'entends des murmures et essaie de me rapprocher des sons, il fait tout noir là-dedans. Apparemment il y a une autre porte au fond du placard. Je regarde par la serrure : elle rejoint la cafétéria. Je vois mal, mais il y a Matt, toujours assis. Quelqu'un lui parle. Je tends l'oreille. C'est Vincent :

— Depuis quand tu manges des croissants ?

Matt boit une gorgée de café sans répondre. Bon au moins, il n'y a pas qu'à moi qu'il fait le coup du silence. Je vois Vincent prendre un café à son tour et s'assoir en face de Matt. Ils restent silencieux un moment. Les mecs sont vraiment trop bizarres à rester toujours silencieux comme ça ! Vincent se décide :

— Tu es arrivé quand ?

— Y'a une semaine

— Comment va Ben ?

« Ben »… Ça me dit quelque chose. Ah oui ! Lana m'avait dit que Benjamin était le grand frère de Matt et Davy. Il dirige l'autre internat. Il paraît qu'il est très sévère.

— Va lui demander toi-même

Apparemment ils ne sont pas en bons termes.

— Au fait, Davy m'a envoyé l'inscription de Jinn par mail. J'ai accepté qu'elle vienne.

Matt s'étouffe avec son café, il regarde Vincent, incrédule.

— Quoi ? T'es malade, tu la connais. Elle va déclencher une guerre. Tu réfléchis des fois ?

Il parle de sa sœur comme d'une folle. Peut-être que c'est la même que lui finalement .Mon cœur s'accélère, j'ai peur quand Matt s'énerve. Tout à coup je n'ai plus envie d'écouter. Mais si je bouge, ils vont m'entendre et ce sera pire. Alors j'écoute.

— Je vous ai accueillis au château parce que vous me l'aviez demandé. Toi le premier. Je sais que tu as fait beaucoup ici mais je n'ai jamais interdit à qui que ce soit de venir. Même si Ben voulait venir, il viendrait.

Matt change de tête, il n'a pas l'air en colère cette fois mais furieux. Et je n'arrive plus à contrôler les battements de mon cœur.

— Putain Vince, fais pas semblant d'être neutre ! Tu peux pas te foutre au milieu du conflit sans y prendre part.

Mais de quoi parlent-ils au juste ? Quel conflit ? Ce que je sais pour l'instant c'est que Benjamin abrite lui aussi des personnes avec un Don, et que ses méthodes d'enseignement ne sont pas les mêmes que celles de Vincent. D'après ce que m'a dit Lana, il les entraîne au combat et à avoir un maximum de pouvoirs. Alors que Vincent tient à ce que les Dons soient canalisés et bien contrôlés. Vincent et Benjamin ne sont pas en conflit. Ça veut dire qu'il y a quelqu'un d'autre. Vincent se trouve être au milieu de Benjamin et de cette autre personne. Ça veut dire qu'il y aurait au moins trois établissements abritant des élèves aux supers pouvoirs ? Dire qu'il y a quelques années je ne me doutais même pas que cela puisse exister, alors imaginer qu'il y en ait partout c'est assez affolant. Quoi qu'il en soit, la conversation continue :

— Je ne saurais jamais vraiment ce qu'il s'est passé. Et je ne veux pas savoir. Je ne veux plus savoir. Une histoire personnelle ne doit pas pousser un chef à faire des choix irréfléchis et mettre tout le monde en danger. Il n'y a aucune preuve que Ben ait un lien avec *sa* disparition. Ici, j'offre la paix. Je suis d'accord avec toi depuis le début quand tu dis que l'on doit être prêt en cas d'attaque. Mais je n'irai jamais à l'offensive. Ce n'est pas notre combat. Tant que tu es ici, ce n'est pas ton combat Matt.

— C'est mon frère, ce sera toujours mon combat. La vraie question c'est d'savoir de quel côté tu s'ras si ça pète.

Vincent ne répond pas, ils laissent tous les deux le silence planer et moi j'essaie de comprendre ce qu'ils viennent de se dire, en vain. « sa disparition » Se pourrait-il qu'ils parlent d'Emilie ? Je ne saurais pas… Je commence à avoir des crampes à rester dans ce placard. Je tourne la tête dans tous les sens en essayant de trouver un moyen de sortir d'ici sans me faire voir mais Vincent se remet à parler :

— D'ailleurs, Adam a dû déposer Cloé ce matin, tu l'as vue ?

Pourquoi « d'ailleurs » ? Y a-t-il un lien avec moi ? Ils parlaient bien d'Emilie alors. Ou est-ce autre chose ? Cela me donne mal à la tête. Mais au moins ça devient intéressant…

— C'est pour ça qu't'es rentré ?

Matt répond de manière agressive, c'est vraiment bizarre.

— C'est la première fois qu'il y a si peu de monde au château, je ne voulais pas la laisser seule.

— Tu te doutais que j'étais là, nan ?

Vincent marque une pause, je le vois se tortiller.

— Tu veux vraiment qu'on revienne sur ce sujet ? Ne me regarde pas comme si je t'avais accusé de lui avoir sauté dessus.

« Sauté dessus » ?! Il prend un air désolé. J'ai l'impression que mon cœur va exploser : c'est moi le sujet ? Alors oui ! Revenez dessus s'il vous plaît que je comprenne ! J'ai la tête qui tourne tellement mon cœur tape fort. Soudain, Matt regarde vers moi — enfin, vers le placard — et j'ai du mal à respirer. Puis il change de ton, sa voix s'adoucit, il reprend le contrôle.

— Sûr'ment dans sa chambre.

Vincent se lève et part. Matt regarde toujours vers le placard et je sens que je vais faire un malaise. Il n'a pas pu m'entendre je n'ai pas bougé d'un millimètre. D'ailleurs, je ressens des fourmillements dans tout mon corps. Il reste assis, croise ses bras et dit :

— Ton cœur t'a trahie, sors de là.

Comment ça mon cœur m'a trahie ? C'est à moi qu'il parle ? Il n'a pas l'air énervé pourtant. Je décide d'attendre un peu pour voir s'il n'y a pas quelqu'un d'autre dans les environs.

Silence.

Silence.

Matt reste de marbre, les yeux rivés sur moi, comme s'il n'y avait pas de porte qui nous séparait. Je me suis un peu calmée, le silence est long mais au moins Matt ne s'énerve pas. Peut-être qu'il se parlait à lui-même ? Il se lève, jette le croissant, pose sa tasse dans l'évier, fait le tour de la table et … Oh non, non, non ! Il s'approche du placard ! Mon cœur se remet à battre de plus belle. Il s'avance doucement, comme pour faire durer le suspense. Je n'en peux plus je vais exploser, ma tête tourne à nouveau, j'ai le souffle court. Je m'arrête même de respirer de peur qu'il entende. Pour ma part je n'entends que l'afflux de sang dans mes tempes. Il est tout prêt, je pense qu'il peut toucher la porte. J'éloigne tout doucement mon œil de la serrure, j'ai les bras autour de mes genoux. Je suis assise sur je-ne-sais-quoi, je m'en fiche pas mal de ce que ça peut être d'ailleurs.

J'entends la poignée grincer, je ne peux plus rester là. Je me lève soudain, je cours vers l'autre porte, fais tout tomber sur mon passage, j'appuie sur la poignée, ouvre la porte et... Il est là. Peut-il se téléporter comme ça tout le temps ? Je croyais qu'il fallait le rideau ! S'il ne lui faut pas le rideau, pourquoi l'a-t-il utilisé ? Je n'y comprends rien. Toujours est-il qu'il est là. Je ne sais pas quoi dire, je sens que je suis en train de le regarder, apeurée, et que ça a l'air de l'amuser. Je n'arrive pas à calmer mon cœur, ma tête tourne toujours, je me sens nauséeuse. Il doit voir que je me sens mal car il m'attrape puis me porte tout à coup et, en une fraction de seconde nous nous retrouvons dans l'ascenseur.

Il me repose et je m'assois par terre, sonnée. Je le vois appuyer sur un bouton, l'ascenseur monte et je me calme. Il me laisse reprendre mes esprits sans m'adresser le moindre regard et j'apprécie car je n'aime pas perdre le contrôle devant les gens, même si ça devient une habitude devant lui. L'ascenseur monte encore et je me mets à réfléchir aux pouvoirs de Matt : il passe d'un endroit à un autre en une fraction de seconde. Il ne ressent pas la chaleur. Il entend bien plus que la normale puisqu'il a entendu Vincent arriver et apparemment c'est « mon cœur qui m'a trahie » il a dû l'entendre ! Il faut que j'en sois sûre. Je vais essayer de faire accélérer mon cœur, et si Matt me regarde, c'est qu'il l'entend. A quoi pourrais-je penser ? L'ascenseur est au septième étage et monte encore. Je n'ai toujours pas résolu cette histoire d'étages, mais qu'importe. Je regarde Matt, toujours torse nu. De là où je suis, je vois parfaitement la forme de son tatouage, je m'imagine le toucher, remonter sur son dos, effleurer sa nuque… Ça y est, mon cœur s'accélère, j'ai réussi ! Oups, ça marche un peu trop bien même, j'angoisse maintenant qu'il ait pu deviner ce à quoi je pensais. Mon cœur s'accélère un peu plus avec l'angoisse, je fais mon possible pour garder mes yeux sur son visage, pour voir s'il flanche. *Allez Matt, tourne juste l'œil, je suis presque sûre d'avoir raison.*

L'ascenseur sonne. Je tourne ma tête vers les portes. Nous sommes au dix-huitième étage, c'est là, entre autres, que se déroulent les cours de nuit. Nous, les élèves du Jour, n'avons pas le droit d'y aller. Je regarde les portes grises qui vont s'ouvrir et je m'aperçois qu'il y a un miroir à côté des portes. Un miroir qui me renvoie le reflet des yeux bleus de Matt. Il n'allait pas se retourner, il n'a pas cessé de me regarder. Je me sens soudain rougir, il a vu à quel point je le scrutais, c'est sûr ! Je tourne vite les yeux. Je me sens honteuse ! Je me relève et passe devant lui pour sortir de l'ascenseur. En passant devant le miroir, je croise à nouveau son reflet, seulement sa bouche cette fois, puisque je me suis relevée. Sa bouche parfaite, sa bouche qui pouvait avoir des mots très durs, sa bouche … sa bouche qui se met à sourire. Il m'a bien vue. Soudain je suis furieuse, les larmes me piquent, j'ai trop honte. Il m'a vue en train de balader mes yeux sur tout son torse, sur son flanc imprégné du grand aigle noir, sur son dos musclé et je suis sûre qu'il a entendu mon cœur s'accélérer. Je le déteste ! Je passe les portes de l'ascenseur et avance dans les couloirs presque en courant. Je ne sais pas où je vais, je ne connais pas cet étage. Matt ne semble pas avoir du mal à suivre mon allure derrière moi, et je suis encore plus en colère. Il ne pourrait pas dire quelque chose à la fin ?! Je me retourne vivement vers lui, il s'arrête net et me regarde d'un air peiné. Merde ! C'est parce que je pleure, je n'avais pas remarqué. Il approche sa main pour me toucher le visage et je la frappe de toutes mes forces.

— Je voulais juste savoir si tu entendais mon cœur !

— Je l'entends.

Je baisse les yeux au sol. Au moins, il me dit la vérité, mais j'ai toujours aussi honte. Au bout d'un moment, je reprends la parole en essuyant mes larmes.

— Dis quelque chose, c'est quoi cette manie de ne jamais rien dire comme ça ?

— C'est une stratégie utilisée dans les interrogatoires pour faire parler l'autre, mais ça marche pas tell'ment avec toi.

— Tu veux que je parle ? Lui dis-je, énervée. Eh bien, j'en ai assez de jouer la comédie ! J'en ai assez de ne rien savoir sur cet accident et j'en ai assez d'être la petite fille sage que tu voudrais que je sois !

— T'as pas le choix en fait. C'est mieux pour tout le monde, répond-il du tac au tac, comme s'il avait anticipé mes paroles.

Il me prend vraiment pour une petite fille. J'en ai marre de cette attitude à vouloir me contrôler comme si je n'avais pas ma propre conscience. Je suis furieuse, j'ai envie de me battre. Non, pire que ça, j'ai envie de le taper, *lui*. Il n'a pas le droit de me cacher des souvenirs de ma propre vie ! Il n'a pas le droit de faire comme s'il ne s'était rien passé ! Je veux savoir tout de suite ! Je veux savoir de quoi on me tient à l'écart.

— Calme toi Cloé, me dit-il, ton cœur va beaucoup trop vite.

Il s'approche de moi, c'est le moment. Je m'élance pour lui donner des coups de poings dans le ventre mais il les esquive. Je retente un peu plus haut vers l'épaule mais il m'attrape la main. J'essaie de me retirer, c'est impossible : il a trop de force. Il me fait mal ! Mon autre main est libre, je vais lui donner une claque ! Il l'attrape aussi et, avant que j'aie eu le temps de penser à me servir de mes jambes, il me plaque contre le mur et me les bloque avec son corps. Je suis essoufflée mais je ne veux pas perdre si facilement. Je me débats deux bonnes minutes mais rien n'y fait. C'est tellement facile pour lui de dominer. Ma colère s'intensifie. Sans réfléchir, je me mets sur la pointe des pieds, je vais lui mordre la joue !

Sauf que mon corps ne m'écoute plus. Je m'élance vers son visage, mes lèvres se retrouvent sur les siennes et je l'embrasse avec toute la fureur qui m'anime. Je l'embrasse de plus en plus fort et tente de récupérer mon bras droit. Il a moins de force à cause de la surprise. Il relâche tout mon corps, j'en profite pour m'agripper à son cou. Il se rattrape à une poignée pour garder l'équilibre. Il me rend mon baiser, néanmoins sur la retenue et je ne sais plus si je dois continuer ou arrêter. Je me retire vivement, surprise moi aussi de ce que je suis capable de faire. Il me regarde avec son masque de sérénité habituel, il attend que je parle.

— Je ... Je suis désolée.

Il tourne sa tête en direction de l'ascenseur, comme s'il avait entendu du bruit. Une seconde plus tard celui-ci sonne et on l'entend s'ouvrir. Je regarde à mon tour, puis me retourne vers Matt. Il a disparu. J'entends des pas se rapprocher, c'est Vincent.

— Oh Cloé ! Tu es là ? Je te cherchais, dit-il avec un sourire.

Je suis à bout de souffle. Mes cheveux doivent être en pagaille. Je suis presque sûre d'avoir les joues rouge pivoine. En tout cas, j'ai très chaud. Vincent ne semble pas le remarquer et cela m'aide à me recentrer. Il a dû se rappeler de l'endroit où nous nous trouvons puisqu'il prend un air étonné. Ah oui, c'est vrai, je n'ai pas le droit d'être là. C'est l'occasion de lui montrer que je suis déterminée à apprendre toute la vérité. Je reprends peu à peu mes esprits en mettant de côté ce qu'il vient de se passer et dis:

— Je voulais voir où mon frère avait bien pu passer son temps quand il était ici.

Il cache son étonnement. Il ne doit pas se douter de toutes les informations que je détiens. D'un coup, son visage se ferme, puis un voile se met sur ses yeux.

— Tu ne préfères pas que je te montre l'endroit où ta sœur passait son temps ?

Ma respiration se coupe. Étrange, il ne parle jamais d'Emilie. Il est doué pour changer de sujet. Je me souviens alors de la conversation qu'il a eue avec Matt. « Sa disparition » a-t-il dit. Ma colère revient.

— J'aimerais savoir où elle le passe maintenant, pas toi ?

Je sais, c'est méchant. Je ne peux plus faire semblant de ne pas vouloir savoir. Et si toute cette histoire de conflit avait un lien avec la disparition d'Emilie ? Il est temps que je le sache. Ce que j'ai dit le touche vraiment, il a l'air triste et je regrette un peu d'être allée jusque-là. Décidément il faut que j'apprenne à maitriser ma colère.

— Cloé … Commence-t-il

— Je ne vais pas rester toute ma vie sans savoir. Tu te doutais bien que ce moment allait arriver non ? J'ai bien compris que vous me cachiez quelque chose. Je n'ai pas besoin de vous pour découvrir de quoi il s'agit.

Il se reprend, se redresse un peu, toussote et dit :

— Tu n'apprendras rien de moi en tout cas. Je suis désolé.

Il met une main amicale sur mon épaule et poursuit :

— N'oublie jamais que je suis de ton côté.

Et il s'en va. Je crie dans son dos :

— C'est Adam qui interdit à tout le monde de me parler ?

Il se retourne, me sourit. D'un sourire triste qui semble dire « oui ».

Je reste là un instant, dans les grands couloirs du dix-huitième étage. Perdue dans mes pensées, entre ce qu'il vient de se passer avec Matt et toutes mes questions sur ces internats. Je m'y perds. Il m'a rendu mon baiser. Je n'ai pas rêvé. Et Vincent a évité le sujet d'Adam. Là non plus, je n'ai pas rêvé. Est-ce que la disparition d'Emilie a un lien avec Benjamin Kellor ? Ça n'a pas de sens.

J'ouvre les portes des « salles de classe » du dix-huitième étage. Ce que j'y vois n'a rien d'habituel. Dans les salles de classe lambda, il y a des tables, des bureaux, un tableau. Dans celles-ci se trouvent des paysages recomposés, des stands de tir à l'arc, de tir au pistolet, avec des cibles rouge.

J'ouvre une porte qui donne sur un univers en feu. Une cascade de lave dégringole devant mes yeux, éclaboussant les alentours. Je distingue un genre de parcours : des rochers traversent la rivière rouge pour arriver jusqu'au sommet de la cascade. La salle est immense, je n'en reviens pas. Je comprends mieux pourquoi l'ascenseur a tant d'étages inaccessibles. Ils doivent s'en servir pour fabriquer tout ça. Comment peut-on ne pas les voir de l'extérieur ? C'est incroyable. La première fois que j'ai vu le château, je croyais qu'il était normal. Un château de princesse. Mais en réalité, il regorge de secrets incompréhensibles. Dans les trois étages visibles, il y a les chambres des élèves de Jour ainsi que leurs salles de classe. C'est ce que voit chacun d'entre eux. Ou devrais-je dire, chacun d'entre nous. Mais il y a une différence entre eux et moi. Ils n'ont accès qu'à ces trois niveaux tandis que je peux aller du dix-huit au vingt troisième étage. Le système paraît simple : l'ascenseur ne bouge pas du troisième étage tant que les élèves de Jour ne sont pas tous sortis. L'ascenseur ne m'a cependant jamais permis d'accéder du quatrième au dix-septième étage. Et je viens d'en comprendre la raison : c'est trop dangereux. Si jamais j'arrivais au milieu de ce parcours géant par exemple, je n'en ressortirais certainement pas vivante. Reste à savoir comment Vincent a réussi à rendre tout cela invisible. Et surtout... Possible.

Je comprends alors que c'est ici que s'entraînent les élèves de Nuit. Je parierai même que c'est Matt qui a inventé ce parcours-ci. Il lui ressemble : grand, brûlant et dangereux. Ça ne m'aide pas à ne pas penser à lui. J'essaie de mettre de côté ce qu'il s'est passé mais je n'arrête pas de revenir dessus. Je doute de plus en plus qu'il m'ait vraiment rendu mon baiser. Et s'il m'avait juste laissée faire pour ne pas me peiner ?

Il commence à faire chaud ici. Même si j'ai une envie folle d'essayer de sauter jusqu'au sommet, je décide de faire demi-tour, pile au moment où une flèche enflammée traverse la salle. Ce n'est pas le moment de prendre des risques inutiles uniquement pour me prouver que je peux le faire. Je me détourne de ce parcours et continue ma visite, émerveillée à chaque porte que j'ouvre. Tantôt sur un autre univers, tantôt sur des salles réservées au combat, munies de rings immenses, d'armes en tout genre. La salle que j'ai préférée est de loin celle de glace. La neige est disposée partout dans l'immense salle. Lorsqu'on ouvre la porte, une tempête se déclenche tout de suite, faisant vaciller le décor. La terre se met à trembler, je peux distinguer une rivière glacée, à l'abri du vent et des secousses. Je suppose qu'elle réserve un autre piège aux élèves de Nuit lors des entraînements. Je n'ai jamais eu peur de la glace. Ni de l'eau. Je trouve ces deux éléments apaisants. La fraicheur permet d'avoir l'esprit clair. Je continue ma visite au travers des longs couloirs. J'essaie d'imaginer Lana, Matt,

Vincent et même Adam, marcher dans mes propres pas, affronter les différents mondes, s'affronter même entre eux...

Puis, dans la salle du fond, la dernière, il y a une grande bibliothèque, encore plus grande que celle des élèves du Jour. Je regarde les vieux livres en m'avançant dans les allées, jusqu'à ce que je tombe sur un grand mur tapissé de minuscules photos encadrées. Il répertorie les élèves de Nuit, avec leur grade. Je trouve Lana dans le milieu, sous sa photo il y a écrit « Lana B. grade six », le premier du mur s'appelle « Noé D. grade quinze » Et je me sens tout à coup très fière de ma meilleure amie. Dans les colonnes quinze ; quatorze ; treize il y a une grande majorité des nouveaux élèves de Nuit de ces trois dernières années. Puis arrivent les élèves dans les colonnes douze ; onze ; dix un peu moins remplies. « Stéphan F » « Marianne G. »... Je glisse mes yeux sur les colonnes jusqu'à voir « Davy K. grade trois » Ce n'est pas vrai ! Ça signifie que Davy est super fort ! Je cherche autour pour voir s'il y a une légende à ce classement. En effet, tout à gauche des élèves classés en grade quinze, il y a quelque chose d'inscrit. Je m'en approche et lis :

> « Classement réactualisé automatiquement tous les premier du mois.
> Total des épreuves continues de :
> Théorie, Culture, Combat, Pouvoir, Adaptation.
> Comprenant tous les élèves ayant été inscrits au moins une année dans l'Etablissement
> Les élèves n'étant plus scolarisés sont classés comme Révolus et demeurent au grade qu'ils ont atteints avant leur départ. »

Au moins une année ? Je me mets à chercher plus attentivement, il doit y avoir Adam. Je recommence du début. Adam était très jeune lorsqu'il été scolarisé ici, je me mets à épier les premières colonnes, je ne le trouve pas, je remonte encore, sept ; six ; cinq ; quatre… Ce n'est pas possible ! Il n'y est pas ou quoi ? Il y a trop de noms là-dedans, j'en ai mal aux yeux ! Je reviens un peu en arrière puis retourne au quatre. Il n'y est pas, peut-être que c'est trop vieux… Bon je continue, on ne sait jamais.

Dans la colonne du grade trois, je reconnais tous mes professeurs. Mademoiselle Mallet « Cassandra M. grade trois ». Je vois également Monsieur Jéromie « Ivan J. grade trois » et puis … Ah ! Le voilà ! « Adam M. grade trois / R » R- Révolu. Je m'assois sous le choc. Non seulement Adam avait été membre de la Classe de Nuit mais en plus de ça, il était au même grade que Davy maintenant ! Je n'en crois pas mes yeux. S'il était resté, peut-être qu'aujourd'hui il serait … Je glisse mes yeux sur les deux dernières colonnes par curiosité. Pour le grade deux, je ne connais personne, et la grande majorité est marquée d'un « /R » Quoi que, tout en bas s'affiche le prénom de Jinn Kellor. Vincent vient de recevoir son dossier d'inscription et connait déjà son grade. Matt avait donc raison, sa sœur peut déclencher une guerre.

Je regarde la dernière colonne, il y a trois personnes : Le premier nom est « Vincent M. grade un » Le second est celui de Benjamin : « Benjamin K. grade un/R ». Le dernier résonne en moi bien plus que tous les précédents « Matt K. grade un ».

Je n'en reviens pas. Matt ? Au même grade que Vincent ? J'ai du mal à respirer. Non seulement je viens d'embrasser le garçon le plus beau de la terre mais en plus il est le plus talentueux. Je sais depuis bien longtemps qu'il est dangereux, mais je n'imaginais pas qu'il puisse avoir la position de *leader*. Moi qui avais été courageuse au point de le frapper tout à l'heure, je ne prendrai plus ce risque ! Depuis le temps que je le connais… Je n'en reviens toujours pas. Il pourrait me tuer en un clignement de cils. En fait, je ne le connais pas du tout. Je comprends mieux pourquoi tout le monde le craint. Je me souviens de ce fameux jour dans le patio. Où je me suis battue contre « Tom », le garçon qui avait fait tomber Lana. Matt était intervenu pour nous séparer et tout le monde avait eu très peur de lui. Ce classement me donne des frissons. Plus particulièrement son nom sur ce classement.

Je décide donc de prendre mes jambes à mon cou et retourne dans ma chambre. Je prends l'ascenseur jusqu'au dernier étage, je regarde le rideau rouge un instant. Et si, moi aussi j'avais un Don finalement ? Matt a bien dit que j'avais mis moins de temps que les élèves de Nuit à comprendre comment ça marchait. Ça peut seulement signifier que je sais réfléchir. Peut-être que ce rideau est magique, et qu'il peut téléporter n'importe qui. Matt peut se téléporter sans lui. Et moi, alors ?

J'ouvre la porte de ma chambre et m'assois sur le lit. Je ferme les yeux et pense à un endroit, je les rouvre : rien. Je réessaie plusieurs fois avant d'abandonner. Je suis normale. Je regarde l'heure : Déjà 18 h 30, mon ventre gargouille. Je n'ai pas goûté. Je décide d'aller prendre une douche avant de descendre manger. En général, quand nous ne sommes pas nombreux, nous prenons qu'une seule table et Vincent et moi parlons beaucoup à ce moment-là. Une année, Adam était même resté mangé. Nous n'avons jamais été plus de dix, mais jamais non plus moins que quatre. Je suis stressée d'un coup, je n'ai pas envie d'être seule avec ces deux-là. D'un autre côté, j'en ai envie. Je ne sais pas trop. Quand Vincent me parle, je me sens spéciale au milieu des mille cinq cents élèves que compte l'internat. Après ce qu'il vient de se passer avec Matt, je ne vais pas trop oser le regarder dans les yeux. Je parle du baiser, bien sûr. Pour ce qui est de ma découverte sur le classement, je suis en train de me rendre compte que tous les deux n'auront pas de mal à me trucider si jamais je les énerve trop ! Et on peut dire que je n'ai pas très bien commencé l'année scolaire !

Bref, je prends ma douche, enfile une robe bleue de marque avec des ballerines assorties, me sèche les cheveux, et pour finir le maquillage : un trait d'eyeliner pour accentuer mes yeux verts, et une touche de mascara. Je ne mets rien sur ma bouche car je vais manger de toute façon.

Je sors de ma chambre, et prends l'ascenseur. Les repas sont habituellement servis en buffet à partir de dix-neuf heures jusqu'à vingt-et-une heures mais lorsque nous sommes si peu, le repas est servi à table à 19 h 30. L'ascenseur sonne au rez-de-chaussée, je suis un peu angoissée, le classement me trotte dans la tête. Je risque ma peau à force de rester avec des gens comme ça ! Qui sait ce qu'ils peuvent faire d'autre ! En plus, j'ai embrassé Matt Kellor. Je l'ai vraiment fait. Le Matt Kellor qui a le niveau *leader* des élèves de Nuit. Non, pire. Le Matt Kellor qui est mon professeur. Pro-fes-seur !!! Oh Mon Dieu !

J'hésite avant d'entrer dans le patio, mais j'ai trop faim. La table est mise. Je suis la première. Ouf. C'est une petite table ronde, il y a quatre couverts en porcelaine. Pourquoi y a – t-il un couvert de plus ? Le personnel mange habituellement en cuisine. Je m'avance et m'installe face à la fontaine, dos à l'entrée du patio. Je n'ai pas envie de les voir arriver, je ne saurais pas quoi dire. J'observe l'immense patio. Des plantes sont disposées aux quatre coins. Elles ont poussé depuis mon arrivée au château. Elles longent les murs tels des lézards. C'est comme si nous étions à l'extérieur. Le plafond de verre, parfaitement nettoyé, accentue cette illusion. J'entends des pas derrière moi, des bruits de talons. Je ne me retourne pas. Qui cela peut bien être ? Je n'aime pas trop les nouvelles rencontres, je ne suis pas du genre sociable.

Elle s'avance vers la fontaine, n'a même pas un regard pour moi. Je la vois de dos : elle porte une robe longue, rouge, comme celles que l'on porte pour un gala, et des Louboutin. Elle a de longs cheveux noirs coiffés en anglaises. Je ne pense pas que ce soit naturel. Elle se penche et touche l'eau du bout des doigts.

— Il paraît que ça porte chance, dit-elle à voix haute

Puis, elle se retourne vers moi. Elle a la peau légèrement bronzée et des yeux marron-vert. Elle est magnifique. Elle s'approche, me sourit d'un air hautain, puis tire la chaise en face de moi et dit :

— J'ai demandé à Prinz de rajouter une assiette. C'est une visite surprise.

Prinz est l'hôte du château, le plus gentil. A qui veut-elle faire une surprise ? Si c'est à Vincent, ça m'agace ! Certes elle est très belle, mais personne ne remplacera jamais Emilie ! Et si c'était pire ? Si elle est venue pour Matt ? Je ne rivalise pas une seule seconde avec la créature de rêve qui se trouve en face de moi. Je suis comme d'habitude, et elle est splendide. En plus, elle ne cesse de me regarder d'un air supérieur. J'essaie de prendre mon regard méchant, comme je sais si bien le faire. Mais je n'arrive qu'à la contempler bêtement. Je me sens si jeune d'un coup. Pour paraître plus mûre, je décide de parler comme une adulte :

— Bonsoir. Je suis Cloé, c'est la première fois que vous venez au château ?

Et je fais mon possible pour sourire de toutes mes dents. Son visage change à l'énonciation de mon prénom. Elle me scrute en détail de la tête aux pieds, bien qu'elle ne puisse normalement pas voir au travers de la table. Oh ! Il me vient à l'idée tout à coup qu'elle puisse le faire ! Elle est peut-être une élève de la Nuit.

— C'est la première fois que je viens, oui. Tu penses pouvoir me faire visiter ?

La correction est de me vouvoyer en retour. Elle commence à m'énerver.

— Non.

— Non ?

— Non … Merci ?

Elle éclate de rire, et ça m'agace encore plus.

— Vincent *te* fera visiter, si c'est pour lui que tu es venue. Ça te permettra de passer plus de temps avec lui.

Je lui adresse un clin d'œil. Ok, pas très adulte. Elle sourit avec douceur. Elle est vraiment bizarre. Lorsque j'ai fait la gentille elle a répondu de manière arrogante, et maintenant, elle s'adoucit.

— Vincent n'a toujours eu d'yeux que pour ta sœur. C'est pour Matt que je suis venue.

Mon cœur manque un battement. Oh non, pas Matt. Elle me lance un regard de défi. Elle a dû voir mon hésitation parce que son sourire s'élargit, comme si elle avait déjà gagné la bataille. J'en oublie un détail essentiel : comment connaît-elle Emilie ? Peut-être que tous les élèves de Nuit la connaisse finalement. Peut-être qu'ils connaissent Adam aussi. Et… au fait, je ne vais pas la laisser seule avec Matt faire tout le tour du château !

— Bon. Si tu tiens à ce que je te fasse visiter, dis-je, il va falloir me dire quelque chose qui m'intéresse.

Du genre : Comment sait-elle que je suis la sœur d'Emilie ?

Elle continue de sourire. Je ne sais pas trop si ses yeux sont marron ou verts, vraiment entre les deux, c'est assez inhabituel comme couleur. Elle fait mine de réfléchir

— Mmh… Un truc plutôt important qui va changer ta vie ou un petit truc qui risque de changer ta vie aussi ?

Je dois avouer qu'elle sait bien jouer. Elle a évidemment toute mon attention. Que sait-elle que je ne sache pas? Son regard se pose au-delà de moi, en direction de l'entrée du patio. Elle arbore un magnifique sourire ; Matt doit être là.

— Hello les bad boys ! Qu'est-ce que vous êtes beaux !

Son attitude change du tout au tout. Sa familiarité m'agace. Je ne me retourne pas. J'entends Vincent rire avec elle mais je n'entends pas Matt. Il y a des apéritifs sur la table, je prends un bretzel. Je les entends se rapprocher. Vincent glousse avec elle, apparemment elle lui dit des trucs à voix basse. Ma jalousie me fait un peu oublier l'angoisse que je ressens à l'idée de recroiser le regard de Matt.

— Bon, tu ne vas pas faire la gueule Matt chéri, fais-moi un bisou.

Le bretzel se casse dans ma main, il est même en miettes. J'aurais aimé finir notre conversation avant de la tuer. Prinz s'approche et pose des plats sur la table. Je n'ai plus faim. Est-ce qu'il le lui a fait ? Je ne peux pas me retourner juste pour ça ! Elle reprend la parole.

— Ohhhh Prinz tu nous as fait ton fameux curry, je l'adore !

— Je sais à quel point vous l'aimez, mademoiselle.

Je lève les yeux vers Prinz. Je ne l'ai même pas salué. Il n'a pas l'air sous son charme. C'est étonnant. Il lui répond avec un ton formel et un regard poli. D'ailleurs, comment se connaissent-ils puisqu'elle n'est jamais venue ici avant ? Quoi qu'il en soit, il est poli avec elle. Ni plus, ni moins. Il se retourne vers moi.

— Je te sers Cloé ? J'ai fait une portion sans épices.

Il m'adresse un sourire chaleureux et j'aimerais ne dîner qu'avec lui à cet instant. En général les élèves doivent vouvoyer le personnel et vice versa. Mais Prinz a insisté pour que je le tutoie. Il vient discuter avec moi dès qu'il peut durant son service. Certainement parce que je mange toujours seule.

Sauf les rares fois où il y a Lana. Il vient quand même quand elle est là, d'ailleurs. C'est devenu une habitude.

— Je ne savais pas que tu cuisinais, lui dis-je.

— D'habitude je ne fais que le service mais je suis seul aujourd'hui et je sais bien faire le curry, goûte-le.

— Je le goûte si tu dînes avec nous, tu ne vas tout de même pas manger seul.

Il me regarde avec des étoiles dans les yeux, puis baisse la tête et décline poliment.

— J'insiste, dis-je, plus pour moi que pour lui.

Je ne veux pas rester seule avec les trois meilleurs amis du monde. Alors, j'écarquille les yeux pour qu'il comprenne. Il sourit.

— Rien ne me fera plus plaisir que de dîner en ta compagnie.

Bon. Il en fait un peu trop là ! Je ne sais pas quoi répondre, je suis assez surprise. Ce devait être pour la comédie, n'est-ce pas ? Il a compris que j'étais mal à l'aise avec ces trois-là et il a voulu les rendre mal à l'aise à son tour. Voilà, ce doit être ça. Il s'en va chercher un autre couvert pendant que Vincent fait de la place sur la table et s'assoit à ma droite en silence. La fille se remet en face de moi. Il reste une place entre elle et Vincent, et une place entre elle et moi. C'est cette dernière que choisit Matt.

Il a mis une chemise bleue foncée et un jean noir. Je souris car nous sommes assortis. En tournant la tête, je remarque que la fille me regarde, le coude sur la table, la tête posée sur sa main, comme pour me signifier qu'elle m'observe. J'efface tout de suite le sourire de mes lèvres et lui rends son regard, que je veux sans émotion.

— Où en étions-nous, Cloé ? Me demande-t-elle.

Je ne sais pas pourquoi elle cherche à me rendre mal à l'aise. Comme si nous pouvions continuer notre conversation devant tout le monde ! Je regarde Vincent, qui ne cache pas son étonnement. Puis, Prinz, qui s'assoit à son tour et enfin Matt, qui a les yeux rivés sur la fille. Ça m'énerve !

J'ai une idée. Si elle me connaît aussi bien qu'elle le prétend, elle doit savoir que Vincent et Matt s'efforcent à tout me cacher. Alors, je me lance :

— Tu t'apprêtais à me révéler quelque chose qui allait changer ma vie.

Gros silence. J'ai gagné. Elle est hyper mal à l'aise et regarde Matt avec appréhension. Elle doit savoir ce que ça donne quand il s'énerve.

Cependant, elle se met à sourire.

— Je l'aime bien, lui dit-elle.

Parle-t-elle de moi ? Matt ne bronche pas alors que Prinz lui sourit pour la première fois. Vincent rigole et se sert du vin. Il en propose à la fille, du geste de la main, puis à Prinz et à Matt qui acceptent tous les trois. Merci pour moi. Prinz a dû se rendre compte de mon ressenti puisqu'il se lève et prend la bouteille de vin.

— Pardonne Vincent, c'est un vieux garçon. Il n'a plus l'habitude des politesses !

Prinz est plutôt mignon. Un peu trop poli à mon goût. Mais mignon. Il me plairait peut-être si je n'étais pas déjà obnubilée par Matt. Cependant, il est un peu petit. Il doit me dépasser de seulement un ou deux centimètres. Quoi qu'il en soit, Vincent se met à pouffer, tandis que Matt nous regarde d'un œil noir. Prinz me sert du vin et se rassoit.

— Merci.

Il me fait un sourire et je le lui rends. La fille semble embarrassée :

— Matt, tu pourras m'aider à prendre mes affaires s'il te plaît ? J'en ai des tonnes.

Elle ne le regarde pas de manière à le draguer, plutôt comme si elle voulait le distraire.

— Ouais, répond-il

— Je pourrais m'installer à côté de ta chambre ? Continue-t-elle.

Je manque de recracher mon vin. Je toussote. Elle ouvre exagérément les yeux tandis que Matt me prend le verre des mains.

— Tu vois pourquoi c'est une boisson pour adulte.

Je le déteste. Prinz tente de détendre l'atmosphère en servant à tout le monde son poulet au curry tout en récitant comment il l'a préparé. La fille nous observe à tour de rôle puis relance :

— Alors ? Je peux me mettre à côté de toi ?

— J'ai demandé à ce qu'on te prépare une chambre en face de la ville, répond Vincent à la place de Matt. Je pensais que ça te ferait plaisir, la vue est magnifique. Et c'est la plus grande chambre du château !

Pourquoi a-t-elle droit à tous ces traitements de faveur ? Qui est-elle à la fin ? J'ai comme l'impression que Matt ne sait pas lui répondre de manière franche ! Il y a un truc entre eux, c'est sûr.

— Merci Vince. Matt, tu n'es pas loin de cette chambre, j'espère ?

Oh la la quelle chiante celle-là! Ça m'énerve qu'elle puisse se permettre autant de familiarité avec lui alors que je ne peux pas en faire autant. Elle m'adresse un sourire moqueur. J'ai envie de lui hurler dessus ! Ça l'amuse ! Elle me teste. Mais je ne tomberai pas dans le piège.

Matt pose sa fourchette de manière contrôlée. Il boit une gorgée de vin, tout le monde attend qu'il réponde. Les secondes s'écoulent à une vitesse excessivement longue avant qu'il ne pose son verre et lève enfin les yeux vers la fille. Elle semble de nouveau appréhender sa réaction. Bien fait pour elle.

— Qu'est-ce tu veux Jinn ? T'as pas fini de jouer à la gamine là ? J'étais sûr que t'allais me faire chier.

Je m'arrête de mâcher. « Jinn » C'est la sœur de Matt. Je n'y étais pas du tout. Pourquoi voulait-elle me tester ? Il est affreux avec elle. Pourquoi lui parle-t-il comme ça ? Dire que j'étais jalouse il y a trois secondes. C'est atroce de parler comme ça à sa sœur, surtout en public ! La pauvre. Qu'est-ce que j'ai été bête. J'aurais pu y penser avant. Je savais qu'elle devait venir en plus.

Vincent tente de lancer un sujet pour faire diversion mais Jinn reprend :

— Tu veux que je m'en aille ?

— Fais ta vie. J'm'en fous.

— Matt ! S'exclame Vincent.

Prinz et moi les regardons à tour de rôle comme s'ils disputaient un match de tennis à trois.

— Laisse, Vincent, dit-elle doucement. Davy ne t'a jamais posé problème, mais moi si.

— Fais pas l'innocente Jinn, t'es en train de m'énerver.

— J'ai grandi, je sais me tenir… chuchote-t-elle

— Ouais, ça s'voit depuis t'à l'heure.

Elle me lance un rapide regard puis baisse les yeux sur son assiette. Matt a vu clair dans son jeu. Il sait qu'elle voulait me rendre jalouse. Peut-être qu'elle fait ça avec toutes les filles qui s'intéressent à son frère. C'est sa façon de lui montrer qu'elle l'aime, ou de montrer aux autres qu'elle est la seule à avoir le privilège d'être si proche de lui. Pour le coup, il l'a ridiculisée. Ce n'est pas gentil. Il n'a aucune raison d'être aussi désagréable avec tout le monde. On n'a qu'à l'ignorer, voilà.

— A quel étage est-elle ? Demandais-je à Vincent.

— Au vingtième, c'est la chambre quatre cent treize précise-t-il pour Jinn, qui ne lève pas les yeux de son assiette.

Quatre cent treize ?

— A côté de Lana ?

En entendant ma question, elle sourit et se retourne vers Vincent qui acquiesce.

— Merci, murmure-t-elle.

Vincent se met à rire.

— Elle est au moins aussi sociable que toi, dit-il à mon égard.

Jinn relève vivement la tête vers Vincent, même s'il la charrie, elle ne rigole pas.

— Il n'y a que Lana pour arriver à dompter ces bêtes-là ! plaisante Prinz

D'un coup, Matt se lève et part. Sans rien dire. Un vide se crée au creux de ma poitrine.

— Ah, on peut se détendre maintenant ! Ajoute Prinz

Jinn lui fait les gros yeux. Elle a peur que Matt l'ait entendu. Il l'a forcément entendu : il peut entendre les battements de mon cœur. Vincent fait semblant de rire.

— Ça lui passera, ce n'est pas la première crise qu'il nous fait, dit-il, sûrement pour que le concerné l'entende.

Le reste de la soirée se passe dans une meilleure ambiance. Jinn n'est pas si méchante que cela. Au contraire, elle me fait rire. Prinz nous propose de continuer la soirée sur le toit terrasse qu'ils ont aménagé récemment. J'accepte avant les deux autres, m'attendant à ce qu'ils acceptent également mais ils ne le font pas. Prinz et moi nous dirigeons donc vers l'ascenseur, il faut passer par l'avant dernier étage puis nous devons emprunter un escalier en fer qui donne sur le toit. Je suis étonnée que Prinz y ait accès, mais c'est sûrement dû à son statut d'employé.

Je découvre une petite terrasse au milieu du toit, sur laquelle se trouve une table munie de quatre chaises, des plantes des deux côtés de la terrasse. C'est assez chaleureux. Prinz est venu avec du champagne et deux coupes, l'ambiance pourrait être intime si je n'étais pas seulement avec un ami.

Nous nous installons côte à côte et contemplons les étoiles. Il me sert du champagne en me racontant ses débuts dans l'hôtellerie. Comment il a réussi à obtenir tant de contrats, et petit à petit gagner très bien sa vie depuis l'âge de quinze ans. Je l'écoute avec admiration : il est rare que les garçons se débrouillent si bien à cet âge. Il est devenu complètement indépendant depuis lors et n'a besoin de personne pour vivre. S'il veut partir à l'étranger, il le pourra. Je lui raconte à mon tour mon enfance, sans évoquer Emilie. Je ne m'attarde pas trop sur mes malheurs. Prinz est « normal », comme moi. Nous pouvons parler simplement sans qu'il n'y ait de secret à garder ni de révélation insensée. Il ne me fait pas peur non plus, et je me sens détendue. Le temps passe et nous continuons notre conversation à propos de tout et de rien.

Puis, il commence à se faire tard, je suis fatiguée. De plus, avec l'alcool, je suis un peu dans un monde parallèle. Tout va au ralenti, j'ai l'impression de parler à l'allure d'un escargot. Je ne trouve plus mes mots, et rigole aux blagues de Prinz qui ne m'auraient pas fait rire en temps normal. D'ailleurs il ne les aurait pas dites en temps normal. Au bout d'un moment je lui dis que je vais me coucher. Il m'attrape le bras à l'instant où je me lève, m'obligeant à me retourner. Je souris bêtement sous l'effet de l'alcool. Il prend un air sérieux :

— Ça fait maintenant deux ans que je suis au château et tu n'as toujours regardé que Matt. Il ne le mérite pourtant pas, alors que moi... Je ne vois que toi.

Ses mots ont du mal à atteindre mon cerveau. Pour moi, c'est évident d'admirer Matt. Je ne suis même pas surprise qu'il le sache. Sauf qu'après mûre réflexion, c'est la première fois que Prinz et moi avons une véritable conversation. Il n'est pas sensé savoir la nature de mes relations. Je trouve sa remarque déplacée d'ailleurs. Je ne sais pas si c'est l'effet de l'alcool, mais je suis en colère tout à coup. Je n'ai pas le temps de lui dire ce que je pense, qu'il se lève déjà et essaie de m'embrasser. J'esquive de justesse en trébuchant au coin de la table. Aïe, je me suis cogné la hanche. Prinz ne s'arrête pas. Il pue l'alcool, il en a bu bien plus que moi : d'abord à table, puis ici. Il me maintient par le bras et serre très fort. Je ne sais pas quoi dire. La panique me gagne et j'essaie de me détacher. Le dégoût m'inonde. Je perds mes moyens. J'essaie de me persuader que ce n'est pas en train de se produire. Sauf que c'est bel et bien en train de se produire. Je prends une grande inspiration et me remémore les cours de Matt sur le self-défense. J'arrive enfin à me libérer en tirant vivement sur mon bras lorsqu'il s'y attend le moins. Je descends les marches à toute allure et arrive jusqu'à l'ascenseur en tombant deux ou trois fois, à cause du tremblement causé par la peur. J'entends des pas dans mon dos, Prinz a dû me suivre. Je prie pour que l'ascenseur arrive plus vite. Je ne peux pas y accéder par les marches. Je me retourne et le vois au loin en train de courir lamentablement pour me rattraper. Il a du mal à tenir debout et ses pas sont lents. Je me cache derrière un mur, ferme les yeux et pense fort à ma chambre pour m'y téléporter. Mais rien n'y fait, je suis toujours là. J'entends la voix de l'ascenseur au loin annoncer le vingtième étage, quelqu'un a dû descendre. Je me mets à imaginer l'ascenseur et, en ouvrant les yeux de nouveau, je me retrouve à l'intérieur, au vingtième étage. J'appuie sur le dernier étage et espère ne pas recroiser Prinz. J'ai l'estomac noué, la nausée me gagne. Quand l'ascenseur sonne enfin au dernier étage, je cours jusqu'à la poubelle du couloir et ressors tout l'alcool que j'ai ingurgité. Je me mets à pleurer longuement. Puis, je m'assois un moment, je ne me sens pas bien du tout. Je n'arrive pas à m'arrêter de pleurer. Prinz m'a fait vraiment peur, j'ai cru qu'il ne s'arrêterait pas. En fait, quand je repense à cette journée, je me dis qu'elle a été riche en émotions. D'abord la dispute avec Matt et mon geste incontrôlé de l'avoir embrassé. Puis, l'arrivée de Jinn prétendant connaître une vérité qui changerait ma vie. Le classement dans la bibliothèque qui m'a rappelé à quel point je suis vulnérable. Et finalement ma capacité à m'être téléportée dans l'ascenseur. Je n'en reviens pas. Comment cela a-t-il pu arriver ? Le Don se déclare en général à la petite enfance. La plupart des enfants qui en possède un, sont, le plus souvent, rejetés par leur famille. Emilie n'a jamais rien eu, et moi non plus. C'est tout à fait possible qu'Adam en ait et nous non car il n'est pas notre « vrai » frère. Sauf que je me suis téléportée, et sans l'aide du rideau. Ma tête tourne, je n'arrive plus à réfléchir. Je ferme les yeux quelques instants.

Quand je les ouvre à nouveau, j'ai un énorme mal de tête. Mon corps est engourdi et mes yeux ont du mal à faire face au soleil qui transperce la baie vitrée de ma… Je ne suis pas dans ma chambre. Le lit est petit, il y a un grand bureau avec un ordinateur allumé. C'est la chambre de Matt. Qu'est-ce que je fais là ? Je n'ai pas le souvenir d'y être entrée. J'entends de l'eau couler dans sa salle de bain et me demande si c'est lui. Et si ça ne l'était pas ? Cette histoire avec Prinz m'a vraiment fait peur. J'ai une pointe d'angoisse en y repensant, j'espère ne pas le croiser aujourd'hui. Je ne vois pas pourquoi il serait dans la chambre de Matt, mais par précaution je préfère sortir. La porte d'entrée est verrouillée, je décide d'emprunter celle qui relie ma chambre à celle-ci. Je me rappelle que Matt l'a fermée de mon côté il y a un moment et que depuis je n'y ai pas touché. Mais il a laissé le verrou ouvert de son côté. Etrange. Ça veut dire que je peux ouvrir la porte n'importe quand.

Je passe par sa baie vitrée, la mienne est fermée. Je reste donc dehors un instant à contempler la forêt et à respirer l'air frais. J'ai l'impression que cette année va être différente des autres. Je m'assois un peu car j'ai le tournis, je ferme les yeux en prenant de grandes bouffées d'air frais et en savourant le soleil sur mon visage. Je n'entends aucun bruit. Depuis quand l'eau s'est-elle arrêtée de couler ? J'ouvre les yeux et me retourne vers la chambre de Matt. Il se tient debout, appuyé contre la baie vitrée et regarde la forêt, silencieusement. Il s'est bien rendu compte que je me suis retournée vers lui mais il n'y prend pas garde.

— Va falloir se mettre au point pour c't'année, Cloé. J'ai un mauvais pressentiment.

Il ne ressent aucune émotion ou quoi ? Ou est-ce qu'il sait les cacher à la perfection ? Quoi qu'il en soit, je n'aime pas ce ton. Ça insinue qu'il va me faire la morale.

— On ne se connaît pas. Tu es Monsieur Kellor. Je te vouvoie et... euh. Ah oui, je ne suis pas hébergée à côté de ta chambre. Je sais, dis-je.

— Sois pas insolente, gronde-t-il.

Qu'est-ce que ça m'énerve quand il joue le prof avec moi ! En plus, avec ce mal de crâne et les évènements de la veille, je ne suis pas d'humeur.

— Je ne l'étais pas.

Je me lève et m'avance vers lui, plante mes yeux dans les siens, et continue :

— J'allais oublier, tu ne m'as pas laissée dormir dans ton lit cette nuit et tu ne m'as jamais laissée t'embrasser.

Je marque une pause et arbore un air de défi :

— Là, j'étais insolente.

Puis je lui passe devant et me dirige vers la porte d'entrée en me souvenant –trop tard- que tout à l'heure, elle était verrouillée. Je fais quand même semblant de ne pas savoir.

J'appuie sur la poignée, la serrure fait du bruit, comme si j'avais tourné une clef à l'intérieur. Or, ce n'est pas le cas, et elle finit par s'ouvrir. L'a-t-il déverrouillée à distance, sans clef ? Ce ne serait pas étonnant.

Je pars dans ma chambre, le cœur battant. J'ai été bête finalement, j'aurais dû lui demander comment j'ai atterri dans sa chambre au milieu de la nuit. Je me dis qu'il a eu tellement de copines que mon baiser ne lui a fait ni chaud ni froid. Pour lui ça ne veut rien dire, c'est évident. C'est quand même bizarre qu'il ne se soit pas énervé face à mon attitude. Je décide d'aller plus loin dans ma démarche de rebelle, je vais lui montrer que j'existe.

Je me dirige vers la porte qui nous sépare et la déverrouille de mon côté. Maintenant, elle peut s'ouvrir n'importe quand. Cela ne tarde pas, il l'ouvre violemment et la fait claquer sur ma coiffeuse. J'aurais dû me douter qu'il allait m'entendre. Je m'écarte d'un pas. Il est furieux. A quoi pensais-je ? Je ne sais pas si je suis maso mais je l'ai bien cherché cette fois. J'ai voulu le pousser à bout, lui montrer que je n'écouterai plus ses ordres. Eh bien, c'est gagné. Je n'en reviens pas du Matt qui se tient devant mes yeux : Il paraît entouré de flamme. Ses yeux sont devenus rouge foncé et tous ses muscles sont tendus. Je ne pense pas que la discussion puisse se résoudre avec de simples excuses. Je recule encore de quelques pas et bute sur mon lit, je me retrouve assise dessus. Je vois bien qu'il essaie de se contrôler alors je ne dis rien et attends qu'il se calme un peu. Puis je me souviens du repas d'hier, de sa façon d'être désagréable sous prétexte qu'il a plus de pouvoir, et ça m'agace. Il profite de la faiblesse des autres. Et en ce moment même, il profite de la mienne. Il n'est peut-être pas si bien que ça finalement. Qu'est-ce qu'il peut me faire de toute façon ? Me blesser ? Je sais encaisser, me tuer ? Pourquoi m'aurait-il sauvée alors. .. Je me lève et remets en place mes accessoires sur ma coiffeuse, près de la porte qui sépare nos deux chambres. Je sens son regard en feu suivre mes allers-retours de la salle de bain à ma coiffeuse. L'indifférence ne marche pas, il se contrôle trop bien. Je lui souris pour le provoquer. Un sourire qui veut dire « tu ne me fais plus peur ». Il me flingue du regard, s'approche de moi à une vitesse surnaturelle et me soulève du sol par le cou. Ça ne fait pas mal mais c'est impressionnant. Là, il doit voir que j'ai peur. Il tente d'articuler :

— Joue pas avec le feu, Cloé.

J'essaie d'acquiescer, il comprend et me repose au sol. Une de mes larmes coule, mes yeux ne se décrochent pas de lui. Je ne pensais pas qu'il puisse me faire quoi que ce soit. Il s'éloigne puis s'assoit sur mon lit et prend sa tête entre ses mains. Il est redevenu calme. Il se masse les tempes un instant. Ses yeux, de nouveau clairs, se posent sur moi et je reste pétrifiée. Il se lève doucement, comme pour ne pas m'effrayer davantage. Il s'approche, je ne peux pas reculer car je suis déjà contre le mur. Il tend une main hésitante et je le laisse me prendre dans ses bras. Il fait au moins deux têtes de plus que moi. Je ferme les yeux. Il sent l'homme, c'est rassurant d'être blottie contre lui. Comment quelqu'un peut-il être si dangereux et si protecteur à la fois ? Je retrouve l'usage de mon corps et lève mes mains jusqu'à lui. Je les pose dans son dos, doucement. Il les attrape et se recule.

— Je suis pas ton ennemi.

— Je sais.

Il me lâche et se dirige vers ma coiffeuse. J'ai toujours mes habits de la veille, cette odeur me donne la nausée. A la pensée que Prinz m'a touchée, j'ai envie de les enlever tout de suite.

— Je vais aller prendre une douche, lui dis-je sans réfléchir

Il fait oui de la tête, l'air songeur. Je prends une robe au hasard dans mon placard. Heureusement que mes sous-vêtements sont rangés dans la salle de bain car je n'aurais pas osé les prendre devant Matt !

La sensation de l'eau froide sur ma peau me fait un bien fou. Je me dépêche néanmoins. Matt ne semblait pas vouloir partir. Peut-être qu'il m'attend pour que l'on discute. Je me sèche, m'habille en vitesse, et mets une touche de mascara. Je vais laisser mes cheveux sécher naturellement.

En sortant, il n'est plus là. Je suis déçue. La porte séparant nos deux chambres est fermée. Je m'assois devant ma coiffeuse sur laquelle il y a un mot :

1)   *Toujours savoir se contrôler.*
2)   *Réfléchir avant d'agir.*
3)   *Ne pas prendre de risques inutiles.*
4)   *Ne faire confiance à personne.*

Maintenant que tu sais qui tu es.

Qu'est-ce que ça veut dire ? Aurait-il pu savoir que j'ai su me téléporter ? Et si oui, comment ? Il n'y avait personne hier ! Je suis prise d'un frisson en repensant à la soirée, et je chasse vite ce souvenir. Il faut que je demande plus d'explications à Matt. Ses conseils ne veulent rien dire pour moi. Se contrôler sur quoi ? Quels risques ? Je n'y comprends rien. « Maintenant que tu sais qui tu es » Est-ce qu'au moins je le sais ? J'en ai marre de tous ces mystères. Il semble en savoir plus sur moi que moi-même ! Il suffirait qu'il me dise tout. Pourquoi ne le fait-il pas ?

Les gargouillis de mon ventre me font perdre le fil de mes pensées et je file en bas pour prendre un petit déjeuner. Je me souviens alors que Prinz est seul pour faire les repas. Je remonte illico dans l'ascenseur et retourne au dernier étage.

J'hésite un instant devant le rideau. Puis je me lance, je me mets derrière et imagine le placard à balai où je me suis cachée pour espionner Vincent et Matt. J'y atterris sans une égratignure. Yes ! Trop forte !

Je vérifie s'il y a quelqu'un dans la cafétéria par le trou de la serrure. Ce n'est pas le cas. J'ouvre la porte et découvre du jus de fruit, des pains au chocolat et des croissants frais sur la table. Il reste des miettes sur un côté, et deux tasses de café dans l'évier.

Je m'installe, prends un verre de jus de fruit et un croissant. Après tout, personne n'est encore arrivé. Après mon repas, je débarrasse et me dirige vers la sortie. Jusqu'à ce que j'entende des voix. Je suis le son et arrive dehors.

Matt et Vincent discutent, tous deux appuyés contre le mur. Je m'apprête à aller les voir quand je les entends prononcer le prénom d'Adam. Je m'arrête net et me cache dans un coin pour les écouter. Encore.

— Je préfère qu'il ne le sache pas pour l'instant, dit Vincent

— Sauf que tout l'monde va très vite le savoir, à la vitesse où les choses évoluent, réplique Matt

— OK. Je vais parler à Cloé.

— Qu'est-ce tu vas lui dire si elle pose des questions ?

Vincent souffle, et semble réfléchir.

— T'as une meilleure idée ?

— J'm'en occupe.

Vincent semble perplexe :

— Ne sois pas trop dur.

Deux solutions s'offrent à moi : soit je débarque devant eux en avouant avoir tout entendu et en exigeant des explications. Soit je fais preuve de patience et découvre par moi-même ce qu'ils me cachent. Je choisis la deuxième option.

D'après les conseils de Matt « *réfléchir avant d'agir* », la patience est un meilleur choix.

J'essaie d'imaginer ma chambre pour m'y téléporter mais je n'arrive pas à y aller. Pourquoi ça ne marche pas ? Matt s'approche de l'entrée. Il me suffit d'imaginer être assise à la cafétéria pour que cela se produise. Je n'ai pas le temps de m'en réjouir que Matt s'arrête au niveau de la porte.

— Qu'est-ce que tu fous là ?

— Je n'avais pas envie de déjeuner au patio. Ce n'est pas comme si ça gênait quelqu'un.

Il me prend par le bras, m'obligeant à me lever. Il me tire jusqu'au patio et j'ai encore l'impression d'être une petite fille. Je titube à côté de lui tandis qu'il me retient en raffermissant sa prise autour de mon bras. La table est dressée avec des céréales, du lait, des viennoiseries, des jus de fruits de toutes sortes. Il m'oblige à m'assoir. D'une voix forte et autoritaire, il appelle :

— James !

Un jeune homme arrive en vitesse. Il est coiffé comme un écolier avec une raie sur le côté. Il a une allure efféminée, accentuée par son tablier de cuisine.

— Oui Monsieur, vous désirez ?

James me sourit. Je fronce les sourcils.

— Où est passé Prinz ?

— Il a échangé sa place avec James, répond Matt d'un ton sec.

James semble remercier Matt du regard. J'ai comme l'impression qu'il y est pour quelque chose. Ça me conforte dans l'idée qu'il sait ce qui s'est passé hier. Mais comment ? L'aurait-il viré suite à cela ? Un frisson me parcourt de nouveau. La peur n'est plus présente, remplacée par un sentiment de sécurité.

— Apporte-lui un chocolat chaud, dit-il à l'attention de James, me tirant de mes pensées.

Du Matt tout craché. Il sait que je prends du chocolat chaud le matin. Il se tourne vers moi.

— Te fais pas remarquer et fais pas des choses qu'une élève est pas censée faire.

J'acquiesce. En gros, il ne devra plus me trouver à l'espace professeur ou en train de l'espionner. « *Patience, patience* » pensais-je. Je ne tirerai rien du tout de la part de Matt, excepté de la colère si je me risque à poser une question qu'il ne faut pas poser. Il s'en va et je poursuis mon petit déjeuner sereinement. Je me demande où est passée Jinn. Après la querelle avec son frère, elle est peut-être repartie chez elle. J'ai bien vu que cette fille avait l'air d'avoir un caractère bien trempé, mais de là à demander de partir à sa propre sœur… Matt n'est pas si différent d'Adam finalement. Sauf qu'il m'a sauvée la vie. J'aurai toujours une dette envers lui.

Je me lève de table et décide d'aller faire un tour à la rivière, à l'endroit où Lana et moi avons l'habitude d'aller. Ici, rien ne change. C'est toujours aussi calme, apaisant et serein. Je reste là un moment à contempler l'eau ruisseler sur les pierres brillantes. Je songe à mon Don. Je réalise enfin que moi aussi, j'aurais dû être une élève de la Nuit. Il me tarde de le dire à Lana. Matt a dit de ne faire confiance à personne, mais pour Lana c'est différent. J'ai toujours pu compter sur elle.

En parlant du loup, je la vois au loin faire de petits pas dans ma direction. Je lui souris et elle s'assoit à mes côtés.

— Tu ne devais revenir que demain ! Je m'étonne

— Davy voulait rentrer plus tôt.

— A cause de Jinn ?

— Oui, c'est compliqué.

Et je voudrais tellement savoir ! Mais je n'insisterai pas. Ce ne sont pas mes affaires après tout.

— Tu ne devineras jamais !

— Mmh, laisse-moi réfléchir… Tu as un Don ?

— Comment tu le sais ?

— Davy me dit tout… C'est Matt qui lui a dit.

Donc Matt est bel et bien au courant. Son mot sur ma coiffeuse, c'était pour ça. Reste à savoir pourquoi il me demande-t-il d'être vigilante s'il dévoile lui-même mes secrets?

— Il ne l'a dit qu'à Davy, c'est sûr et certain ! S'exclame Lana comme si elle avait lu dans mes pensées.

Bon. De toute façon, rien ne peut gâcher mon plaisir.

— Tu sais, j'en étais sûre. Depuis la première fois où je t'ai vue.

C'est vrai qu'elle m'a demandé si j'étais une nouvelle élève de la Nuit, la première fois. Comment Matt l'a su ? Est-ce que le fait de m'être téléportée grâce au rideau lui aurait fait comprendre que moi aussi j'ai un Don ? Ou est-ce que, pour une raison que j'ignore, il aurait su que je me suis téléportée dans l'ascenseur hier ? Sait-il ce qu'il s'est passé avec Prinz ? Son prénom me donne la nausée. Lana prend un air triste :

— Raconte-moi ce qu'il s'est passé.

J'oublie souvent qu'elle peut ressentir mes émotions, il va falloir que j'apprenne à les contrôler si je veux garder un semblant d'intimité. Je reste vague :

— Hier, Prinz était saoul. Et euh, comment dire, il a essayé de m'embrasser. Je n'ai rien vu venir. Il a beaucoup insisté. J'ai eu très peur alors j'ai fermé les yeux et je me suis visualisé l'ascenseur. Une seconde après, j'étais à l'intérieur.

— Tu t'es téléportée ! Crie-t-elle, incrédule

— Je croyais que tu savais tout !

— Je sais juste que tu as développé un Don et que Matt a fait renvoyer Prinz.

Mais c'est à mon tour d'être surprise. J'ai la confirmation : Matt a fait renvoyer Prinz. Combien de fois va-t-il devoir venir à ma rescousse ? Il est forcément au courant pour hier soir. Et il sait que je me suis téléportée sans l'aide du rideau. Il me vient à l'esprit son mot sur ma coiffeuse, il a fini par « *maintenant que tu sais qui tu es* » C'est en référence à mon Don. Je n'arriverai jamais à le cerner. Tantôt sec et sévère, tantôt compréhensif et protecteur. Alors qu'il ne cesse de me répéter que nous n'avons aucun lien spécial, je crois de plus en plus qu'il y en a bien un. Même si je ne sais pas encore de quelle nature il est. Je me sens extrêmement reconnaissante. Je souris malgré moi et Lana tripote ses cheveux, gênée.

— Quoi ?

— Je ne sais jamais s'il faut que je parle ou que je me taise avec toi, il est difficile de lire en toi, répond-elle, perplexe.

Elle devrait pourtant tout savoir. Pas seulement parce qu'elle peut ressentir mes émotions, mais parce qu'elle est ma meilleure amie et celle qui me connaît le mieux.

— Il y a deux ou trois mois je t'aurais dit de te taire, mais ça a changé. Tu peux me parler Lana, je suis prête.

Elle regarde de part et d'autre, pour être sûre que personne ne nous écoute.   De qui a-t-elle peur ? Matt ? Vincent ? Après tout, elle aussi est à un grade bien inférieur à tous ceux qui l'entourent. Ce n'est pas parce qu'elle a un Don qu'elle ne peut pas avoir peur. La preuve : j'en ai un et rien n'a changé en moi.

— Commence, que sais-tu ? Je complèterai.

— J'ai visité tout le dix-huitième étage. J'ai vu vos salles d'entraînement et … Je connais vos grades.

Elle laisse le silence s'installer, je poursuis.

— six, pour toi. trois, pour l'ensemble de nos professeurs et Davy. Oh… Et Adam, lorsqu'il était ici. Deux…

Jinn –Elle lève les yeux, mi surprise, mi angoissée – Un, Vincent, Benjamin Kellor et Matt.

Elle continue de me regarder intensément. Je vois bien qu'elle n'est pas sûre d'elle. Elle doit se demander si elle fait bien de me révéler ce qu'elle sait. Peut-être qu'en lui montrant que j'en sais déjà beaucoup, la balance penchera en ma faveur. Je poursuis donc :

— Je sais aussi que Benjamin est le directeur d'un internat où les élèves sont plus dangereux. Je sais que nous sommes à la limite du conflit et que la venue de Jinn n'arrange rien. Mais j'ai du mal à assembler les morceaux.

— Je n'en sais pas beaucoup plus que toi. Davy me tient à l'écart moi aussi. Mais je vais te dire ce que j'ai compris. Ce que tu appelles des « internats » sont en fait de véritables communautés, pas seulement pour les élèves. On les appelle des Unités. A trente-cinq ans, les représentants de chaque Unité doivent choisir un successeur. Benjamin choisira sûrement Matt. Si tu ne l'as pas encore compris en voyant le classement, il faut que tu saches qu'il est extrêmement puissant et qu'il a beaucoup d'influence dans ce Monde. Il est connu et redouté, encore plus que Benjamin lui-même. Il y a beaucoup de cachotteries le concernant…

— Tu ne lui fais pas confiance ?

Elle hésite un instant.

— Tu sais, grâce à mon Don … Enfin, je vois beaucoup de noirceur en lui. Cependant, je ne pense pas qu'il sera un problème pour toi si c'est ce que tu veux savoir. C'est juste que… Je voudrais que tu te méfies un peu, quand même.

Elle a vraiment peur de lui. Je le sais car elle pèse chaque mot qu'elle prononce à son propos. Elle est attentive au moindre bruit, et guette chacune de mes réactions précautionneusement. Elle sait forcément ce que je ressens pour lui. Ce n'est pas la peine que je tente de l'expliquer, je ne saurai pas bien le décrire de toute façon. Mon cœur bat trop vite quand on le mentionne, je décide de changer de sujet avant d'être embarrassée. Ce n'est peut-être pas normal de continuer de s'intéresser à un garçon qui n'est pas forcément quelqu'un de bien. Même si je sais que Lana ne me jugerait pas, je préfère dévier la conversation

— Quel est le rapport avec Jinn mis à part leur lien de parenté ?

Lana se mord la lèvre. Je pense qu'elle l'apprécie beaucoup.

— Jinn est proche de Benjamin et de Davy, alors qu'ils ne s'entendent pas du tout. Davy déteste les méthodes de Benjamin et sa façon de vouloir gouverner le monde en répandant la terreur. Jinn est à mi-chemin entre ses deux frères. Parfois, on ne sait pas trop de quel côté elle est. Benjamin est très dur avec elle, c'est pour cela qu'elle vient s'aérer ici. Mais s'il lui demande de faire quoi que ce soit, elle le fera.

Je ne peux pas m'en empêcher, je demande :

— Et Matt ?

— C'est ce que je te disais, je ne sais pas pour Matt. Il est tellement bon dans son rôle de futur leader que je ne comprends pas comment il peut être aussi proche de Davy. Je ne sais pas où il veut en venir même si j'espère sincèrement qu'il manipule Benjamin et non Davy. Tout ce que je sais, c'est qu'il a un côté sombre que je n'aime pas. Il doit forcément y avoir d'autres raisons qui le poussent à trahir les siens. Pour Davy, c'était couru d'avance, il est trop bon pour faire partie de leur Unité. Ses idées sont orientées sur la paix et le respect mutuel, comme Vincent. Jinn, elle, ne se mêle pas de la vie politique de sa famille, elle espère juste qu'ils seront de nouveau tous soudés et pour cela, elle est prête à tout. Elle est passée par des stades de rébellion, puis elle a disparue pendant plusieurs mois… Elle espérait les faire changer d'avis quant à leur séparation. Ils sortent dîner en famille une fois par mois parce qu'elle a réussi à convaincre Benjamin de les obliger à venir, mais ils ne parlent plus de politique. Cela fait quatre ans que j'y suis conviée. Pour Matt, c'est le gros point d'interrogation. Je dirais qu'il penche plutôt vers les idées de Ben mais ça ne colle pas avec sa présence ici, et sa volonté de vouloir nous préparer au pire.

J'essaie de coller les bribes d'informations entre elles mais j'ai du mal. Lana se lève, prend un bâton et commence à écrire sur la terre en expliquant :

— Bon. Je reprends du début. Il y a trois Unités. — elle fait un grand rond — Celle de Benjamin, appelée L'Unité De Feu, qui regroupe essentiellement des élèves pouvant manier cet élément.

Elle marque une pause en me voyant écarquiller les yeux.

— On peut manier les éléments Cloé. Le feu, l'eau, l'air, la terre. A l'âge de huit ans, tu peux passer un test pour savoir à quel élément tu appartiens et tu développes des pouvoirs plus ou moins autour de ce même élément. Je t'expliquerai, ce n'est pas important. — Elle fait un autre rond — L'Unité de l'Eau est cachée sous terre paraît-il. Je n'ai pas beaucoup d'informations dessus, seuls ceux qui doivent s'y installer ont le droit d'en savoir plus. On les appelle respectivement « Unité de Feu » et « Unité de l'Eau » parce que la première est dirigée par un élément Feu — Benjamin Kellor — la seconde par un élément eau. Cependant, peu importe l'élément que tu manies, tu peux être acceptée dans les deux. Ces deux Unités sont dans un conflit officieux depuis des années. L'un prône la révélation au monde des Dons et par conséquent leur supériorité. L'autre revendique le secret des Dons et envisage de les abolir.

— Pourquoi ? C'est absurde !

Elle sourit et poursuit :

— Tu es donc dans l'Unité Neutre, Cloé. — Elle effectue un dernier rond — On l'appelle aussi « Neutralité » parce qu'on ne se considère pas vraiment comme un clan. Elle existe depuis bien plus longtemps que les deux précédentes. Vincent n'est ni d'un côté, ni de l'autre. Il nous apprend à contrôler nos pouvoirs, à savoir où se trouvent nos limites, et il nous permet de retourner dans les classes de Jour si nous souhaitons oublier notre Don. Il est beaucoup moins autoritaire que les chefs des deux autres Unités. Il y a évidemment des dérapages parfois, des failles.

— Comme quoi ?

— Des élèves qui exposent leurs pouvoirs. Des bagarres devant des Sans-Don. Des attentats entre les Unités… Et j'en passe. Pour l'instant c'est la Neutralité qui a eu le plus de problèmes. C'est là que Matt intervient : tout le monde se tient à carreau depuis qu'il est là. Si quelqu'un a le malheur de s'exposer, ou de participer de près ou de loin à un attentat, Matt l'enferme en sous-sol, c'est là que se trouvent les prisons. La trahison est un motif d'enfermement à vie, avec ou sans torture selon le degré de trahison.

Je n'en crois pas mes oreilles.

— Cela veut dire que si quelqu'un montre son Don par accident, il est susceptible d'aller en prison et de se faire torturer ?

— Non, bien sûr que non, si c'est un accident, il aura juste une sanction. Comme lorsque Matt a quitté l'internat après t'avoir sauvée. Il n'y a pas si longtemps, il y avait qu'une seule Unité. La règle était de garder secret les Dons. Les personnes ne se mélangeaient plus au reste de la société et apprenaient à vivre ensemble avec leur Don. Ni plus, ni moins. Maintenant, on est trop nombreux. Certains en abusent, d'autres s'en servent pour voler, tricher, ou pour se battre contre des Sans-Don. Les trois Unités se sont formées par la suite. La règle du Secret est pour l'instant toujours commune, mais plus pour longtemps si l'Unité de Feu continue sur sa lancée. Ensuite il y a des règles spécifiques à chaque Unité.

— C'est compliqué.

— Oui, mais tu as compris le principal : on est au milieu d'un conflit qui va bientôt exploser et il va falloir choisir son camp. Beaucoup pensent que La Neutralité est trop faible pour perdurer. Vincent a une vision trop idéaliste de notre communauté. Il a une confiance aveugle en l'Homme. Davy ne se fie qu'à Matt, qui, je pense, n'est pas fiable à 100%.

— Et toi, tu es où dans tout ça ?

— Nous sommes beaucoup à refuser catégoriquement la dictature qu'imposerait un chef tel que Ben. Que serait le monde avec les grades un au pouvoir ? Les grades les moins élevés seraient moins considérés ? Les Sans-Don seraient esclaves ? D'un autre côté, notre Don fait de nous ce que nous sommes et je refuse de l'abolir comme le préconise l'Unité de l'Eau. Je me battrai pour ma liberté et mes droits. La Neutralité n'est pas parfaite, mais se rapproche de mon idéal plus que les deux autres Unités.

Je n'ai jamais vu Lana si sérieuse et décidée. Le monde qu'elle décrit me paraît encore plus éloigné maintenant que j'ai eu ses explications. Je reviens sur un détail qui m'a rendue curieuse :

— Puis-je te demander quel élément tu manies ?

— L'air, répond-elle, rapidement, comme si ce n'était pas important.

Cela ne m'étonne pas d'elle. Etant donné la façon dont elle se déplace, légère, comme une plume.

— Donc au final, tu as trois Dons : le ressenti des émotions, le fait de respirer sous l'eau et le maniement de l'air.

— Non. On parle toujours de Don au singulier. Tu n'appartiens qu'à un élément et tu développes plusieurs pouvoirs plus ou moins autour de cet élément, de ce Don. Le Don est inné, les pouvoirs se travaillent. Plus ton Don est puissant, plus tu as de pouvoirs. En ce qui me concerne, par exemple, les émotions sont dans l'air, comme les auras. Pour ce qui est de respirer dans l'eau, c'est moi qui amène l'air de l'extérieur dans mes poumons. Tu vois. Mon Don est l'air, mes pouvoirs sont multiples et peuvent varier avec le temps.

— Je dois faire partie de l'air aussi ! M'exclamais-je, puisque je peux me téléporter !

— Pour la téléportation, cela ne veut rien dire car tous les éléments se téléportent : l'eau se transforme en vapeur, le feu se consume, l'air est sans cesse en mouvement et la terre est si légère qu'elle peut être transportée par les trois précédents. Beaucoup d'élèves de Nuit peuvent se téléporter.

Elle doit sentir que je suis déçue alors je me reprends vite, lui souris et elle dit :

— L'avantage c'est que tu en développeras sûrement un autre.

Lana trouve toujours les mots pour me réconforter. Je me sens tellement en retard par rapport à elle ! Il va falloir que j'apprenne vite, pour savoir qui je suis et où je dois aller. C'est excitant de tout redémarrer à zéro. Je savais que cette année allait être différente. Je savais que depuis tout ce temps je n'étais pas vraiment Moi.

Lana et moi retournons doucement à l'internat, c'est déjà l'heure de déjeuner. La table est de nouveau dressée dans le Patio, avec six couverts. Jinn est assise au bord de la fontaine, comme la veille. Plongée dans ses pensées, elle est toujours aussi belle. Sa robe fait moins gala aujourd'hui, elle fait juste robe d'été. Simple, et jolie. Ses anglaises sont tombées, avec son air arrogant. Elle se retourne enfin vers nous, semble déçue, puis se reprend. Elle sourit à Lana, se lève et s'approche de nous.

— Salut Jinn, fait Lana

Jinn s'approche d'elle et lui flanque un bisou sur le front. Avec ses compensées dorées, elle fait une tête de plus que Lana ! Elle se retourne vers moi, me déshabille du regard et me demande :

— T'as refait tes anglaises ?

Lana se met à rire et répond à ma place :

— Mais non, idiote ! Tu vois bien qu'elles sont naturelles !

Jinn s'approche et prend une mèche de mes cheveux. Elle l'entortille entre ses doigts, je n'aime pas ça. Je la retire de ses mains. C'est à ce moment-là que Vincent, Davy et Matt arrivent. Jinn se retourne et s'arme de son plus beau sourire, exactement comme la veille. Je l'observe en essayant de percevoir une attitude authentique. Tout ce qu'elle fait semble contrôlé et étudié à l'avance. J'ai soudain l'impression que tout ce monde est en fait basé sur des faux-semblants et des manipulations. D'abord toute mon enfance miraculeusement oubliée. Puis ces trois Unités en guerre mais pas officiellement. Ma sœur disparue sans aucune explication et dont le sujet est devenu tabou. Je ne sais pas si je suis triste ou en colère. Peut-être bien les deux.

Oups. Je me suis trop attardée sur Jinn, j'en ai oublié Lana qui ressent tout. Je me tourne vers elle, inquiète de ce qu'elle a pu déceler. Elle me regarde d'un air triste. D'ailleurs, tout le monde me regarde maintenant. « *Lana ! Tu ne pouvais pas être plus discrète !* » Pensais-je. Je suppose qu'ils connaissent tous son Don — ou son pouvoir ? — et par conséquent savent que c'est moi qui suis triste. Je ne m'en serais jamais rendue compte si j'étais restée dans l'ignorance. J'aurais probablement pensé que j'avais quelque chose sur le visage. C'est encore plus étrange que d'habitude ici, tout est insidieux. Ils se comprennent sans même se parler. Encore une fois, je me sens à l'écart. Je décide de leur tourner le dos et d'aller m'installer à table.

Lana me suit, aussi fidèle que d'habitude. C'est vrai, je ne suis pas à part, je ne suis pas seule. Il y a Lana. Je m'assois et lui souris. Elle sait que c'est un vrai sourire et elle me le rend de plus belle.

Davy et Vincent reprennent une discussion qu'ils ont dû commencer plus tôt et que je n'ai pas écoutée. Je n'ai pas dit bonjour à Davy, je m'excuserai après mangé. Matt s'assoit face à moi, mon cœur fait un bond. Je ne l'ai pas encore vraiment regardé depuis qu'il est entré. En fait, j'ai fait ma sauvage avec tout le monde, absorbée par la beauté de Jinn, et perdue dans mes pensées. Je ne sais pas trop comment me comporter à vrai dire, après tout ce que j'ai appris. J'évite soigneusement de regarder Matt. Je suis mal à l'aise. S'il a viré Prinz, c'est qu'il sait ce qu'il s'est passé. Ce qui est encore plus gênant, c'est de me dire que je lui ai sauté dessus hier. Il faut que j'arrête d'y penser, je risque de devenir toute rouge. Les autres participent à la discussion de Vincent et Davy. *« Bon Cloé, concentre toi, arrête de faire l'enfant. »* me dis-je. Je me concentre sur la discussion en prenant soin de regarder seulement celui qui parle. C'est Vincent :

— Il faudrait peut-être faire deux bâtiments pour mieux séparer les élèves du Jour et ceux de la Nuit.

— Pourquoi ? demande Lana, personne n'est dérangé à ce que je sache !

Elle n'aime pas le changement. Ça doit lui rappeler que tout son univers peut s'effondrer d'un seul coup. Vincent me lance un regard en coin, hésite, et répond à Lana :

— Eh bien, certains se sont plaints du bruit. C'est difficile d'accorder vos heures de sommeil.

Gros mensonge. Il dit cela parce que je suis là et que j'écoute. Il croit que je ne suis au courant de rien. Sinon il aurait sûrement dit quelque chose dans le genre « c'est plus prudent pour garder le secret sur les Dons ». Il n'empêche qu'il n'a pas tort. Surtout au vu des attitudes des élèves de Jour qui ne cessent de s'en prendre à ceux de la Nuit. Depuis l'évènement d'il y a trois ans avec « Tom », le garçon qui a volontairement poussé Lana au sol, beaucoup d'actes se sont reproduits. S'ils savaient … Mais j'y pense, s'ils se mettent à plusieurs sur Lana, elle ne ferait pas un pli ! Fragile comme elle est. Alors je décide de soutenir Vincent. Je la regarde de la manière la plus douce possible, car je n'aime pas la contredire en public, et dis à mi-voix :

— Ce n'est pas une mauvaise idée, ça éviterait les conflits avec les élèves de Jour.

Lana fronce les sourcils. Finalement, j'aurais dû m'abstenir.

— Leur réaction est normale, c'est nous qui nous mettons à l'écart, en les snobant. Essayons de vivre ensemble. Je veux dire, vraiment. Je suis sûre que tout le monde s'accepterait tel que l'on est.

Un grand silence se fait sentir, Matt est le seul à continuer de manger. Lana vient de suggérer qu'on enfreigne la plus vieille règle des Unités. Celle de garder le secret sur les Dons.

Davy s'efforce à rire.

— Très drôle chérie, vraiment, dit-il, pour la protéger.

— Je suis sérieuse, insiste-t-elle.

A quoi joue-t-elle ? C'est elle qui vient de me dire à quel point cette famille est dangereuse et à quel point il est important de respecter les règles. De telles idées ne devraient pas être prononcées. Et encore moins devant les leaders en question. Matt prend une bouchée de lasagnes, et répond à Lana d'un air blasé :

— Ouais. Pis si ça marche pas, on les tue tous.

Ma respiration se coupe. Je regarde chacun d'entre eux du coin de l'œil pour guetter leur réaction. Jinn ne semble pas du tout affectée par ce qui vient de se dire. Elle mastique en attendant que la conversation se poursuive. Davy n'a d'yeux que pour Lana. Il paraît anxieux et donne l'impression qu'il peut la soutenir à tout moment si elle tombe. Quant à elle, ses yeux scrutent Matt comme si elle lisait en lui. J'aimerais savoir moi aussi, s'il disait ça pour plaisanter ou si c'était sincère. Après un instant de réflexion, je me rends compte que je suis censée n'être au courant de rien. C'est trop tard pour jouer l'étonnée. Mon attention se pose sur Vincent, il a une expression indéchiffrable. Cela ressemble à un mélange d'inquiétude et de curiosité. Se demande-t-il ce que je sais ? Est-il inquiet que les paroles de Matt m'atteignent ? Ce qui me fait penser qu'elles ne m'atteignent pas tellement. Ai-je un cœur de pierre ? Lana, elle, est en colère. Matt continue de manger, en levant les yeux sur Lana et poursuit :

— Enfin, c'est toi qui les tues, puisque c'est ton idée.

Je crois qu'il la cherche. Et ça marche, elle se met vraiment en colère, je ne l'ai jamais vue comme ça. Elle devient rouge pivoine et je crois que Davy va faire une crise cardiaque, mais il n'ose rien dire à son frère. Jinn devient nerveuse, je me rappelle qu'elle n'aime pas les conflits au sein de sa famille. Vincent reste focalisé sur moi, son air curieux prend le dessus. Alors je me lance, pour le satisfaire. Et pour apaiser l'atmosphère :

— Vous n'allez quand même pas me dire que personne ne sait effacer la mémoire ?

Et voilà, tous les regards sont braqués sur moi. Lana se calme, Davy aussi. Je le sais car je le sens mais je ne décroche pas mon attention de Vincent pour qu'il sache que derrière ma phrase se cachent bien d'autres mots encore. Par exemple : « *Oui Vincent, je sais beaucoup de choses maintenant.* » Ou mieux : « *Vous m'avez d'ailleurs peut-être effacé la mienne !* » Pour éviter que mon attitude ne soit trop accusatrice — car je ne sais pas vraiment ce qu'il s'est passé jadis — je poursuis :

— Vous faites un test. Si ça ne marche pas comme prévu, vous leur effacez la mémoire.

Vincent semble reprendre sa respiration. Ce qui m'amène à me demander s'ils ne m'ont pas *vraiment* effacé la mémoire. J'essaie d'adopter leur attitude de blasée. Je me remets à manger comme si ma phrase avait été la plus banale du monde. Ils se remettent tous à manger en silence, d'ailleurs. Là, je ne comprends pas. Est-ce de l'ignorance ? Je croise le regard de Matt, ses yeux sont rieurs. Se moque-t-il ? Au moins, il ne m'ignore pas. Au final, je remarque que tout le monde prend bien soin de ne pas croiser mon regard, sauf lui. Soit je deviens parano, soit tout le monde à cette table veut me cacher quelque chose ! Et Matt semble bien s'en amuser ! Je me tourne vers Lana, elle est absolument normale. Ouf. Elle donne l'impression de réfléchir à ce que je viens de dire. S'il y a bien une personne qui soit de mon côté, c'est elle. Quant à Matt, je ne sais pas. Il m'observe toujours, un demi-sourire aux lèvres. Je fronce les sourcils : « *Je saurai un jour* » Pensais-je fort, fort, fort pour qu'il l'entende. Il soutient mon regard et ne se démonte pas. C'est moi qui flanche, et ça m'énerve. Je me tourne vers Jinn et lui dit :

— Au fait, Jinn, je ne t'ai pas encore fait visiter. Si tu veux je peux te montrer toute la partie qui appartient aux élèves de Jour, je la connais par cœur. Pour ce qui est du reste, je ne vais pas être d'une grande utilité.

Je marque une pause. Attendez de voir où je veux en venir ! Je poursuis :

— Excepté le dix-huitième étage. Je me souviens de chaque détail.

Lana lâche sa cuillère et Vincent lève vivement la tête vers moi. Le dix-huitième étage est interdit aux élèves de Jour. C'est celui qui abrite le Classement des élèves de Nuit, ainsi que de nombreuses salles plus irréelles les unes que les autres. Je n'ai pas le droit d'y aller. Matt et Vincent ne savent pas à quel point je suis au courant de la réalité. Davy et Jinn n'ont pas compris où je voulais en venir, c'est trop banal pour eux. Jinn me répond avec un sourire radieux :

— Avec plaisir.

Lana a éclaboussé son tee-shirt blanc. Ses yeux marquent une anxiété évidente. Je suis son regard et accroche celui de Matt, qui me lance des éclairs. Je n'ai, une fois de plus, pas su contenir ma colère, et j'ai parlé avant de réfléchir. J'ai beau me souvenir des grades de chacun d'entre eux, j'oublie souvent que je devrais moins faire la maligne avec Matt, ou Vincent. Ce dernier ne sait pas quoi dire et je sais qu'il va laisser parler Matt. Lana est raide à côté de moi. Elle doit ressentir les émotions de chacun. Davy comprend le malaise, il tripote nerveusement sa serviette. J'ai du mal à avaler. Maintenant, Matt sait que je suis au courant pour son grade. Il ne faut pas que je me démonte ! Je dois rester la même. Je prends mon courage à deux mains, et lève les yeux vers lui.

Son regard me glace le sang. Je me fige, il va s'énerver. Je ne veux pas qu'il me fasse perdre mes moyens devant tout le monde, je déteste ça. Je réfléchis à un sujet de conversation mais rien ne vient. Jinn se sert à nouveau des lasagnes, c'est fou qu'elle n'ait rien remarqué. Le visage de Lana est déformé par l'angoisse. Elle ressent la colère de Matt. J'essaie de me concentrer sur autre chose mais je sens à chaque longue seconde qui passe son regard en feu sur moi. Je décide de faire mine d'être énervée. Je me retourne à nouveau vers lui, les sourcils froncés. Ses yeux sont extrêmement clairs, c'est mauvais signe.

— Viens, on y va au dix-huitième, j'vais te montrer c'est quoi la peur puisque t'as...

Je ne veux pas entendre la suite. Son ton est bien trop menaçant pour qu'il se calme. Je ferme les yeux vivement et imagine l'ascenseur pour m'y téléporter. Cela marche ! Arrivée dans l'ascenseur, je referme les yeux : il va se douter que je suis là. Il faut que je me téléporte ailleurs. J'imagine notre endroit à Lana et moi, dans la forêt, près de la rivière. J'y suis. J'enlève ma robe et plonge dans l'eau claire. Elle m'apaise tout de suite. Je nage aussi profondément que possible sans penser au moment où je vais devoir remonter à la surface quand je vais manquer d'air. Les secondes s'écoulent et je nage plus profondément encore. Livia a une particularité : elle paraît être sans fond.

C'est maintenant que je manque d'air. Je commence à paniquer et essaie de remonter le plus vite possible, mais j'ai du mal. Je manque d'oxygène et mes muscles sont plus lents. Il me vient une idée : je vais me téléporter de nouveau. Ce n'est pas encore naturel pour moi. Il me faut un certain temps avant de me rappeler que j'ai un Don. Je ferme les yeux, la seule chose que j'arrive à imaginer est... Matt. Non pas parce qu'il vient de me faire peur, mais parce que la seule fois où j'ai manqué d'air, c'était après l'accident et c'est lui qui m'a sauvée. Le souvenir résonne en moi comme une claque. Je l'imagine me sauver à nouveau, mais rien n'y fait : je suis toujours sous l'eau.

Je ferme les yeux une nouvelle fois et imagine la terre, au pied du rocher, là où je m'appuie pour sortir de l'eau. J'y atterris sans peine mais je suis un peu secouée. Je tousse face au sol pour évacuer l'eau de ma bouche. Puis, je m'adosse au rocher en fermant les yeux. Je sens la chaleur du soleil m'envelopper et mon cœur se calmer. Je souris malgré moi… J'ai adoré. Je dois être vraiment folle ! J'ai adoré la montée d'adrénaline. J'ai adoré le moment où j'ai réussi à trouver une solution. J'adore être adossée à ce rocher en ce moment même, réchauffée par la lumière du soleil. Je n'ai pas envie d'ouvrir les yeux. Je savoure l'instant.

Quelqu'un m'attrape les mains et me tire à une vitesse exceptionnelle, le sol m'érafle la jambe gauche jusqu'à la hanche. J'ouvre les yeux, je suis sous l'eau. Matt en face de moi. Suis-je en train de rêver ? Est-ce que je suis vraiment remontée à la surface ? Ou suis-je en train de mourir ?

Non, je ne rêve pas. Le manque d'oxygène se fait sentir à nouveau. Comment a-t-il su que j'étais là ? Ah oui, c'est vrai, d'après Lana : « *Matt sait tout* ». J'essaie de récupérer mes poignets mais il ne les lâche pas. On dirait qu'il ne souffre pas du manque d'oxygène, lui. Son visage est inexpressif. Je commence à paniquer, j'ai comme une impression de déjà-vu. Il faut que je ferme les yeux. Il faut que je ferme les yeux et que j'imagine le sol pour m'y téléporter. Mais je ne veux pas. Je refuse de croire que Matt va me laisser agoniser sous ses yeux. Alors je le regarde intensément. On dirait qu'il ne ressent rien. Je commence à trouver le temps long. Bientôt, je ne vais plus pouvoir réfléchir. J'essaie à nouveau de récupérer mes mains mais il ne bouge même pas d'un centimètre. La panique me gagne, je ne sais pas quoi faire. Je bouge dans tous les sens, pour me libérer. Après tout, on n'est pas très loin de la surface. Il prend mes deux poignets dans une seule de ses mains et me bloque la nuque avec l'autre. Je suis incapable de réfléchir. Je le supplie des yeux de me lâcher, mais il reste impassible. Tout à coup, j'entends sa voix dans ma tête : « *Tu sais ce que ça fait maintenant de défier un grade un* ». Je me calme net, émerveillée par ce pouvoir que je découvre. Il peut me parler à l'intérieur de ma tête. Le fait de ne plus paniquer m'indique qu'il me reste encore un peu de temps. Lorsqu'on faisait des concours d'apnée avec Lana, je n'étais pas mauvaise, même si elle gagnait à chaque fois. Son regard change, il n'est plus indifférent mais surpris. Je décide de me téléporter sur le rocher. Je m'y visualise, sèche, vêtue de ma petite robe — depuis tout à l'heure, je suis en sous-vêtements — Une seconde plus tard, j'y suis. Il met encore moins de temps que moi pour sortir de l'eau. Son regard est enfin dépourvu de colère. Je vois Lana arriver en courant derrière lui. Elle a l'air rassuré de me voir saine et sauve. Elle s'approche de moi en ignorant Matt, un éclair d'anxiété est apparu dans ses yeux.

— Cloé ? Cloé !

Je n'arrive pas à répondre. Je suis comme anesthésiée. Elle se tourne vers Matt et crie :

— Qu'est-ce que tu lui as fait ?

Pourquoi s'énerve-t-elle ? Je ne comprends pas, je suis ailleurs. Lana me touche le front, puis l'épaule, la jambe, le dos.

— Je ne ressens rien. Elle ne ressent rien ! Crie-t-elle à l'intention de Matt.

Matt prend un air interrogateur. Une idée lui traverse l'esprit, je le vois dans ses yeux. Lana essaie de remuer mes bras pendant que Matt revient dans ma tête : « *Rassure-la.* » m'ordonne-t-il. C'est fascinant, comment fait-il ? Je bouge à peine mes doigts pour que Lana s'y focalise. Ce qu'elle fait. Je ne peux rien faire d'autre. Je suis comme hypnotisée. Je me lève soudain et m'approche de Matt, sans m'en rendre vraiment compte. J'ai l'impression qu'on est seul au monde. Non, mieux : j'ai l'impression qu'on ne forme qu'un. Je ne marche pas, je flotte. Je n'entends que l'écho de sa voix dans ma tête, rien d'autre. Je n'ai pas quitté ses yeux, je pose instinctivement une main sur sa joue et les mots sortent de ma bouche, solennellement, sans que je ne les contrôle :

— Tu ne m'aurais pas laissée mourir, n'est-ce pas ?

Lana grommelle quelque chose que je ne comprends pas. Je commence à reprendre mes esprits. Mes émotions refont surface, ce n'est pas une question. Je suis persuadée, du plus profond de moi, qu'il ne m'aurait pas laissée mourir. Je cligne plusieurs fois des yeux et je m'éloigne brusquement de Matt, gênée.

— Bien. Commence Lana, maintenant que je sens que ça va mieux, euh… Je vais vous laisser.

Elle tourne les talons et s'éloigne de sa démarche fluette. Je m'apprête à la suivre quand Matt surgit devant moi.

— Faut qu'on parle.

J'ai envie de lui répondre « *Euh, pas maintenant, je suis occupée. Plus tard ok ?* » Mais je sais que ce n'est pas possible. C'est moi qui ai voulu passer de mon monde d'enfant à son monde d'adulte. Il faut que j'en assume les conséquences.

— Si « on » doit parler ça veut dire que tu ne donneras pas tes consignes avant de partir dans l'idée de m'ignorer pendant trois ans ? Si « on » doit parler, est-ce que je peux parler aussi ?

Les mots déferlent seuls, mais je ne les regrette pas. Je ne sais pas d'où me vient ce courage de m'adresser à lui de cette façon. Il me prend la main. J'ai à peine le temps de cligner des yeux qu'on atterrit à la bibliothèque du dix-huitième étage. Il peut me téléporter partout comme ça ? Ma tête tourne légèrement et je m'assois, adossée à un mur.

Il fouille dans un rayon, sort une espèce de disquette triangulaire poussiéreuse et l'insère à même le mur. Ce dernier s'anime tel un écran géant. Je lis « Adam Marc, grade trois. Epreuve d'aptitude n° 6384 » Puis, un vieux film se déroule devant mes yeux. Un enfant — Adam — affronte un paysage de désert, avec des serpents, des flèches de toute part, des ennemis matérialisés. Il est très fort. Il évite soigneusement toutes les flèches, attrape les serpents et les lance sur les ennemis. Il arrive dans une tente de tissus gris, l'exercice est fini. On le voit sourire. A la fin de la vidéo, de la même police que le premier message, il est écrit « sept minutes et quarante secondes. » Je suppose que c'est bien, pour que Matt me le montre.

— Quel gâchis, souffle-t-il.

Il range la disquette triangulaire. Elle effectue un léger tourbillon avant de disparaître dans le rayon. Je ne sais pas quoi dire. S'il savait comme je me fiche d'Adam ! Cela fait un moment que j'ai abandonné l'idée qu'il puisse réfléchir normalement. Alors oui, il a gâché son Don en l'ignorant. Il a aussi gâché sa vie dans ce château animé, où les étages sont invisibles, où les disquettes s'envolent et où la rivière est sans fond. Mais il a surtout gâché ma vie en me cachant ma vraie nature. Et ça, c'est impardonnable. Je n'arrive pas à admirer Adam.

— J'aurais préféré en voir un de toi, dis-je, franchement.

Matt semble surpris une demi-seconde mais je n'en suis pas sûre, car il sait parfaitement contrôler ses ressentis. Il s'approche à une vitesse incroyable, s'assoit près de moi et regarde devant lui.

— Il veut pas que tu l'saches, commence-t-il.

— Je sais, réponds-je —Il parle d'Adam —

— S'il apprend que tu le sais, j'parle pas seul'ment pour lui… S'il apprend qu'tu sais pour toi, il voudra que tu partes. C'est c'que tu veux ?

Les larmes me montent aux yeux, l'internat est devenu toute ma vie depuis qu'Emie est partie. Adam m'a laissée là, seule, il n'a pas le droit de m'y enlever maintenant. Je me tourne vers Matt, mais il reste face au mur.

— Non. Je veux seulement pouvoir être moi-même.

Ça y est, il me regarde. Ses yeux m'enivrent comme à chaque fois que je les vois.

— Tu pourras pas intégrer les Classes de Nuit. Ni figurer sur le tableau.

Je n'aime pas quand il prend son intonation de professeur. Cela ne lui ressemble pas. Lorsqu'il est lui-même, ses mots sont crus et il n'a pas peur d'être blessant. Quand il parle devant la classe, il utilise des mots plus recherchés, comme maintenant. Cela me vexe qu'il prenne ce ton alors que nous ne sommes que tous les deux. Sa phrase laisse cependant supposer qu'il y a une autre solution.

— Que dois-je faire alors ?

Il baisse la tête contre ses genoux remontés, s'ébouriffe les cheveux. Je trouve cela très mignon. C'est comme s'il réfléchissait à la solution d'un problème très compliqué.

— Reste dans ta classe. On travaillera tes pouvoirs le soir.

— On ?

Mon cœur s'emballe, je ne peux m'empêcher de sourire. Il me regarde du coin de l'oeil, expire bruyamment et rajoute :

— À une condition.

— Ce que tu veux !

— T'écoutes *absolument* tout c'que j'dis.

J'hésite un instant, ça veut tout dire et rien dire cette phrase. Mais je m'en fiche. J'improviserai sur le moment !

— Bien sûr !

— Ok. J'vais commencer par une consigne, me prévient-il

— …

— Te mêle pas d'la politique des classes de Nuit. Cherche pas à savoir, demande rien, t'exprime pas sur l'sujet et, s'te plaît, raisonne Lana quand elle t'en parle.

Je me remémore les paroles de Lana. Ce genre d'attitude fait tout à fait penser à une dictature, comme elle me l'avait prédit. Qu'est-ce que je dois faire ? Chacun à sa liberté de penser, et d'expression tout de même. Il voit que j'hésite.

— C'est pour votre bien.

— Elle ne te fait pas confiance, le défiais-je.

Il sourit, se rapproche de moi et chuchote :

— Elle, non. Mais toi, oui.

Son souffle me fait frissonner. Je vire au rouge. Je ne me suis jamais dit que Matt puisse parfaitement savoir ce que je ressens pour lui. J'ai toujours l'impression que ce genre de bêtises lui passe au-dessus. On n'a d'ailleurs même pas reparlé du baiser. Mais cela ne veut pas dire qu'il soit inconscient de son emprise sur moi. Apparemment, il le sait parfaitement. Et il en joue. D'ailleurs, ça me fait peur, et s'il ne me voulait pas que du bien ? Et si j'étais un pion dans son jeu de pouvoir avec son frère ? Mais qu'aurait-il comme avantage ? Je suis en retard sur tous les autres. Je découvre à peine mon Don. Je ne connais encore rien de l'organisation des Unités. Il n'y a aucune raison qu'il se serve de moi, je suis inutile. Je n'ai pas besoin de me méfier de lui.

Il s'est levé et s'active à ranger des documents, comme si je n'étais pas là. Il n'a pas changé depuis mon arrivée au château. Je le revois sur la scène, se présenter devant les élèves. Je me rappelle de toutes les informations que j'ai reçues à son propos. Je retrace le chemin qui m'a menée là, avec lui. Si je récapitule, il m'a protégée plusieurs fois, il a enfreint les règles de la Neutralité pour me sauver la vie et maintenant il propose de m'aider à développer mes pouvoirs. En dehors du fait qu'il m'ait ignorée durant tant d'années, tout laisse à penser qu'il me porte de l'intérêt. Pourquoi ? Je n'en sais rien. Il doit forcément y avoir une raison. Je me remémore son attitude quand il m'a vue au château la première fois, elle n'avait rien d'indifférente. Il faut donc que je fasse tomber son masque, d'une manière ou d'une autre. Cependant, il va me falloir du courage, et de l'ingéniosité, si je ne veux pas mourir noyée !

Je me lève à mon tour. Même si Matt n'est ni fasciné par moi, ni attiré, ni émerveillé, comme je peux l'être face à lui, il ne veut pourtant pas me faire de mal, ni me faire de peine. Peut-être me considère-t-il toujours comme la petite fille qu'il a sauvée d'un accident de la route? Quoi qu'il en soit, j'ai un avantage : face à moi, il se contrôle. Je vais voir si cela va au-delà. Eprouve-t-il de l'attachement ? De l'amitié ? Pour savoir jusqu'où il tient à moi et jusqu'où je peux lui faire confiance, je vais devoir le pousser à bout. Et ça, c'est ma spécialité.

Sans m'en rendre compte, je me tiens face au classement des élèves de Nuit. J'étais prise dans mes pensées et je ne me suis pas aperçue que Matt m'observait.

— J'aimerais que tu me montres tes pouvoirs.

Il se met face au classement avec moi et regarde la colonne du grade six, celle de Lana.

— Elle te montrera, répond-il en désignant son nom du menton.

D'abord, il m'a donné un aperçu des pouvoirs d'Adam, je lui ai dit que j'aurais voulu en avoir un de lui. Maintenant, il me répond que Lana me montrera à sa place. Pourquoi ne veut-il pas se dévoiler ?

Je sors de la bibliothèque et me dirige vers la salle où il y a l'exercice avec la lave, dans l'espoir qu'il me suive et utilise ses pouvoirs devant moi. Au moment où je veux ouvrir la porte, il se matérialise derrière moi et pose une main dessus comme pour la maintenir fermée. Je me retourne vivement.

— Montre-moi s'il te plaît.

— Non princesse, une autre fois.

De sa bouche, ce surnom me donne des frissons. Alors comme ça, lui aussi, m'appelle de cette manière. Sa main se pose sur mon épaule et il nous téléporte dans l'ascenseur. Une fois à l'intérieur, il prend quelques secondes pour m'observer et s'éclipse de nouveau. Je me retrouve seule.

Le reste de la journée passe à une vitesse incroyable. Je me suis assoupie sur mon lit après que Matt m'ait laissée, et j'ai sauté l'heure du repas. À mon réveil il est 23 h 30. Je décide de prendre une douche et de retourner me coucher, si j'y arrive. Demain sera une longue journée. Évidemment, je n'y parviens pas. Je décide de faire un tour au patio pour voir s'ils ne m'ont pas laissé quelque chose à grignoter. Il fait nuit, les lumières s'allument sur mon passage. Tout à coup, j'entends du bruit derrière moi, je me retourne vivement : c'est Jinn.

— Alors, tu me fais visiter ? Me demande-t-elle, un sourire aux lèvres.

Dans la pénombre, elle est effrayante. Ses yeux luisent comme ceux des chats. Qu'est-ce qu'elle a derrière la tête ? Tout le monde dort, demain la rentrée est à huit heures pour tous les élèves.

— Rapidement ? Insiste-t-elle, comme si elle avait lu dans mes pensées.

— OK.

Je lui montre tout le bas : les salles de classe, la bibliothèque, la salle de cinéma. De l'autre côté, l'espace professeurs, le bureau de Vincent et pour finir, nous montons dans les dortoirs. Elle écoute attentivement mais ne pose aucune question. Puis, arrivées au troisième étage — le dernier où les élèves de Jour sont autorisés à aller — je lui dis :

— Lana te montrera le reste, je ne suis pas sûre d'être autorisée à le faire

Elle prend un air étonné.

— Ah non ?

— Non. Tu as des questions ?

Elle semble réfléchir, hésite un instant et se retourne vers moi. J'espère qu'elle ne me posera pas de question sur les autres étages. Bien que j'aie regardé à plusieurs reprises, à chaque fois, l'ascenseur s'ouvre et je ne vois qu'une lumière aveuglante. Impossible d'en voir davantage, impossible de passer les portes en verre teinté de l'ascenseur. Je me suis toujours demandé ce qu'ils pouvaient bien cacher. C'est comme si l'ascenseur autorisait ou non l'accès à certains étages selon la personne qui souhaite y accéder.

— Où est la chambre de mon frère ?

C'est à mon tour d'hésiter : ça non plus, je ne suis pas autorisée à le dire. Mais après tout, c'est sa sœur ! Nous sommes dans l'ascenseur, j'appuie sur le vingt-troisième étage, et décide de contourner le problème :

— Raccompagne-moi dans la mienne. Il me reste un exemplaire du règlement, je te le donnerai.

Elle ne réplique rien. J'en suis étonnée. Arrivées au dernier étage, Jinn me suit jusqu'à ma chambre. Elle observe tout très attentivement: la coiffeuse, le bureau, la salle de bain. Je me sens bizarrement mise à nue. Qu'est-ce qu'elle est curieuse ! Je lui sors l'exemplaire du règlement intérieur du château. Elle l'attrape de mes mains, pose ses yeux dessus quelques secondes, et le remets sur mon bureau. Elle n'a pas pu le lire si vite ! Si ?

Elle se tourne vers la porte qui sépare ma chambre de celle de Matt. « *Si elle l'ouvre, je ne l'arrêterai pas* » me dis-je. Mais elle ne le fait pas. Elle ouvre la baie vitrée et sort. Elle regarde un instant par-dessus le balcon. Je doute qu'elle y voit grand-chose, il fait tout noir. Quoique… Rien n'est impossible. Elle me regarde un instant, je vois ses yeux de chat luire comme des billes fluorescentes. J'en conclus qu'elle y voit comme en plein jour.

Elle se retourne instinctivement vers la chambre de Matt, comme si elle avait entendu du bruit. Je ne peux pas voir ce qu'elle voit mais je devine que c'est lui. Elle reste un instant silencieuse, je n'entends pas Matt non plus, comme s'ils partageaient une conversation muette. Peut-être que Matt lui parle dans sa tête, comme il me l'a fait plus tôt dans la journée. Elle lui sourit, puis revient sur ses pas. Elle rentre dans ma chambre et ferme la baie vitrée.

— Merci, murmure-t-elle avec sincérité.

Je suis étonnée qu'elle se donne tant de mal pour être proche de son frère. Cela devrait être naturel. Au lieu de quoi, j'ai l'impression qu'il la fuit et qu'elle s'entête à lui courir après.

Elle prend le règlement et s'en va. J'entends l'ascenseur et me dis qu'elle aurait pu utiliser le rideau. Je me recouche, le ventre vide, et m'endors jusqu'au matin.

Le soleil me réveille. J'ai oublié de fermer les volets de la baie vitrée. Je me lève doucement, et regarde l'heure : 10 h 30 ! Mince ! J'ai aussi oublié de mettre le réveil ! Je me dépêche de prendre une douche et descends le plus vite possible.

Les couloirs sont déserts, Vincent est seul au milieu du Patio. Je m'approche, il a le regard vide. Tous les élèves doivent être en cours. Le premier jour consiste à répartir les élèves dans des classes provisoires. La semaine qui suit nous confronte à toutes sortes de tests de connaissances, d'aptitudes psychologiques et physiques pour nous répartir dans des groupes de niveau. Quand Vincent remarque enfin ma présence, il me sourit. J'ai pourtant deux heures de retard.

— Je ne me suis pas réveillée, désolée.

— Je ne sais de toute façon pas où te mettre.

Cette réponse est inattendue. Je pensais qu'il allait continuer à faire semblant jusqu'à ce que ce soit moi qui lui parle de mon Don. Il me dévisage mais je ne sais pas quoi dire.

— Parfois j'ai du mal à me rappeler que tu n'as que seize ans.

Je m'assois. Je sens qu'il a envie de discuter et je ne vais pas manquer cette occasion. Il poursuit :

— Tu me fais penser à Emie, à n'en faire qu'à ta tête, à n'avoir peur de rien.

— J'ai souvent peur.

Il se met à rire, puis s'arrête net. Son regard se perd dans la grande salle et je l'entends murmurer :

— Tant mieux. Ça pourra peut-être te préserver, toi.

Que veut-il dire ? Qu'Emilie aurait cherché les ennuis ? Qu'elle n'avait peur de rien et que c'est ce qui l'a fait disparaître ? Vincent semble revenir à la réalité

— Alors, que vais-je faire de toi ?

— Je vais rester dans les Classes de Jour.

J'hésite un instant avant de poursuivre. Vincent a décidé de me parler, à moi. Pas à Adam. Il a donc décidé d'être mon allié pour que je reste ici et que je découvre qui je suis vraiment. Il a le droit de savoir.

— Je travaillerai dans les salles des étages après mes cours, avant les Classes de Nuit. Et pendant les week-ends. Adam n'en saura rien. C'est à moi de décider de mon propre sort Vincent.

— Très bien, conclut-il.

Il tend la main vers moi pour me la serrer comme pour conclure un marché. Je la lui serre fermement mais il s'éternise un peu et ajoute :

— Tu peux faire demi-tour à tout moment. Je serai là pour t'aider.

— Merci, mais je suis sûre de moi.

Il sourit, d'un sourire triste, s'en va vers son bureau et balance par-dessus son épaule :

— Tu iras en Classe de Jour demain. Je te déposerai ton planning dans ta chambre.

Je me retrouve seule dans le patio. Paradoxalement, c'est la première fois depuis longtemps que je me sens aussi entourée. Je reste assise un instant, plongée dans mes pensées lorsque j'aperçois James. Il est étonné de me voir là et me questionne du regard.

— Bonjour — Eh oui, je suis d'humeur sociale — Je me suis réveillée en retard, est-ce que je pourrais avoir un petit déjeuner ?

— Bien sûr Mademoiselle Marc, répond-il poliment.

Peu de temps après, je me retrouve à manger un croissant, un éclair au chocolat, un bol de céréales avec du lait, et pour accompagner le tout : du jus d'orange pressé. Un régal.

Je remonte dans ma chambre. En voyant les étages défilés je décide de m'arrêter au dix-huitième. Les élèves de Nuit sont en train de passer leurs tests. Je ne savais pas qu'ils les passaient le premier jour. Quand il n'y a personne, les couloirs sont sombres et toutes les pièces sont dissimulées. Cependant, lorsque l'étage est habité, tout est éclairé. Certains murs se sont transformés en vitres et on voit à l'intérieur des salles d'entrainement. En relevant la tête vers le plafond, je remarque qu'il reflète mon image, mais pas aussi nettement qu'un miroir le ferait, plutôt comme une vitre teintée. Je décide de monter au dix-neuvième étage.

Le sol est en verre solide, on voit tout ce qu'il se passe en dessous. Je visite les alentours en regardant seulement le sol et m'arrête au-dessus d'une salle de classe où les élèves de Nuit s'entraînent. La salle paraît immense vu d'en haut, il y a des élèves de partout, se déplaçant comme des fourmis. J'en reconnais quelques-uns mais je ne pensais pas qu'il y en avait autant. Je les vois travailler à plusieurs, ou seul pour quelques-uns. Je suis émerveillée par ce spectacle. Des boules de feu volent à travers la salle, éteintes en plein vol par des lancées de glace ou d'eau. Parfois, certains préfèrent s'entraîner sans leur Don, ils se battent sans arme, entourés de spectateurs. Je me demande à quoi ça sert.

Je cherche Lana dans la foule, mais je ne la vois pas. Je continue donc à explorer les salles remplies. Ce spectacle me fait penser à un feu d'artifice, des couleurs jaillissent de toute part et je n'entends qu'un bruit sourd en fond sonore. J'arrive enfin à la salle d'examens. Il y a un petit groupe d'élèves adossés à des chaises. Ils sont sept, dont Lana. Puis, de l'autre côté de la salle, les professeurs prennent des notes. Je reconnais au loin Mademoiselle Mallet, Monsieur Jéromie, Vincent et Davy, tandis que Matt est sur le parcours.

Il semble expliquer aux élèves le chemin à parcourir pour récupérer un anneau immense couleur or, qu'il faudra, si j'ai bien compris, ramener à la case départ. Il s'adresse un instant aux élèves de Nuit. Ces derniers, semblent plus craintifs qu'attentifs devant son imposante stature. En effet, il émane de lui une autorité certaine. Il fait un pivot en direction de la chaise vide, mais il la contourne pour manipuler un bouton se trouvant derrière les cinq chaises. Le premier élève appelé est un grand blond vêtu d'une chemise bleue et d'un jean. Pas très confortable pour une épreuve d'aptitude physique ! La salle commence à bouger, elle se transforme petit à petit. Le garçon, d'une vingtaine d'années, se dirige dans une petite forêt. Deux énormes vitres se sont immiscées entre les professeurs et la salle, d'un côté, et, les élèves et la salle de l'autre, de sorte à ce que le grand blond soit seul dans ce paysage.

Je le vois se battre contre des hommes en tenue de fer, comme ceux du moyen-âge, et je me demande s'ils sont réels. Puis, la terre bouge, le sol tremble, des pierres jaillissent de toutes parts et je me sens trembler aussi, mais je ne veux pas perdre une miette de ce spectacle. Alors, je ne m'inquiète pas. Le jeune homme s'en sort plutôt bien, malgré quelques coups reçus. J'entends comme un écoulement : le bruit d'une source d'eau. De la vapeur s'installe dans la pièce, embuant les vitres y compris celle du plafond. Je distingue à peine sa silhouette au travers. Ce doit être de l'eau brûlante.

J'entends ensuite des cris d'oiseaux résonner beaucoup plus fort que les sons qui me proviennent du dix-huitième étage. En levant les yeux, je les aperçois au-dessus de ma tête : une centaine d'aigles noirs. En me voyant bouger, ils plongent sur moi et je ne peux m'empêcher de crier. Leurs becs me pincent et m'arrachent la peau. Tout à coup, je sens le sol se dérober et je tombe dans le vide. Une chaleur étouffante m'enveloppe mais l'air que provoque ma chute me permet de respirer. Une alarme se déclenche, je tente d'ouvrir les yeux : en vain. Il faut que je continue de me protéger de leurs coups de bec. Je me sers de mes bras et effectue des gestes brusques de part et d'autre tout en gardant les yeux fermés pour ne pas qu'ils me les percent. Puis, de l'eau brûlante recouvre tout mon être. Je suis tombée dans la source. À cause de l'élan induit par la hauteur, je touche le fond de la zone d'eau. Heureusement que cette dernière amortit ma chute, cela m'évite de m'écraser. La chaleur est insupportable, je me sens mourir. Mes muscles sont engourdis, j'ai envie de crier, de pleurer mais je ne parviens même pas à bouger. Après un court instant, je me demande pourquoi je ne suis pas morte. Une telle chaleur tue ! Elle m'ébouillante, je le sens ! Je devrais déjà être morte. Mais je souffre, je souffre trop, pourquoi ça ne s'arrête pas ?

Je tente de bouger mes doigts, ils répondent. J'ouvre les yeux, ils me brulent également mais j'y vois clair. Je regarde ma main, elle est parfaitement normale. Elle devrait être rouge, et même emplie de cloques ! Des morceaux de roches s'abattent de part et d'autre de mon champ de vision. Les rapaces tournoient à la surface de l'eau, comme s'ils attendaient que j'en sorte pour pouvoir m'attaquer. Je cligne plusieurs fois des yeux pour amoindrir la brûlure que me provoque l'eau brûlante. Les aigles laissent place à des silhouettes humaines. Ça fait combien de temps que je suis sous l'eau ? La chaleur m'anesthésie. Si je ne vais pas mourir, il faut que je remonte à la surface. Mais c'est trop tard, je manque d'oxygène et mon corps a le réflexe de prendre une bouffée… d'eau. Ma tête tourne brutalement, puis, plus rien.

Je me réveille à l'infirmerie. Combien de temps s'est-il passé ? Au moins une demi-journée. Le soleil tombe déjà dans la pièce silencieuse. Je mets quelques secondes à reprendre mes esprits puis, je me relève en position assise. Que s'est-il passé ? Ai-je traversé le plafond et atterri dans le parcours ? Je croise mon reflet dans le grand miroir : mes cheveux ont séché en pagaille et mon mascara a légèrement coulé. Je l'enlève de ma main, et découvre que celle-ci est dépourvue de cloque. J'entends une respiration régulière derrière moi. Je me retourne vers le bruit et y découvre Lana, affalée sur le canapé de l'infirmerie. Je m'approche d'elle, ce qui la fait sursauter.

— Cloé !

— Que s'est-il passé ?

Elle me fait signe de m'asseoir à côté d'elle, je dois sembler bien faible !

— Pendant les tests, ils utilisent tous les étages pour agrandir les parcours. La vitre sur laquelle tu étais posée a été construite de manière à ce qu'elle puisse disparaître. C'est ce qu'il s'est passé.

— Oh…

Elle me caresse les cheveux, je suis un peu sonnée. N'auraient-ils pas dû vérifier qu'il n'y ait personne ?

— Tu ne veux pas te reposer encore un peu ? Me demande-t-elle

— Si, mais je préfère monter dans ma chambre.

Elle me prend par le bras, comme pour me soutenir, et nous nous dirigeons vers l'ascenseur. Elle m'accompagne jusqu'à ma chambre. En passant devant celle de Matt, je réalise qu'il était là et qu'il a tout vu. Lana ouvre la porte de ma chambre.

Je m'assois sur le lit, angoissée:

— Oh, Lana, il va me faire la morale !

— Tu ne te souviens de rien après ta chute dans l'eau ?

— Je me souviens avoir respiré de l'eau. C'était bizarre.

Soudain, ses yeux s'illuminent. Elle prend le tabouret de la coiffeuse et se met en face de moi, elle a du mal à se retenir de sourire.

— Si tu avais vu ça Cloé ! A la minute, non, que dis-je ! A la seconde où tu es apparue dans l'arène, Matt s'est levé d'un bond, a sonné l'alarme et a entrepris de casser la vitre qui le séparait du parcours. Ensuite, c'était le chahut, tout le monde essayait d'ouvrir les portes mais c'est impossible tant que l'exercice n'est pas fini ! Pourtant, Matt y est parvenu, il a traversé le parcours en vingt-trois secondes top chrono malgré tous les obstacles et les tirs de tous les côtés ! En arrivant près de l'eau, il a anéanti tous les aigles et a sauté dans l'eau.

Elle me raconte cela avec un enthousiasme non contenu, en faisant de grands gestes dans tous les sens. Je pensais qu'elle était habituée aux démonstrations comme celle-ci. Bizarrement, moi, ça ne m'étonne pas trop de Matt. Ce qui m'étonne surtout c'est cette histoire d'eau brûlante.

— Elle était bouillante.

— Evidemment qu'elle l'est ! Je savais que Matt ne ressentait pas la chaleur mais je ne savais pas pour toi ! S'exclame-t-elle.

117

— Je l'ai ressentie figure toi ! J'ai cru que j'allais mourir.

— Ah bon ? Fait-elle, étonnée. Pourtant tu n'avais rien du tout. Matt t'a sortie de l'eau, tu étais intacte. Il t'a aidée à respirer, enfin… Tu vois comment… Je ne te raconte pas la tête de mademoiselle Mallet, elle était verte de jalousie ! Puis, tu as ouvert les yeux, comme si de rien n'était. Il t'a dit de les fermer et t'a amenée à l'infirmerie. Au bout de 2 h 30, il est sorti et m'a autorisée à entrer. Je me demande ce qu'il t'a fait.

Plusieurs choses m'échappent. Pourquoi mademoiselle Mallet serait-elle jalouse ? C'est peu probable étant donné mon statut. Matt a juste sauvé une élève. Ni plus, ni moins. Le bouche-à-bouche n'est pas un acte d'amour. Moi, ça ne me fait rien. Ce n'est pas comme s'il m'avait embrassée ! Ok, je suis très heureuse que ce soit lui qui m'ait sauvée. Ce n'est d'ailleurs pas la première fois. Mais de là à me réjouir d'un bouche-à-bouche, non. Je fais part de mon étonnement à Lana.

— Il ne t'a pas simplement sauvée Cloé… C'est la manière dont il l'a fait qui a surpris tout le monde ! On aurait dit qu'il jouait sa vie, sans rire ! Je ne l'ai jamais vu comme ça.

Je ne suis vraiment pas convaincue que c'est son amour éternel à mon égard qui puisse le faire agir de cette façon. Il faut que je raisonne de manière à ne pas être déçue. Il ne faut pas que je commence à croire que je suis spéciale en quoi que ce soit pour lui. C'est normal qu'un professeur se donne du mal pour sauver une élève. Voilà tout. De plus, je ne suis pas censée savoir toutes ces choses à propos des Dons, de mon Don. Il ne fallait pas qu'Adam sache que je me suis tuée dans de l'eau bouillante lors d'une évaluation, n'est-ce pas ? C'est lui qui leur a interdit de me dire la vérité sur mon Don ! Finalement, c'est surtout mon frère que je dois apprendre à connaître. Qu'est-ce qu'ils lui doivent Vincent et Matt à Adam hein ? Qui est-il pour exercer tant de pouvoir sur eux ?

On entend l'ascenseur et quelqu'un tape à ma porte. Je reste les yeux fixés sur celle-ci, sans rien dire. Alors, c'est Lana qui s'occupe d'aller ouvrir. Vincent s'approche de moi en silence et me met un thermomètre dans l'oreille. Lorsqu'il sonne, Vincent regarde le résultat et paraît se détendre.

— Si tu viens m'engueuler fais le vite, dis-je tout à coup. Je voulais seulement regarder.

— Tu ne savais pas, j'aurais dû te prévenir. Comment te sens-tu ?

— Mieux, merci. Et pour Adam ?

— Si tu ne lui dis pas, il ne saura rien.

— Très bien, alors il ne saura rien, d'ailleurs il ne s'est rien passé.

Je regarde tour à tour Lana et Vincent pour bien leur faire comprendre que le sujet est clos. Je me sens honteuse de m'être autant fait remarquer. Je ne suis pas encore dans les Classes de Nuit que je passe déjà pour la nunuche de service, en plus d'être en retard sur tout le monde !

— Il vaudrait mieux la laisser se reposer, dit Vincent à Lana.

Elle me sourit et ils s'en vont. J'attends un moment avant de sortir à mon tour et de me glisser dans l'ascenseur, il faut que j'y retourne. Tout cela me semble irréel.

Il n'y a plus personne au dix-huitième étage. Je déambule dans les grands couloirs et m'approche d'une salle d'examens.

J'essaie d'ouvrir la porte mais elle semble scellée. Pourtant, il n'y a aucun signe de verrou.

— C'est à partir du grade dix que les élèves ont le droit de commencer les exercices de simulation. La porte s'ouvre uniquement quand les élèves sont prêts, et qu'ils ont atteint un niveau suffisant. Le feu brûle vraiment. M'informe une voix derrière moi.

C'est le jeune homme de tout à l'heure, qui passait le test lorsque je l'ai interrompu. Il est assez grand, ses cheveux blonds lui recouvrent le front et font ressortir son regard noir. Il me tend la main et se présente :

— Je m'appelle Eddy, grade six.

Je lui serre la main, décontenancée par son naturel. Je ne l'avais jamais vu avant aujourd'hui. Il est pourtant déjà au grade six, donc il ne doit pas être nouveau. Face à mon silence il ajoute :

— Et toi ?

— Cloé, me contentais-je de dire.

— Tu viens de l'Unité de l'Eau ?

Je me remémore les informations de Lana à propos des trois Unités. S'il y en a bien une où je n'irai pas, c'est celle de l'Eau ! Pourquoi vouloir abolir les Dons ? Je fais non de la tête et me retourne de nouveau vers la porte pour l'ouvrir. Eddy passe devant moi et l'ouvre à ma place. Puis il se retourne de sorte à ce que je ne puisse pas passer :

— De l'Unité de Feu alors ?

Je perçois des étincelles à travers ses yeux noirs.

— Non plus. Et toi, d'où viens-tu ?

Mon ton est désinvolte et il s'en rend compte. Pourtant, il n'y a pas de raison particulière. Je n'aime pas qu'on me fasse perdre mon temps. C'est tout.

— Je sors d'un coma. Je suis arrivé ici en fin d'année dernière. Je n'ai pas de parents. Je ne sais pas qui je suis. Il paraît que mon coma a duré huit ans.

Peut-être s'attendait-il à ce que je m'attendrisse mais ce n'est pas mon genre. Je me contente de constater :

— Tu dois être balèze pour gravir les échelons si vite.

Il sourit et prend un air fier.

— Je compte bien faire partie des meilleurs très vite.

— Moi aussi, chuchotais-je, plus pour moi que pour lui.

Il laisse un espace pour que je puisse entrer et me défie :

— Tu ne vas pas oser y aller après ce qu'il s'est passé tout à l'heure ?

— Regarde-moi bien.

Et j'entre. Je regarde la salle bouger, d'une manière différente que précédemment. Elle prend forme devant mes yeux, laissant apparaître de la lave de chaque côté de la pièce. Au milieu, un chemin étroit se dessine. Avant de m'y engouffrer, je me retourne pour voir Eddy. Il laisse la porte se fermer, un sourire mauvais au coin des lèvres. Je pivote à nouveau vers la salle, pour ne pas angoisser d'être cloisonnée. J'entends un bruit sourd dans mon dos : ça y est, je suis prisonnière. Pourquoi ai-je une fois de plus voulu dépasser les limites ? À part me téléporter, je ne pourrai pas faire grand-chose s'il y a quelque attaque que ce soit. J'avance d'un pas incertain et entends des pas me suivre. Il est entré finalement. Je fais mine de ne pas l'avoir entendu. J'avance d'un pas plus assuré pour montrer que je n'ai pas peur. Sur la droite, un rocher tombe du ciel et atterri dans la lave en m'éclaboussant. Une fois de plus, je sens l'extrême chaleur du liquide et tente de l'enlever d'un coup de manche. Ma peau reste colorée de la même manière alors que la douleur est bien réelle.

Le sol commence à se craqueler et je réalise que le parcours m'oblige à avancer. Je me mets à courir en direction de la forêt qui vient de se créer devant moi. Une flèche atterrit sur un arbre à ma gauche, frôlant une mèche de mes cheveux. Soudain, je me demande s'il faut que je fasse demi-tour. Je jette un rapide coup d'œil derrière moi et ce n'est pas Eddy mais Matt qui s'y tient. Je n'ai pas le temps d'ouvrir la bouche qu'il me pousse violemment sous une grosse roche tandis qu'une deuxième flèche me frôle. Je m'apprête à protester quand je remarque qu'une pluie vient de s'abattre dans le parcours. Elle fait des petits trous au sol ou sur les arbres lorsqu'elle se pose sur eux. J'imagine que ce n'est pas une pluie normale.

— On fait quoi ? me demande Matt.

Son ton ne laisse rien présager de bon. Il me signifie que maintenant que je me suis mise dans les embrouilles, je dois m'en sortir seule. Je tends une main au-delà de l'abri que nous offre la roche. Une goutte acide tombe sur ma main et je retiens un cri. J'essuie vivement ma main sur ma jambe et m'aperçois que Matt se contente de me regarder d'un air indifférent. La colère m'envahit.

— On sort de là !

— Je te suis.

Son calme m'énerve ! Il faut que je sois plus maligne. Il veut me faire payer ma bêtise ? Très bien. Je m'élance sous la pluie à travers les arbres, en me retenant de ne pas hurler de douleur à chaque goutte qui me tombe dessus. Elles provoquent des plaies rouges sur mes mains, et je sens mon visage rougir de douleur également. Matt me dépasse sans peine et saute dans une eau claire. Je le rejoins aussitôt. L'eau me fait un bien fou, j'ai l'impression qu'elle guérit mes plaies causées par les gouttes acides. Je me mets à regarder mes bras, mes vêtements troués. En effet, ma peau n'est plus rouge et cicatrise en une fraction de seconde sous mes yeux ébahis. J'hésite à sortir la tête de l'eau, je sais que la pluie va me faire mal mais il faut que je respire. L'eau me guérira par la suite. Je m'exécute, prend une grande inspiration et continue mon chemin sous l'eau. Encore une fois, Matt est plus rapide. Par conséquent, c'est moi qui le suis. Je reprends plusieurs fois ma respiration avant qu'il ne le fasse lui-même. Il en prend une grande, je l'imite, et plonge de nouveau. Je constate un barrage devant moi, on ne peut pas aller plus loin. Je ressors la tête de l'eau malgré la douleur que provoquent les gouttes d'eau acide sur mon visage. Je ne vois pas Matt remonter. Alors, je plonge de nouveau, plus profondément. Il passe sous un barrage étroit et je me sens étouffer. Malheur ! Le barrage bouge, il faut que je me dépêche ! Je me glisse sous la ferraille coulissante et manque de me faire écraser. Je passe de justesse, affolée. Matt est tout près de moi. Je sais qu'il m'attend car il aurait pu aller cent fois plus vite, mais il ne le fait pas de manière explicite. Il se contente de s'arrêter par moment, sans me regarder. Je manque de souffle et nous sommes loin de la surface. L'énergie qu'il m'a fallu pour nager rapidement m'a privée de quelques secondes d'oxygène. J'attrape la main de Matt. Il se retourne, étonné, mais comprend vite. Il nous propulse à la surface en un rien de temps et je prends une grande bouffée d'air. Il n'y a plus de pluie. Je souris, face au faux ciel, satisfaite, même si c'est Matt qui m'a guidée finalement. Ce dernier arbore un air indéchiffrable. En fait, s'il était le genre à laisser paraître ses sentiments, celui-ci ressemblerait à du désir.

Ah ! Je ne me suis pas aperçue que je n'ai pas lâché sa main. Je la retire instinctivement. Je ne dois pas perdre mes moyens avant de sortir d'ici. Je me dirige vers la terre ferme et il se contente de me suivre sans dire un mot. Tout à coup, des flèches enflammées, comme j'avais vu précédemment, se propulsent à travers le ciel pour s'écraser près de nous. Je me mets à courir en direction d'une petite cabane au loin, tout semble si réel. Non, tout *est* si réel !

Matt court à mes côtés en prenant soin de ne pas me dépasser. D'abord, je ne comprends pas pourquoi. Puis, une flèche arrive droit sur nous et il l'attrape au vol juste avant qu'elle ne me transperce le ventre. Je m'arrête sous le choc. Mais il m'attrape le bras et m'oblige à continuer de courir. Il réitère ce geste plusieurs fois avant que nous n'arrivions dans la cabane. Là, se trouve le cerceau doré qu'il a montré aux élèves de Nuit, ce matin, au début de leur test. C'est à ce moment que je me rappelle qu'il faut faire le chemin inverse avec ce gros cerceau pour que le parcours se termine. Je suis déjà à bout de forces, mais je ne veux pas déclarer forfait. Je m'en empare. Il est affreusement lourd ! Je n'arriverai pas à le porter jusqu'au point de départ. Il faudra que je le fasse rouler, je vais mettre beaucoup trop de temps !

Je pose le cerceau au sol et le fait rouler jusqu'à l'entrée de la cabane. Les flèches fusent toujours dans tous les sens. Je m'apprête à passer un pied dehors, déterminée à montrer à Matt que je suis faite pour ce monde.

— Jusqu'ici, t'avais une excuse, tu savais pas où on allait. Là…

Il prend un ton moqueur, qui m'insupporte, en plus de tourner autour du pot.

— Exprime-toi clairement si tu as envie de dire quelque chose, dis-je sèchement.

Il réprime un sourire et déclare simplement :

— J'te rappelle que t'as un Don.

Bien sûr ! Il faut que je me visualise le point de départ ! Trop facile ! Je croirais même que c'est de la triche s'il ne m'en avait pas parlé lui-même. Je porte le cerceau et pense à la porte d'entrée. J'y atterris deux secondes plus tard, un peu avant Matt. Je regarde la salle se reformer, les paysages s'évaporer, tout redevenir calme. Le grand anneau disparaît dans mes mains alors que Matt ouvre la porte. Eddy est toujours là, avec une entaille au coin des lèvres, comme s'il s'était battu.

— Dégage, lui ordonne Matt.

Je suis un peu surprise du ton qu'il emploie, ainsi que de la manière dont il regarde Eddy. J'ai déjà vu Matt énervé, mais seulement contre moi. Ou quand il avait mal parlé à Jinn, à table, l'autre fois. Là, c'est différent. Il paraît plus imposant et ses mots sont francs, irréfléchis, contrairement au self-control dont il a fait preuve d'habitude.

Eddy paraît également décontenancé mais se contente de hausser les épaules en nous regardant à tour de rôle avant de s'en aller.

Matt s'éclipse à son tour, non sans m'adresser un dernier coup d'œil. C'est la première fois qu'il utilise son pouvoir sans attendre que je détourne mon attention de lui. J'ai l'impression que je dois m'excuser. Comme d'habitude, je n'ai pas respecté ses directives, je n'en ai fait qu'à ma tête. Et comme d'habitude, il a été présent pour réparer mes erreurs.

Je ne regrette rien. Tout ce que j'ai vécu aujourd'hui est ancré à jamais en moi. Je comprends enfin pourquoi il y a autant d'étages et comment Vincent s'en sert pour agrandir les parcours. J'ai vu, de mes propres yeux, comment le château pouvait devenir un monde parallèle, complètement invraisemblable. Je suis entourée de magie, et je fais entièrement partie de cet univers. J'ai effectué ce parcours aux côtés de Matt. Il m'a d'ailleurs sauvée deux fois en une seule journée. Cela me conforte dans l'idée que je peux lui faire confiance. J'ai appris des tonnes de choses concernant les Classes de Nuit et surtout me concernant. Ma tête est bourrée de nouvelles informations et j'en suis épuisée.

Je m'empresse de rejoindre l'ascenseur car je n'arrive toujours pas à me téléporter dans ma chambre. Le dernier étage sonne, je m'engage dans le couloir. En passant devant la chambre de Matt, je me rappelle qu'il faut que je m'excuse. Je tape à sa porte pour la première fois, mais il ne répond pas.

Alors, j'entre dans ma chambre et hésite un moment devant la porte intermédiaire, qui relie nos deux chambres. Je fais demi-tour et vais prendre une douche bien chaude. « *J'irai après* » Je me promets.

En sortant de la douche, je ne prends pas la peine de me sécher les cheveux. Je pars d'un pas assuré en direction de la porte, et l'ouvre. Il faut que je m'excuse avant de ne plus en avoir le courage.

Matt est allongé sur son lit. Il ne s'attendait apparemment pas à me voir débarquer. Il se relève sur un coude pour pouvoir me regarder. Ses cheveux noirs sont ébouriffés et il paraît si... normal. Il a également changé de tenue : son débardeur blanc lui moule le torse et... *Stop. Excuses, excuses, excuses. Restons concentrés.*

— Je suis désolée. Voilà.

Je me retourne pour partir.

— Désolée de quoi ?

Il fait semblant de ne pas savoir ? Il veut me mettre mal à l'aise et fait en sorte que je fasse des excuses de trois pages ?

Ou peut-être veut-il simplement s'assurer que j'ai bien compris ?

— Je suis désolée de ne pas avoir respecté ma parole. J'ai été imprudente et me je me suis retrouvée dans des endroits où je n'aurais pas dû aller.

Là, ça te va ?

— Ah, tu parles de *ça*. Si j'avais pas été là, tu s'rais morte, se contente-t-il de dire, en se rallongeant.

Il met un bras sur ses yeux comme pour feindre un épuisement. Cette réflexion aurait dû m'énerver, que veut-il dire par « tu parles de *ça* » ? Qu'ai-je fait d'autre ? Et puis, je suis sûre que j'aurais pu me débrouiller seule !

Je repense à l'accident de CM1, et c'est l'effet inverse qui se produit. Je m'attendris à tel point que mes jambes se dirigent instinctivement vers le lit de Matt. Je m'assois sur le rebord et dis :

— Ça, je le sais depuis longtemps.

Il se raidit. Le silence s'éternise mais je ne veux pas m'en aller. Est-il en train de repenser à ce fameux jour ?

J'aimerais savoir lire à travers ses pensées, et découvrir enfin ce qu'il s'est réellement passé.

Au bout d'un moment, il se redresse et s'assoit.

— T'es impatiente et c'est un gros défaut.

— Ne le serais-tu pas à ma place ? Te contenterais-tu du trou béant dans ta mémoire sans jamais parvenir à le remplir ?

Soudain, il s'approche de moi et me prend le visage. Je sens son souffle sur ma peau. Il me chuchote à l'oreille :

— Crois-moi, je suis extrêmement patient.

Il détache chacun de ses mots et je suis prise de frissons. J'aurais sûrement demandé « à propos de quoi » si je ne craignais pas la réponse. Il s'écarte en voyant mon air angoissé. Son regard traduit un mélange d'étonnement et de déception. Il me faut un moment pour me rendre compte que c'est de ma faute. Matt n'est pas Prinz, il ne me fera jamais rien dont je n'ai pas envie. Alors pourquoi ai-je cette attitude de repli ? Je le veux pourtant du plus profond de mon être, depuis toujours.

— Tu me fais souvent peur, avouais-je sans le vouloir.

Il garde ses distances et je ne sais plus comment faire pour les amoindrir.

— J'ai l'impression que je ne pourrai jamais m'échapper de ton emprise.

Il réfléchit un instant et rétorque :

— C'est pas moi qui vais t'retenir, Cloé.

Je lève vivement la tête, il n'a pas compris. Je ne parle pas de sa place de leader, je ne parle pas de sa supériorité. Même si, certes, c'est aussi effrayant que les sentiments que j'éprouve pour lui. Mais il a répondu à ma question muette : il n'essaierait pas de me retenir. Il ne ressent pas la même chose, le lien qui nous unis est différent de celui que j'espérais.

— Si c'était le contraire, si *tu* devais disparaître, je ferais tout pour te retenir. Je préfère que tu le saches avant qu'on commence les entraînements. Si ce que je ressens ne te convient pas, tu peux toujours revenir sur tes mots. Je me débrouillerai toute seule.

Je me lève, blessée, et retourne dans ma chambre sans attendre de réponse. Je ne veux surtout pas entendre concrètement qu'il ne se passera jamais rien entre nous.

Le lendemain, c'est le début des entraînements. Matt est au rendez-vous et nous ne parlons plus de la discussion de la veille. Au fil des jours, il m'apprend les bases sur les combats au corps à corps. Il m'explique toute la théorie sur les Unités, leur fonctionnement. Ici, comme à l'Unité de Feu, les affrontements entre élèves se font régulièrement, mais il y a des règles : le Don doit être utilisé le plus tardivement possible dans le combat. Il est en quelque sorte notre dernière arme. Il est important de pouvoir se débrouiller sans. L'ennemi en apprend beaucoup plus sur notre niveau lorsque l'on utilise le Don car il révèle nos faiblesses. Par exemple, si j'utilise le Feu, l'adversaire sait que l'Eau est ma faiblesse. L'idéal est d'utiliser des pouvoirs dont on ne connait pas l'origine : la téléportation, la télépathie, l'apnée… Pour les plus gradés, leurs yeux changent de couleur dès qu'ils utilisent leurs pouvoirs. Cela montre également à quel grade on appartient : plus la couleur diffère de l'originale, plus on est puissant. Ceux de Lana s'éclaircissent légèrement tandis que ceux de Matt passent du bleu-clair au rouge-sang.

Lana et Davy participent à mes entraînements en faisant office d'ennemis. Au bout de trois mois, je connais les bases sur la construction des Unités. L'Unité de l'Eau reste néanmoins que très peu évoquée. Je sais également bien me battre, sans aucun pouvoir, car Matt ne se focalise pas dessus. J'ai même l'impression qu'il me laisse stagner, de manière délibérée. Alors, un jour, Lana et moi avons décidé de les travailler ensemble, sans le lui dire. Je me téléporte de plus en plus facilement, j'apprends à contrôler mes douleurs, puisque mon corps n'en souffre pas. Nous essayons tant bien que mal de me trouver un autre pouvoir et surtout de comprendre à quel élément j'appartiens.

Mes entraînements restent très secrets, même si j'en parle au fur et à mesure avec Eddy, qui veut absolument m'aider à m'améliorer. Je reste sur la retenue mais je le laisse peu à peu devenir mon ami. Au bout de six mois, il est au grade quatre, ce qui est impressionnant, compte tenu de sa faible ancienneté dans ce milieu. Parfois, il me fait penser à Matt, de par son caractère et son attitude avec les filles. Mais avec moi, il a appris à être différent. Je pense qu'il me considère également comme son amie.

Adam ne se doute de rien, et je continue à faire semblant d'être « normale » pour ne pas éveiller les soupçons. Il me tarde d'être majeure pour pouvoir lui faire face.

LES RÈGLES

C'est le jour de mes dix-sept ans. Nous sommes samedi et Adam doit venir me chercher. Depuis qu'Emie est partie, il m'amène au restaurant pour mon anniversaire et m'offre un cadeau qui ne me plaît généralement pas. Adam ne connaît pas mes goûts. En fait, il ne me connaît pas tout court. S'il me connaissait, il saurait que ce jour est pour moi un calvaire, qu'il signifie que ça fait une année de plus que je n'ai pas vu ma grande sœur.

Je suis allongée sur mon lit et essaie de me téléporter là où se trouve Emilie, mais je n'y parviens pas. Cette chambre est maudite ! Du coup, je ferme les yeux en espérant m'endormir pour toute la journée, en vain. Je me lève et regarde la forêt par la baie vitrée. Elle est magnifique avec ses teintes de printemps. Cela me donne envie de sortir respirer l'air frais. En ouvrant la porte, une vague de fraicheur m'envahit et me fait du bien, même si j'ai froid. Je m'approche jusqu'à la barrière du balcon et pose mes mains dessus. D'ici, je vois comme si j'étais au troisième étage. J'imagine Emilie, en train de courir dans ma direction pour m'offrir le cadeau dont je lui aurais parlé depuis des mois, comme ce que nous avions l'habitude de faire lorsqu'elle était encore là.

Perdue dans mes pensées, je ne sens pas arriver Lana derrière moi. Elle me pose une petite veste en cuir rouge sur les épaules.

— « Avril, ne te découvre pas d'un fil ! »

J'observe la jolie veste.

— Je l'ai trouvée en Inde, quand nous sommes partis avec Davy le week-end dernier. J'ai pensé qu'elle te plairait.

Lana a toujours su comment aborder les choses délicates. Elle fait en sorte de ne pas dire « cadeau » ou « anniversaire » pour ne pas me rappeler ce jour douloureux. Je lui fais un sourire et la prends dans mes bras. Elle est un peu étonnée, mais me rend mon étreinte. Les larmes me montent aux yeux, alors je les ferme. En les ouvrant à nouveau, j'aperçois Matt. Il est assis derrière son bureau, et nous observe de ses yeux bleu azur. Je pense à toutes les choses qui se sont passées depuis qu'Emie est partie. J'imaginais que je ne m'en remettrai jamais. J'étais persuadée d'être seule au monde. Mais je ne suis plus seule, Lana est constamment de mon côté et pense toujours à moi avant les autres. Vincent est présent pour m'offrir un toit et l'occasion de découvrir qui je suis réellement et… Matt est là pour me protéger, croire en moi et me donner envie de vivre. Chacun d'eux m'insuffle un sentiment d'amour immense. J'ai finalement réussi à me reconstruire, grâce à eux. Lana se détache de moi doucement, jette un coup d'œil à Matt, puis me dit :

— J'ai proposé à Adam de déjeuner ici pour une fois. Jinn a eu l'idée d'installer la table dans la forêt, elle adore les anniversaires. James nous servira ses pates au foie gras.

Elle baisse les yeux, preuve qu'elle est gênée.

— Elle a sorti une robe de bal ? Plaisantais-je pour détendre l'atmosphère

Lana acquiesce, avec un air exagéré d'exaspération.

— J'ai pour mission de convier Matt. Puisqu'il espionne tout ce qu'on dit depuis tout à l'heure, il viendra à treize heures pile dehors, dit-elle à son égard en insistant sur la fin de la phrase.

Matt joue l'indifférence, en tapant sur son clavier d'ordinateur. Puis, Lana poursuit à mon intention :

— C'est pareil pour toi, treize heures pile ! Et j'aimerais que tu sois plus belle que Jinn, alors fais un effort s'il te plaît !

Elle me regarde de la tête aux pieds en pouffant : je suis en short et débardeur. C'est ce que je mets pour dormir. Elle entre dans ma chambre et fouille dans mon placard pendant que je file à la douche. En sortant, elle me tend une robe cintrée à la taille, qui est évasée jusqu'à mi-cuisses, ainsi que des escarpins rouges et la veste qu'elle vient de m'offrir. Elle me sèche les cheveux et m'ajoute un trait de liner puis du mascara. On entend Matt taper sur son clavier tandis qu'elle m'observe en silence.

Au bout de quelques secondes, Lana me demande d'aller dehors. Soi-disant pour voir mon maquillage au soleil, mais je sais que c'est parce qu'elle est contente du résultat et qu'elle veut que Matt me voit.

Dehors, elle fait mine d'aller chercher quelque chose. Je reste là, un instant. J'hésite entre m'enfuir et jouer le jeu. Matt s'est tourné vers moi, il guette laquelle des deux réactions va prendre le dessus sur moi. Je me sens flancher : j'ai envie de m'enfuir. Je vois Lana refermer la porte de ma chambre en partant, sûrement pour me laisser seule avec lui. Comme d'habitude, elle a vu juste puisqu'il se lève, prend une boîte rouge dans son tiroir et me rejoint.

— Lana a l'avantage de savoir c'que tu ressens. Moi, j'sais jamais si t'es prête à tourner la page.

Il parle de mon anniversaire, de la disparition d'Emilie.

— Moi non plus, je n'en suis pas sûre.

— Y'a qu'un moyen d'le savoir.

Il pose ses mains sur mes épaules et me tourne vers la forêt. Je sens mon cœur s'emballer. Il passe un collier autour de mon cou et je baisse la tête pour le regarder. Il est en or avec une perle. Je me demande si c'est lui qui l'a choisi. Il est magnifique. Avant de me retourner, Matt se penche vers mon oreille et chuchote « joyeux anniversaire princesse ». Mon bonheur est immense. Je ne sais pas comment dire merci. C'est simple pourtant, mais aucun mot ne sort de ma bouche. Avec mes escarpins à talon haut je suis encore plus grande, même s'il me dépasse toujours d'au moins cinq centimètres. Je me penche vers lui et l'embrasse sur la joue puis me recule.

— Je ne sais vraiment pas ce qui nous lie, ni ce que tu veux de moi, mais tant que tu es là, ça me va.

Un air triste se dessine sur ses traits parfaits.

— J'veux pas que tu sois déçue, t'attends à rien.

« *Trop tard* » pensais-je, décidemment ce jour est vraiment pourri. Je souris malgré tout, pour ne pas perdre la face. Il faut être adulte maintenant, alors je renchéris :

Toi non plus.

Il rit, passe une main dans mes cheveux et s'en va.

Après quelques minutes face à l'ascenseur, je décide de leur faire faux bond. Je ne peux pas y aller, c'est au-dessus de mes forces. Je troque mes talons contre des ballerines et je me dirige vers la forêt, à l'opposé de l'endroit où Lana nous a donné rendez-vous. Je me perche dans un arbre et observe la rivière. Ma tête est vide, je ne pense à rien d'autre qu'au cours d'eau devant mes yeux, glissant le long des roches.

La journée passe à toute allure et quand je décide de rentrer, il fait déjà nuit. Je n'ai pas l'impression qu'on m'ait cherchée et j'apprécie cela.

Sur le chemin du retour, les arbres disparaissent dans l'obscurité. La lune n'est pas perceptible et il n'y a pas d'étoiles. J'ai un peu de mal à me repérer. J'essaie de percevoir le château mais en vain, je suis partie trop loin. Je n'y vois rien. Je n'ai pas envie de me servir de mon Don. Je dois me débrouiller sans, comme dans les combats.

Soudain, je trébuche sur une racine et tombe au sol. Ma tête heurte un rocher et je sens un liquide chaud dégouliner de mon front, suivre le trajet de mon arcade : du sang. J'ai l'impression que c'est une véritable hémorragie. Ma tête se met à tourner, je me sens partir.

J'ouvre à nouveau les yeux et aperçois une silhouette. En plissant les yeux pour mieux voir, il s'agit d'une jeune femme. Elle s'approche de moi et me tend la main. Je ne ressens rien. Ma vision est floue. Je regarde sa main puis son visage, elle me dit quelque chose.

Je peine à réfléchir. Ma tête paraît extrêmement lourde et, une fois que j'ai compris qui c'était, la silhouette disparaît. J'entends la voix de Lana

— Cloé ? Tu es réveillée ?

Je cligne des yeux et m'aperçois que je suis à l'infirmerie. Je les referme aussitôt, avec toute l'intensité qu'il m'est possible de donner.

« *Emilie !* » Je pense, « *Emilie revient !* »

Je sens qu'on me touche le bras.

— Emilie ! Fais-je plus fort, en me relevant en position assise.

Lana est assise à côté de moi, l'air peiné. Adam et Vincent sont un peu plus loin, adoptant le même air que Lana. Quoique, celui d'Adam paraît plus ferme. Je plonge ma tête entre mes mains en essayant de réfléchir à ce qu'il s'est passé. Emie paraissait tellement réelle ! Je ne suis pas folle tout de même, ce n'est pas comme si je n'avais pas l'habitude de rêver d'elle. Là, ce n'était pas un rêve !

J'entends Adam murmurer, je lève les yeux vers lui mais ma tête tourne violemment. Je perds l'équilibre et bascule en arrière.

— Outch…

135

— Cloé, tu es tombée sur la tête et as perdu beaucoup de sang, il faut que tu restes allongée et que tu te reposes jusqu'à demain, me conseille Vincent.

Lana semble toujours aussi triste. Je n'ai pas l'impression que ce soit parce que j'ai appelé Emilie. En me concentrant un peu, je perçois des voix en dehors de l'infirmerie. Il s'agit de Matt et Davy. Au même moment, Davy entre. Adam s'approche de moi

— Te souviens-tu de quelque chose ?

— Seulement de la chute. Je revenais au château et j'ai trébuché sur une racine.

Adam me scrute longuement et conclut :

— Bien. Vincent ? Nous sommes d'accord ?

— Je veillerai à ce que Cloé soit en sécurité à l'internat, ne t'en fais pas, lui répond-il

— Je dois y aller. A bientôt Cloé. Au revoir Lana.

Il serre la main de Vincent, puis celle de Davy et s'en va. « « *Merci de ta sollicitude Adam, tu es toujours aussi expressif* » pensais-je

Je les questionne du regard et, au bout d'un long moment de silence, c'est Davy qui m'explique :

— Tu t'es fait attaquer par un … « vampire ».

Je ris malgré moi.

— C'est une blague ?

Mais personne ne rit. Des vampires maintenant ! On aura tout vu ! J'observe leurs expressions. Ce ne doit pas être une blague car ils gardent leur sérieux. Vincent prend la parole :

— Ton frère ne voulait pas que tu le saches. Mais nous étions d'accord, toi et moi, en ce qui concerne les secrets sur ta vie…

Maintenant, mes yeux se portent vers Lana. Cette histoire abracadabrante ne me perturbe pas autant que l'expression de Lana. Alors, je lui dis :

— Pourquoi es-tu si triste ? Je vais bien, regarde-moi !

Et je me lève pour lui montrer que le tournis est passé et que je suis tout à fait prête à reprendre le cours normal de la vie. Du moins... S'il reste quelque chose de « normal » dans ma vie !

— Assieds-toi, murmure-t-elle —Je m'exécute, car ça tourne encore un peu— Ecoute, ce « vampire », Etan, venait voir Matt. C'était un ami à lui. Une chose en entrainant une autre, ton frère l'a su et a souhaité que Matt retourne chez lui avec les siens, sinon c'était toi qui devais partir.

Je suis abasourdie. Il se prend pour qui ? Qui est-il pour donner des ordres à Matt ? Je prends soin de me pincer le bras afin de vérifier que je ne rêve pas. En réalisant ce que vient de dire Lana, je me lève d'un bond et me dirige vers la porte où j'ai entendu la voix de Matt tout à l'heure.

— Il vient de partir, m'informe Davy dans mon dos.

Je cours dehors pour tenter de le rattraper.

Il n'y a plus sa voiture. Je regarde l'emplacement vide et je sens un poids immense dans ma poitrine. Je retourne à l'intérieur, je n'entends rien de ce que me dis Lana. J'ai envie d'être seule. Je cours en direction de l'ascenseur — je pourrais me téléporter mais ça me fait du bien de courir — Lana me laisse entrer seule à l'intérieur de l'ascenseur et je vais au dernier étage. La porte de Matt est déverrouillée. Je l'ouvre et m'aperçois que sa chambre est parfaitement rangée. Le lit est fait et toutes ses affaires ont disparu.

Un vide immense s'installe en moi et je sens mon cœur se fissurer de toutes parts. « *Il m'échappe* » je pense alors, « *ce jour est maudit. Il ne reviendra plus* ».

Les larmes se déversent sans que je ne puisse les contrôler. Mes jambes cèdent sous le poids de mon corps et je m'écroule par terre. J'ai chaud, puis froid, je tremble. Il se passe une heure, peut-être deux. Je finis sûrement par m'endormir, à même le sol, car je sens le soleil réchauffer ma joue. Je ne veux pas ouvrir les yeux. Je ne veux plus jamais ouvrir les yeux. Je n'ouvrirai pas les yeux tant que Matt ne sera pas rentré !

J'entends les pas de Lana se rapprocher de moi. La porte est restée ouverte. Elle s'assoit un moment, sans rien dire, en me caressant les cheveux.

Mon ventre se met à gargouiller.

— Descends manger.

— Non. Je n'ouvrirai pas les yeux tant qu'il ne sera pas revenu.

— Il ne reviendra pas, Cloé. Il m'a dit quelque chose comme « *Tout ce que je suis représente un danger pour elle, si tu l'aimes réellement, fais en sorte qu'elle m'oublie* ». Et je t'aime Cloé.

C'est la première fois que je me sens autant énervée contre Lana. Je n'imaginais pas qu'elle puisse être si influençable ! Je finis par ouvrir les yeux, de colère, et la fusille du regard.

— Je pense qu'il a raison, se justifie-t-elle. Je t'ai toujours dit que je sentais qu'il y avait un truc qui n'allait pas chez lui.

— Je m'en moque Lana ! Si je comprends bien vous êtes tous de mèche dans cette histoire ! Ne pensez-vous pas que j'ai perdu assez de personnes auxquelles je tenais ?

Ma colère se transforme en un sentiment nouveau. Tout mon être se reconstruit, se durcit, comme de la roche. Je sens la détermination m'envahir. Lana tente de parler mais je la coupe et ajoute :

— Il ne reviendra pas ? Très bien. C'est moi qui irai à lui.

Je passe la semaine à chercher des informations quant à l'emplacement de l'Unité de Feu ainsi qu'à la façon dont je dois m'y prendre pour y entrer — en vie — puisque, d'après les dires de Davy, elle serait très protégée.

Davy et Lana ont décidé de m'aider, même s'ils ne comptent ni l'un ni l'autre venir avec moi à cause de la situation actuelle. Il paraît que les tensions sont deux fois plus palpables là-bas qu'ici. La guerre n'est qu'une question de temps. En ce qui concerne Vincent, je pensais lui écrire une lettre en lui expliquant qu'il était grand temps que je vole de mes propres ailes, ou un truc dans le genre.

Lana m'apprend à conduire le soir, à la place de mes cours avec Matt. Nous allons jusqu'à leur appartement et d'ailleurs, ces derniers temps, j'y reste dormir, même seule.

Petit à petit, je cesse d'aller en cours car une rupture trop brutale avec le château aurait éveillé les soupçons.

Souvent, je pense à cette histoire de « vampire ». Lana m'a expliqué en détail de quoi il s'agissait. Ils avaient employé ce terme parce que c'est un terme connu de la littérature que les « gens normaux » apprennent, mais ce ne sont pas vraiment des vampires. Il existe des personnes ayant un Don surdéveloppé à tel point que leur physique change au cours de l'acquisition de pouvoirs. Pour les personnes dites « vampires » il s'agit en fait d'un Don d'extraction de pouvoir. C'est-à-dire que les canines se développent de sorte à ce que l'individu puisse mordre son adversaire et boire son sang pour prendre un peu de ses pouvoirs. En tout cas, c'est ce que j'ai retenu.

Cet Etan avait choisi la mauvaise personne. En effet, ce fut une joie d'apprendre que mon sang est toxique. Il en est même mort. De toute façon, qu'aurait-il pu extraire de moi ? Mes pouvoirs sont encore endormis. Je ne sais même pas quel élément je manie. Quoi qu'il en soit, je peux ajouter cette capacité à ma petite liste : mon sang est toxique. Si quelqu'un essaie d'extraire mes pouvoirs, il en meurt. C'est génial. L'Unité de Feu abrite beaucoup de « vampires ». Ça pourrait me servir !

Ils ont un nom d'ailleurs … Il faudra que je redemande à Davy car je ne m'en souviens plus. En tout état de cause, il paraît que lorsqu'ils nous aspirent notre sang, des souvenirs enfouis peuvent nous revenir en mémoire, ce qui expliquerait que j'ai vu la silhouette d'Emilie ce soir-là. Ça, c'est ce que m'a dit Vincent. Davy a ajouté qu'on partageait également les pensées de son agresseur et qu'il était possible que ce soit cet Etan qui se souvenait d'Emie. Ce qui me pousse d'autant plus à aller à l'Unité de Feu. Qui sait, peut-être que des gens l'ont connu là-bas. Tout est possible dans ce monde tordu.

Nous sommes le dix juin. Samedi. Cela fait deux mois que Matt s'est enfui et ça me paraît être une éternité. Davy et Lana sont partis en week-end à Los Angeles. C'est facile pour eux de visiter les quatre coins du globe : Davy est déjà allé partout et il lui suffit de choisir le lieu pour s'y téléporter avec Lana. Je profite de leur absence pour mettre mon plan de ces deux derniers mois à exécution. Ma lettre pour Vincent est déjà prête. Je ne veux pas qu'il s'inquiète, tout en me laissant tranquille. Voilà ce qu'il y lira :

Vincent,

J'ai beaucoup appris grâce à toi. J'ai enfin trouvé ma famille et ma voie. Je souhaite la poursuivre hors du château car j'ai besoin de voir le monde extérieur. Je sais que tu comprends. Si Adam te demande, montre-lui cette lettre. Je change de numéro de téléphone. Quand je serai prête je te l'enverrai et à lui aussi. J'ai besoin de mûrir, seule. Je t'en prie, ne cherche pas à me retrouver et dissuade Adam de le faire. Je promets de revenir.

Avec tout mon amour, Cloé.

Ce dernier mois j'ai appris que l'on pouvait se téléporter auprès d'une personne, si elle nous y autorise. Nous l'avons travaillé avec Lana. Voilà comment ça marche : je pense à Lana, à quelque chose qui la caractérise. Par exemple, son parfum. Je cherche à me téléporter près de cette odeur, tout en me visualisant son image. Elle entend un bruit sourd, comme un sifflement, et perçoit mon visage. Puis, elle peut refuser ou accepter l'accès. Si elle refuse, je ne me téléporte pas, si elle accepte, cela marche. C'est très étrange et difficile à expliquer mais c'est très efficace. Je suppose que ça marche comme ça avec tout le monde. C'est pourquoi je ne me fais pas de soucis, si Vincent veut me parler il s'en servira, et je pourrais choisir de le recevoir ou non.

Je finis donc de faire ma valise, la mets dans ma nouvelle voiture et poste la lettre pour Vincent. Dommage qu'il n'y ait pas de chouette pour la lui amener, comme dans Harry Potter, ça aurait été plus cool.

J'ai une carte que m'a donnée Davy pour rejoindre l'Unité de Feu. Il m'a mise en garde sur tout : ne se fier à personne, ne dire à personne qui je suis. Il m'a fourni de faux papiers — sur lesquels je suis majeure — et m'a donné des lentilles de contact marron pour ne pas que l'on reconnaisse mes pouvoirs si jamais mes yeux commencent à changer de couleur. J'ai gardé mes cheveux tels quels. Emilie les adorait.

En allant mettre de l'essence je me remémore tous mes pouvoirs, au cas où j'en aurais besoin. J'ai remarqué que dans les situations critiques, je ne pense jamais à m'en servir.

✓ Je ne crains pas la chaleur (du moins, je la ressens sans qu'elle n'ait réellement d'impact sur moi),

✓ Je peux me téléporter dans des endroits que je connais, ou près des gens qui me sont proches,

✓ Mon sang est toxique,

✓ J'ai un pouvoir de cicatrisation extrêmement rapide.

Je crois que pour l'instant, c'est à peu près tout. Je ne vais pas aller loin avec ça ! Je ne connais même pas encore l'élément que je peux manier !

Le plein d'essence se termine et je prends enfin la route. Jusqu'à ce que je vois Eddy me faire de grands signes.

— Que fais-tu là ? Demande-t-il

— Je m'en vais, dis-je franchement, après une hésitation

Il me regarde un instant et aperçoit la carte.

— Je viens avec toi, renchérit-il, des étoiles dans les yeux.

Eddy a toujours admiré l'Unité de Feu. Je savais qu'il irait un jour ou l'autre. Ma première réaction est de refuser, puis je réfléchis un instant : Eddy est fort. Il pourra m'être utile si l'on rencontre des problèmes. C'est pourquoi j'accepte

— A une condition.

— Laquelle ? S'empresse-t-il de demander.

— Pas de contact avec l'extérieur. Comme tu peux le constater, je fugue en douce.

Il hésite un instant et me tend la main

— Marché conclu.

— Encore un truc, fais-je, mes nouveaux yeux marron foncé rivés vers les siens

— Mmh ?

— C'est moi la chef.

Il sourit et prend place sur le siège passager. Je prends ça pour un « ok ».

Sur le chemin, Eddy s'endort rapidement et me laisse seule avec mes pensées. Il me revient à l'esprit le jour de mon anniversaire, deux mois auparavant, quand Matt est parti sans même me dire au revoir. Mon cœur s'accélère et mes yeux

142

s'emplissent de larmes. Je jette un coup d'œil à Eddy, qui dort profondément. Je laisse donc libre court à mes émotions. Comment a-t-il pu faire ça ? Comment a-t-il pu croire que je serais mieux sans lui ?

Je lui en veux tellement. Mais la colère n'est rien comparée au manque que je ressens. J'appuie plus fort sur l'accélérateur : j'aimerais déjà y être.

Je n'ai pourtant rien préparé de ce que j'allais lui dire, ni l'excuse formidable que je pourrais trouver pour qu'il revienne. Je veux juste le voir. Je n'ai pas essayé d'entrer en contact avec lui en pensée comme avec Lana pour me téléporter vers lui. Je n'ai vraiment pas envie de m'apercevoir qu'il me refuse l'accès.

Je n'ai pas non plus cherché à ce que Davy l'appelle pour moi. Jinn est repartie le jour suivant, donc je n'aurais pas pu compter sur elle non plus.

L'adrénaline monte. Je ne suis jamais sortie du château seule. Je ne connais rien à la vie extérieure. J'ai besoin de la découvrir, d'être confrontée aux conflits dont tout le monde parle. J'ai envie de choisir mon camp en connaissance de cause. Je n'ai que des apports théoriques sur les Unités, il me faut du concret.

Après avoir vidé le réservoir d'essence, je décide de m'arrêter dans un hôtel. Eddy se réveille quand je coupe le moteur.

— Où est-ce qu'on est ?

— Dans la vie humaine normale.

Il reprend ses esprits et regarde le tableau de bord

— Je prends le relais. Je vais faire le plein d'essence, repose-toi. Et enlève tes lentilles, elles vont sécher sur tes yeux. Tu n'en as pas besoin pour le moment.

Je m'exécute. J'ai bien fait de prendre Eddy avec moi. Il me rassure. J'ai l'impression qu'il connaît bien plus de choses sur ce monde que moi, malgré son coma. Il est si sûr de lui !

Je passe du côté passager, enlève mes lentilles marron et mes chaussures. Ça ira plus vite que de s'arrêter dormir à l'hôtel.

Mon estomac gronde, j'ai prévu deux sandwichs. J'en aurais qu'un du coup, puisque je donne l'autre à Eddy. On s'arrêtera manger demain. Ça me fait penser qu'Eddy avait un sac avec lui aussi.

— Tu comptais aller où avec ton sac ?

Il prend un air étonné.

— Ce n'est pas ton genre de poser des questions.

Je trouve sa remarque bizarre. Bien sûr que je pose des questions ! Il doit voir que je suis encore plus surprise que lui car il ajoute :

— Tu ne t'intéresses pas à grand-chose en dehors du monde de la Nuit et…

Il hésite un instant.

— Et ?

— Et de Matt.

Je me fige. Le rouge me monte aux joues, de honte et de colère. Est-ce que tout le monde sait à quel point je suis amoureuse de Matt ?

Il doit remarquer le malaise car il poursuit :

— Ne te fâche pas, va. Toutes les filles ont un faible pour Matt. Pour peu qu'il s'amuse à l'alimenter, comme il le fait avec toi, je comprends ton attraction. C'est un grade un après tout.

Je le fusille du regard. Pour qui me prend-il ? Un sourire narquois se dessine sur son visage. Je me demande s'il peut ressentir les émotions comme Lana.

— Non, les pensées, dit-il.

144

Je suis abasourdie. Je ne sais que répondre à cela. Ma colère se transforme en admiration et il le lit sûrement dans ma tête car son sourire devient vrai.

— C'est comme ça que je te connais autant.

— Tu violes mon intimité !

— Tu peux y remédier.

— Comment ?

— Je vais t'apprendre.

Le trajet jusqu'à l'aube fut un exercice constant pour m'apprendre à former un bouclier autour de mes pensées.

Eddy semble adorer m'apprendre. Il y prend plaisir. On décide de s'arrêter dans un restaurant vers midi.

En mangeant, Eddy me dit :

— Je n'ai jamais vu de fille comme toi. Qu'est-ce que tu apprends vite !

— Merci, murmurais-je, gênée. Je n'ai pas l'habitude qu'on me fasse des compliments.

À ces mots, il lève vivement la tête, un air plein de malice dans les yeux.

— Vraiment ? Veux-tu que je te confie ce que pensent les gens de toi ?

Je me mets à rire. Cela ne m'a jamais importé alors…

— Bah, pourquoi pas ! Toi qui penses que je ne m'intéresse à rien. Dis-moi tout !

Il réfléchit un moment.

— Bien. Les élèves de la Classe de Jour t'admirent. Ils te critiquent, certes. Mais leurs pensées les trahissent. Tu es plus belle, plus intelligente et plus mûre qu'eux.

J'écarquille les yeux de manière exagérée afin qu'il voie mon étonnement. Mais ça ne sert à rien d'exagérer puisqu'il lit dans mes pensées.

— De moins en moins bien, dit-il en écho à mes songes. Comme je te l'ai dit, tu apprends vite. Ton bouclier est quasi-permanent depuis plus d'une heure

— Tu m'en vois ravie ! m'exclamais-je

Il rit.

— Et les élèves de la Nuit … poursuit-il

— Ne me connaissent pas ? demandais-je

Il lève un sourcil avec un sourire en coin

— Tout le monde te connaît Cloé. Tu es la sœur d'Adam, la fille qui a mis en danger tout l'internat à l'âge de dix ans. Et la petite protégée du Prince Noir Matt Kellor de l'Unité de Feu. Dit-il avec un ton théâtral exagéré.

Je ne sais plus quoi penser. Il me dit ça de manière si ironique ! Qu'est-ce qui est vrai ? Qu'est-ce qu'il a pioché dans mes pensées ?

— Ah, je n'aurais pas dû t'apprendre à cacher tes pensées… dit-il, d'un air réellement peiné.

— Je me demandais ce qui était vrai dans tes mots, Eddy. Je ne connais que très peu de choses sur moi-même.

— Il faut que ça change. Les gens qui t'aiment te laissent bien trop vulnérable !

Je ne réponds rien à cela. Je reporte mon attention sur mon assiette. Il a raison, je suis trop vulnérable. Je dois être plus forte, pour affronter Adam, Matt ou n'importe qui d'autre qui voudrait diriger ma vie.

— Tu vas m'aider alors ?

— Autant que je le peux.

Il paraît sincère. Qu'est-ce que cela lui apporte à lui ?

— Je vais commencer par te dire que les élèves de la classe de Nuit te respectent beaucoup. Si les élèves de Jour utilisent le surnom « princesse » par jalousie, les élèves de Nuit le font avec respect, par rapport à ton grade, ton statut.

— Haha ! Je n'ai aucun grade !

— Comme je te l'ai dit tu es la sœur d'Adam. J'ai beaucoup appris grâce à mon Don de télépathe. Tout le retard que j'avais, je l'ai récupéré en écoutant les plus savants.

Il marque une pause et me regarde intensément.

— Tu ne sais vraiment pas qui il est ?

— Mon frère ? Un gamin qui était au grade trois et qui a décidé d'oublier son Don.

Eddy prend une gorgée d'eau et finit son repas d'une traite.

— Prends ton temps pour manger, j'en ai pour un moment.

Je m'exécute. Je préfère me concentrer sur mon repas plutôt que de le voir me révéler des choses sur ma propre vie.

— Il est le gouverneur de l'Unité de L'Eau.

Je manque de m'étouffer. Il m'arrête d'une main quand j'ouvre la bouche et je le laisse poursuivre. J'essaie de manger de manière convenable.

— Peu de personnes en parlent. Je l'ai appris par Vincent, juste avant qu'il sache que j'avais développé un pouvoir de télépathie. Je n'ai accès à aucune pensée des plus gradés que moi. Mais Vincent et Matt parlent souvent par télépathie, et là, je les perçois.

« *Concentre toi sur le repas, concentre toi sur le repas* » me dis-je, de peur qu'il n'arrête ses révélations.

— Lana ne le sait pas. Davy la laisse en dehors de tout, elle n'est pas assez forte.

— Ça aussi, tu l'as entendu ? M'énervais-je

— Non, ça, ça se devine facilement.

Je ravale ma colère pour le laisser poursuivre.

— Le fait qu'Adam ait été grade trois si jeune suffit à te respecter. Puis il y a eu l'accident pendant le test, tu es ressortie

147

indemne et personne n'en revenait. Même pas Vincent apparemment. Je pense que si tu avais connaissance de tout, tu serais très forte.

Une lueur d'espoir m'apparait. « Forte » Je regarde Eddy dans les yeux. Il a cet air déterminé que je connais bien.

— Qu'est-ce que ça t'apporte Eddy ?

Il hausse les épaules et s'avance vers moi

— Je ne suis pas patient, pas non plus attentionné ou délicat, je ne suis pas protecteur. Les gens qui t'entourent ont tous ce genre de qualités. Adam, que tu le veuilles ou non, Vincent, Lana et Matt.

— Où tu veux en venir ? Le coupais-je, agacée par son savoir sans faille sur ma vie

— Cloé, regarde-moi.

Je m'exécute, en adoptant un air de défi.

— Tout homme normalement constitué trouverait un avantage à t'avoir près de lui. Si ce n'est pas pour ta beauté, ce serait pour ton statut, et bientôt pour ton pouvoir. Je suis tout d'abord un homme, mais en plus, un homme ambitieux.

— Tu te sers de moi ? M'indignais-je

Il semble déçu, il s'adosse à sa chaise et soupire.

— Je manque de tact. Je voulais dire que toutes tes qualités te rendent très attirante.

Là, je ne peux plus manger. Je pousse mon assiette, sans daigner le regarder. Je me lève doucement et sors du restaurant.

Arrivée dans la voiture, je culpabilise de l'avoir laissé payer. Je paierai la prochaine fois. J'ai peur que l'histoire se répète. D'abord Prinz, puis Eddy. Non, Eddy n'est pas Prinz : il ne m'a pas sauté dessus. Il faut que je relativise. Comment vais-je me sortir de là ? Il a raison sur un point : je ne peux voir que Matt dans ce sens-là. Et pas pour son statut, ou son pouvoir. Juste parce que c'est Matt. Je n'ai jamais songé à un autre. Je n'ai jamais pensé qu'il puisse y avoir un jour quelqu'un d'autre que lui.

Eddy entre dans la voiture et s'installe au volant. Je n'ose rien dire. Je ne le regarde même pas.

— Cloé.

Il marque une pause, soupire, allume le moteur.

— Je suis de ton côté ok ? Soyons amis. Je te connais, même très bien. Je connais chacune de tes pensées. Je sais depuis le début qu'il n'y aura rien entre nous. Alors, ne te tracasse pas avec ça. Tu voulais des réponses, je t'en ai donné. Ni plus, ni moins.

Une larme m'échappe, il faut vraiment que j'arrête de chialer pour un oui pour un non ! Je lève les yeux vers lui.

— Merci Eddy.

Nous reprenons la route et je m'autorise un petit somme. Je rêve d'Adam, gouverneur de l'Unité de L'Eau, en train de manier la mer pour recouvrir le château, laissant Emilie noyée à l'intérieur. Je me réveille d'un bond.

Il fait déjà nuit.

— Et si on s'autorisait une pause ? Demande Eddy, en me voyant en sueur.

— Excellente idée.

Il trouve un hôtel sur-le-champ et nous prenons chacun une chambre. Passée la porte de la mienne, je me dirige vers la salle de bain et prends une longue douche.

Mes pensées partent dans tous les sens.

Quel hypocrite cet Adam ! Vouloir me mettre à l'écart d'un monde dont il est le gouverneur ! Je n'en reviens toujours pas. C'est donc lui qui souhaite abolir tous les Dons ! Ou se cacher pour laisser le reste du monde vivre sans nous ! Comment a-t-il pu ne pas retrouver Emilie puisqu'il est si fort ?

Puis, il me revient à l'esprit tous les apprentissages de Lana et Matt sur les systèmes des Unités, et les conflits actuels : si Adam est le gouverneur de l'Unité de l'Eau, c'est qu'il est en conflit direct avec Benjamin Kellor, leader de l'Unité de Feu... Dans laquelle je me rends actuellement... Pour retrouver son petit frère dont je suis éperdument amoureuse. Aïe. Les choses se compliquent. Je comprends pourquoi Davy m'a dit de cacher mon identité. Pour peu que les soldats de Feu sachent qui est mon frère, je ne parierai pas sur mon retour rapide au château.

Je fais un effort pour me remémorer les conversations que j'ai pu espionner de Matt et Vincent au château. Notamment celles de la cafétéria.

«— Je vous ai accueillis au château parce que vous me l'aviez demandé. Toi le premier. Je sais que tu as fait beaucoup ici mais je n'ai jamais interdit à qui que ce soit de venir. Même si Ben voulait venir, il viendrait.

— Putain Vince, fais pas semblant d'être neutre ! Tu peux pas t'foutre au milieu du conflit sans y prendre part.

— Ce n'est pas notre combat. Tant que tu es ici, ce n'est pas ton combat Matt.

— C'est mon frère, ce sera toujours mon combat. La vraie question c'est d'savoir de quel côté tu s'ras si ça pète»

Ce combat dont ils parlaient, ce combat auquel tout le monde se prépare, ce combat qui révolte tant Lana, est entre la famille de Matt et la mienne ! Qu'en est-il des relations entre Adam et lui ? Lana m'a dit que Davy était plus pacifiste que Benjamin, et que ces idées allaient complétement à l'encontre de celles de son grand frère. Vincent, lui, crie sa neutralité dans ce conflit sans nom. Quant à Matt... Eh bien, si ma mémoire est bonne, il devait assister à mon repas d'anniversaire en compagnie de mon frère il y a deux mois. Et de Jinn, et de Davy. Je suppose qu'ils sont en bons termes dans ce cas. Dire que mon frère a exigé que Matt retourne chez lui. Je me demande qui est le plus fort des deux. Adam est-t-il un grade un ?

Tout un tas de pensées se bouscule dans ma tête. Je me dirige, tel un zombie, sur le lit blanc, et m'endors tout de suite.

C'est le trou noir jusqu'à ce que j'entende frapper à la porte le lendemain.

— Cloé ? Il est dix heures, je t'attends au réfectoire pour petit-déjeuner avant de partir, dit Eddy

— Ok

Je me lève d'un bond et me coiffe. Je reprends une douche vite fait, bien fait et le rejoins en vitesse. Nous discutons de toutes mes pensées de la veille. Il n'a pas plus d'informations sur Adam. J'en suis déçue. Il semble impressionné de la facilité avec laquelle j'arrive à lier tous les éléments de mon enquête.

— Ce qu'il reste à élucider vraiment, c'est ta sœur.

— Je compte soudoyer mon frère une fois que j'aurai un assez gros bagage pour l'affronter.

Eddy semble satisfait de cette réponse, et nous nous remettons en route.

Nous passons une journée à rouler. Quand la nuit tombe enfin, je distingue au loin une barrière rouge et blanche. La ville est déserte. Comme les deux précédentes, sans signe de vie.

La barrière ressemble à celle que l'on met en général pour interdire l'accès aux voitures dans les sentiers publics. Je sais que nous ne sommes plus très loin, Davy m'avait dit que l'on mettait environ quatre jours pour y aller, selon l'allure à laquelle on roule. Ce ne peut pas être cette simple barrière qui empêche l'accès à l'Unité de Feu.

151

Je regarde enfin la carte que Davy m'a fournie, dont je n'ai absolument pas eu besoin jusqu'à présent — Apparemment Eddy savait vers où aller —

Sur la carte, je distingue un grand désert de sable qui amène à une chaîne de montagnes. Davy l'a entourée au crayon gris, à peine perceptible.

Je suppose que c'est là. Mon cœur s'accélère.

Tout à coup, je sens que je ne suis pas du tout prête à m'aventurer dans un endroit si dangereux. Je regarde Eddy, qui n'a apparemment plus du tout accès à mes pensées. Je sens le bouclier que j'ai dressé autour mais je teste quand même :

« *Fais-tu semblant de ne pas m'entendre ?* »

Il se retourne vers moi

— Pardon, tu disais ?

— J'essayais de voir si tu entendais mes pensées.

Il sourit, me regarde, un peu trop intensément à mon goût d'ailleurs alors je lance :

— Mais regarde la route !

Son rire devient franc.

— Je pense sincèrement que si tu t'entraînes, tu pourrais faire parvenir tes pensées à l'esprit de n'importe qui.

— Parler par télépathie …

Je brûle d'excitation, c'est ce qu'avait fait Matt sous l'eau, lorsqu'il voulait me mettre en garde de ne pas trop chercher les ennuis. En vain, d'ailleurs, vu l'endroit dans lequel je me trouve actuellement.

Qui aurait pensé qu'un voyage avec Eddy m'aurait tant appris sur moi-même ? Pourquoi lors de mes entraînements avec Matt, je n'ai jamais fait autant de progrès ? Il m'a certes surtout appris à me battre sans faire intervenir mon Don. Cela fait partie des règles de combats à la loyale, communes à toutes les Unités. Mais j'aurais également pu travailler mes pouvoirs.

Nous avons essayé avec Lana, mais sans grand résultat. C'est peut-être parce qu'Eddy est plus gradé qu'elle.

Il me vient à l'esprit que Matt avait pour but de ne pas me faire progresser au niveau de mes pouvoirs, mais pourquoi ?

— Tu veux qu'on essaie ? Demande Eddy, me ramenant à la réalité.

— Evidemment. On se trouve un hôtel avant d'attaquer le désert ?

— Ouais, il faudrait trouver un véhicule plus adéquat aussi.

Bien, ça retarde un peu notre avancée. Tant mieux ! Je n'ai aucune idée de ce que l'on va trouver là-bas. A part une dictature.

Eddy fait demi-tour et arpente les rues de la petite ville pour trouver un hôtel. Le seul que l'on trouve est délabré. Eddy coupe le moteur et nous sautons de la voiture. En entrant, le concierge relève la tête de sa télévision, sans prendre la peine de nous saluer. Je trouve ça étrange, mais Eddy ne se démonte pas :

— Deux chambres pour la nuit.

Le concierge lui tend deux clefs et se retourne vers la télévision. Eddy me tend une des clefs. Je profite de ce moment pour m'exercer à lui transmettre mes pensées.

« *Ambiance bizarre* » me dis-je.

Mais Eddy ne semble pas percuter. Je me concentre, essaye de déplacer le bouclier qui entoure mes pensées et tente d'établir un lien avec Eddy. A ce moment, il lève vivement la tête vers moi : à moi de jouer !

« *Je trouve cet endroit vraiment très bizarre* »

Il sourit et je me sens fière d'être parvenue à lui parler sans ouvrir la bouche, et sans que le concierge ne m'entende.

Pendant une seconde, mon attention flanche et je sens le bouclier claquer dans ma tête. Une intense douleur se glisse à l'intérieur de mon crâne et je me sens tanguer.

Je perds connaissance une demi-seconde et ouvre de nouveau les yeux, juste avant qu'Eddy ne me rattrape.

— Ça va ? S'inquiète-t-il

Je me redresse, lui souris.

— Ça va.

Je me dirige vers la sortie, Eddy sur mes pas. Soudain, j'ai une conscience accrue de tout ce qui m'entoure. Les couleurs sont plus vives, les sons plus intenses et je ressens de façon inexplicable l'inquiétude d'Eddy. Je me retourne et dis :

— Je suis fatiguée, tu passes me chercher demain ?

Il paraît soucieux mais ne pose aucune question

— Je m'occupe de louer un 4x4, repose-toi.

Sur le chemin de la chambre, je me demande ce qui pousse Eddy à venir avec moi et à être si gentil. Je sais qu'il ne me le dira pas. Chacun a ses secrets après tout.

Je lève les yeux vers le ciel. J'arrive à distinguer les nuages malgré la nuit sombre, il n'y a même pas la lune pour éclairer.

Je m'extasie devant mes nouveaux sens. La brise est imperceptible et pourtant, je la perçois. J'entends une porte claquer au loin et décide d'entrer dans la chambre. Cette ville est effrayante. Je referme la porte à clef et m'avance de quelques pas. La chambre est petite, mais propre. J'ouvre une petite porte rose pâle et entre dans une salle de douche, munie d'un miroir mural. J'allume la lumière et observe mon reflet.

Mes yeux ont changé. Je retiens mon souffle. Je croyais qu'ils ne changeaient que lorsqu'on utilisait nos pouvoirs ? Peut-être qu'ils ont toujours été comme cela mais que je ne les voyais pas clairement ? Je tente de me rassurer. Mais je m'approche un peu plus et distingue de minuscules tâches couleur lavande à l'intérieur de mes iris verts. Personne ne devrait les remarquer, si je me tiens assez à distance. Du moins, pas les Sans-Don, ni les moins gradés.

Après avoir évalué toute ma silhouette, je peux confirmer qu'il y a des changements : mes cheveux sont plus longs et ont foncé de la racine jusqu'au milieu du dos, puis les pointes sont restées claires. J'observe le changement, mi admirative, mi effrayée. Heureusement, les modifications sont assez subtiles, cela peut passer pour une coloration dont les pointes auraient éclairci au soleil. Ou d'un dégradé naturel. De loin, mes yeux paraissent semblables. De près, il est clair qu'ils sont différents.

Mes muscles sont légèrement plus développés, je parais plus athlétique, moins fragile. Je ne comprends pas ce qu'il m'arrive.

Je décide de sortir un moment, pour voir l'impact de mes changements physiques sur mon endurance. Je me mets à courir dans la grande forêt avoisinant l'hôtel. Je cours en essayant de ressentir chaque muscle de mon corps, et tous les changements qui ont pu survenir en moi. Au bout d'un long moment, alors que je ne ressens pas encore la douleur de mes muscles, je me mets des repères. J'enlève le foulard qui orne mon cou et l'accroche sur un arbre. Je retourne à l'hôtel en courant. Une fois arrivée, je bois un verre d'eau et regarde l'heure : 23 h 41.

Je me remets à courir dans la forêt, le plus vite possible, jusqu'au foulard. Dès que je le vois, j'accélère encore un peu, il se produit quelque chose d'inouï : je me sens flotter, mes pieds ne font qu'effleurer le sol sans vraiment le toucher, j'effectue les dix derniers mètres en un éclair et regarde à nouveau ma montre : 23 h 41.

Je souris de victoire. Je m'assois un instant pour souffler, lorsque j'entends un bruit de pas dans mon dos.

Je n'ai pas le temps de me retourner que je sens le poids d'un corps entier sur moi. Je me débats et aperçois l'homme qui m'attrape au cou. Il sort des canines immenses. Ma première réaction est d'être effrayée. L'homme aux canines a vraiment l'air d'un monstre, d'un vampire. Puis, je repense à ma première rencontre avec l'un de ces dégoutants spécimens. C'est vrai, mon sang est toxique. Je souris à cette pensée « *aller, mords moi ! Tu vas être surpris* » L'homme ne s'attendait pas à ce que je sois si calme. Il hésite un instant, s'approche de mes yeux. Merde, je n'ai pas remis mes lentilles. Il a un mouvement de recul mais je saisis son poignet et le balance contre un arbre. Il s'y cogne tout entier, se ressaisit et se met à courir dans la direction opposée. Je le rattrape sans peine, en effleurant le sol, comme tout à l'heure, et le mets à terre.

J'aperçois Eddy qui se matérialise à la droite de l'inconnu. Ni une, ni deux, Eddy se rapproche de mon agresseur et le roue de coups jusqu'à ce qu'il perde connaissance.

— Rentre, dit-il à mon intention.

Je le regarde un instant, hésitante.

— Non.

Il se retourne vers moi, les poings plein de sang. Il semble se rendre compte des changements qui se sont opérés en moi. Il prend le temps de scruter chaque parcelle de mon corps qu'il peut apercevoir et finit par dire :

— Il va falloir le tuer.

Sur ces mots, il attrape un couteau caché dans sa ceinture et s'avance d'un pas déterminé vers la gorge de mon agresseur, comme s'il avait toujours pratiqué ce geste.

— Eddy ! Pourquoi ?

— Il a vu tes yeux, Cloé, réfléchis. On est proche de l'Unité de Feu, il va prendre cela pour une attaque et va sûrement prévenir ses supérieurs si nous le laissons s'enfuir sans rien faire. Rapidement, nous aurons les soldats de Feu à nos trousses. Et ils seront bien plus forts que lui.

Evidemment, il a raison, je tente quand même de demander :

— N'y a-t-il pas une autre solution ?

Un éclair traverse ses yeux noirs. Son regard est énigmatique.

— J'ai déjà vu quelqu'un effacer la mémoire. Personnellement, je n'ai pas ce pouvoir, mais peut-être…

— Que moi oui ! Comment dois-je m'y prendre ?

Il m'accompagne jusqu'à l'inconnu, sans dire un mot et me fait mettre les mains de part et d'autre de son visage.

— Ferme les yeux, concentre-toi.

Je m'exécute.

— Etire ton bouclier jusqu'à lui.

Je prends mon temps. Le « bouclier » est comme une carapace dans mon crâne. Je me le visualise, je le *ressens*. Je m'applique à le faire bouger de quelques millimètres puis, l'extériorise complètement de moi.

— Tu y es, m'encourage-t-il. Une fois à l'intérieur de son crâne, pense à votre combat, et efface-le.

J'étire mon bouclier encore plus loin, en me concentrant en peu plus, car la tâche n'est pas facile. C'est comme si ma tête flottait dans les airs. Je me dirige vers lui. Ça y est, je sens sa conscience. Je suis à l'intérieur de sa mémoire. Je me mets à chercher dans sa tête le souvenir de notre combat, je le trouve. Mais comment l'effacer ?

— Si tu n'arrives pas à l'effacer, remplace le souvenir, répond Eddy en écho à mes pensées.

J'englobe mon image, puis celle d'Eddy et la remplace en imaginant un trou blanc. Je sens mes mains aspirer la peau de l'inconnu.

— Retire-toi, Cloé, vite ! Crie Eddy

Je panique, et retire mes mains du visage de l'individu. J'ouvre les yeux et vois le visage de l'homme d'un gris pâle, comme s'il avait pris vingt ans en dix secondes. Je sens le bouclier revenir à toute vitesse et éclater contre ma boîte crânienne. Puis, je suis anesthésiée.

Quand j'ouvre de nouveau les yeux, je suis dans la petite chambre de l'hôtel. Le soleil est bien haut dans le ciel, je regarde ma montre : 13 h 30. Ces derniers temps, je n'arrête pas de perdre connaissance. Il faut que je sois plus forte.

Je me lève d'un bond, mais ma tête tourne. Alors, je me rallonge et ferme les yeux le temps de reprendre mes esprits.

Des images déferlent devant mes paupières closes : la sortie de classe en CM1. Je m'éloigne du groupe d'élèves car je crois voir au loin une boule de feu se déplacer sur la route, elle m'hypnotise. Elle prend forme humaine, se transforme à mesure qu'elle avance vers moi et que j'avance vers elle de manière inconsciente. Elle prend la forme d'un visage, puis d'un corps. Elle se rapproche un peu plus et je distingue les traits d'un jeune garçon, entouré de flammes. Un garçon aux yeux bleu clair. Un garçon que je reconnais bien, du haut de mes neuf ans. Il me regarde avec la même intensité que le feu autour de lui. Je ne peux détacher mes yeux de lui. Tout à coup, il me percute tel un tank et me fait voler au sol. Je m'écrase et me brûle avec le goudron. Je remarque que je me suis ouvert le ventre avec du verre cassé, qui était sur le sol. Je ne pleure pas. Je regarde la boule de feu, elle s'est transformée en garçon. Il a l'air paniqué. Il m'enlève le bout de verre du ventre et je crie. Il met sa main devant ma bouche, regarde autour de lui et rapproche le bout de verre près de ma gorge. Il hésite, j'essaie de crier. Pourquoi fait-il cela ? Il pose ses yeux sur les miens. Je distingue un air sauvage, il me fait penser à un lion. Un lion prêt à me dévorer. Un bruit de klaxon retentit, il sursaute et ferme ses yeux intensément, nous nous retrouvons dans une chambre. Il m'a téléportée. Je mets du sang de partout sur les draps, pendant que le garçon fait les cent pas dans la chambre. Il est adolescent.

Je tente de regarder mon bras droit, parce qu'il est douloureux. Il est empli de cloques, complètement brûlé. Le garçon regarde mes plaies, la colère transforme ses yeux clairs, tantôt en noir, tantôt en rouge. Il prend soin d'éviter de croiser mon regard. Je n'ai pas peur, je n'ai plus mal, je suis hypnotisée par l'adolescent.

J'essaie de m'asseoir, il me voit bouger et se déplace à la vitesse de l'éclair dans ma direction. Des étoiles blanches emplissent mon champ de vision. Je distingue les yeux bleus clairs du garçon qui ont croisé les miens. Soudain, dans sa bouche, apparaissent des dents plus grandes et plus pointues que la normale. Il se mord le bras profondément et de l'autre main m'ouvre la bouche. J'essaie de m'échapper.

— Avale ! Crie-t-il, hors de lui

J'avale. Je ne peux plus m'arrêter, c'est si bon. Je ferme les yeux et prend de grandes gorgées. Je les ouvre à nouveau, l'adolescent m'observe. Mon enfance défile devant mes yeux par flash — flash papa et maman dans une voiture — flash papa qui m'amène dans un château, je suis un nourrisson, un petit garçon me prend dans ses bras, il a les mêmes yeux que l'adolescent — flash Adam dans ce même château avec deux amis dont un qui ressemble à l'adolescent — flash un hôpital — flash Emilie qui me brosse les cheveux — flash…

Le garçon retire son bras d'un coup sec. J'ouvre les yeux. Un jeune homme se tient face à lui.

— Matt ! Qu'est-ce que tu as fait ? dit le jeune homme, épouvanté.

L'adolescent s'éloigne de moi en me repoussant et se dirige à une vitesse surnaturelle vers la porte, sans sortir de la pièce.

Le plus âgé s'approche de moi, j'ai un mouvement de recul et m'adosse au mur contre lequel est placé le lit. Je sens mes anglaises blondes descendre le long de mes épaules et se mettre dans mes plaies.

Il semble surpris en découvrant mes yeux. Il reste pétrifié. Le jeune garçon s'approche à nouveau, m'intime de m'allonger, touche ma jambe écorchée, mon bras, mon ventre. Je ferme les yeux, je me sens fatiguée.

J'entends quelques bribes de phrases dans mon demi-sommeil.

— C'était un accident !

Parfois les tons montent et cela me fait sortir de ma torpeur.

— Oui, je sais qui elle est !

— Tu aurais pu la tuer !

— J'l'ai pas fait, ça aurait été beaucoup plus facile pour moi ! Je sais comment tuer Vince, j'l'ai pas fait ok ! On passe à autre chose.

Toc toc toc

— Cloé ?

J'ouvre les yeux : retour à la réalité. C'est Eddy. Je referme les yeux. Je veux continuer de me souvenir. Ce n'était pas un accident de scooter, ce n'était pas un accident de la route. C'était un accident… surnaturel.

— Cloé ? Insiste-t-il. Je peux entrer ?

J'ouvre de nouveau les yeux, la lumière m'agresse. Je les referme.

— Donne-moi quinze minutes, protestais-je pour qu'il me laisse tranquille.

Il ne répond pas. Au bout de quelques secondes, j'entends le bruit de ses pas s'éloigner.

Mes oreilles sifflent, j'entends un bruit sourd. Je le reconnais : quelqu'un essaie de se téléporter à l'endroit où je me trouve. Mais qui ? Je me concentre pour tenter de détecter son identité, comme j'ai appris à le faire avec Lana.

Mes sens s'aiguisent, un parfum m'enivre comme si on venait de m'asperger avec. Je l'ai déjà senti, je connais ce parfum. Je réfléchis un court instant. Je revois la fontaine du patio au château. Une très belle fille touchant l'eau du bout de ses doigts. C'est Jinn. Pourquoi veut-elle me voir ? Ça ne me dit rien de bon. Je suppose que Lana a remarqué mon absence et lui en a parlé. Je lui refuse l'accès : je force sur mon bouclier, en élargissant ses parois. Ce serait dommage qu'elle arrive à me persuader de rentrer au château. Je suis déjà à deux doigts de faire demi-tour. Nous sommes si proches du but, et j'ai déjà appris tant de choses.

Je me lève et prends une douche. Je repense à cette scène où Matt, jeune garçon de mon souvenir, m'a amenée au château, blessée. Je repense aux flashs qui me sont apparus lorsque j'ai bu son puissant sang. Apparemment mon père le connaissait. Matt devait avoir cinq ans lorsqu'il m'a prise dans ses bras la première fois. J'en frissonne, où va me mener cette histoire ? De plus, je suis abasourdie que Matt soit… Qu'il soit un… *crépusculaire*. C'est le mot qu'a employé Davy pour les définir. Je ne sais plus quoi penser. Hier, je les trouvais répugnant.

Je sors rapidement de la chambre pour rejoindre Eddy. Il me regarde intensément, à tel point que j'en deviens gênée.

— Euh, salut.

Il ne répond pas, alors, j'ajoute :

— Bon. Tu me racontes ?

Il s'installe dans le 4x4 du côté conducteur et je prends le siège passager.

— Bah, t'as réussi à lui effacer le souvenir du combat, mais tu gères un peu moins ton autoprotection. Faut le retenir ton bouclier après !

Je ris. Il poursuit :

— Je t'ai juste ramenée, tu avais besoin de repos.

Je repense à la scène et demande :

— Avant de perdre connaissance, j'ai cru voir qu'il avait vieillit d'un coup.

— Tu as aspiré son énergie vitale, je ne sais pas comment. Si tu n'avais pas enlevé tes mains, il serait mort. Enfin... C'est ce que je pense. Mais pas la peine d'en faire toute une histoire, tu les as enlevées et il a repris son apparence normale peu de temps après.

Je réfléchis à ses mots. S'il dit vrai, cela veut dire que je peux tuer quelqu'un simplement en le touchant. Mes yeux se perdent dans le vague. Il y a peu de temps, je ne savais même pas que tout cela existait. Je n'avais aucune idée qu'il y avait des êtres capables de manier les éléments, capables de se téléporter, de lire dans les pensées d'autrui... Je n'avais aucune idée qu'il existait trois Unités au sein desquelles ses membres se battent pour le Pouvoir.

Aujourd'hui, je suis non seulement consciente de tout ce monde parallèle mais en plus j'en fais entièrement partie. En l'espace de quelques jours, je suis capable de survoler le sol, de faire passer un message à mon interlocuteur par le biais seul de la pensée. Je suis capable d'effacer la mémoire, exactement comme on a dû me le faire lorsque j'étais enfant. Et pour couronner le tout, je suis capable de tuer. Je ne fais toujours pas le lien entre mes pouvoirs et l'élément que je suis sensé manier. Je croyais qu'on développait des pouvoirs autour de cet élément. Or, mes pouvoirs sont trop différents les uns des autres. Je n'y comprends rien.

Je baisse le pare-soleil interne du véhicule et ouvre le petit miroir. Eddy me voit.

— Tu devrais mettre tes lentilles maintenant, me conseille-t-il.

Je me regarde, et m'aperçois qu'il y a eu d'autres changements cette nuit, et pas des moindres. Mon œil droit est redevenu le même : vert clair, et les tâches ont disparu. Le gauche par contre a pris une teinte complètement violette. Tout l'iris est d'un violet clair, très légèrement bleu. Ils ont la même intensité. L'un n'est pas plus terne que l'autre, mais la couleur est vraiment différente.

Je n'ai jamais trop prêté attention à mes caractéristiques physiques. Mis à part mes cheveux qu'Emilie adorait et, par conséquent, dont j'étais fière. Je n'aimais pas le fait de ressembler plus à Adam qu'à Emilie. A présent, mon œil violet-bleu ne ressemble à celui de personne. Je remarque aussi que ma peau est plus hâlée, légèrement plus bronzée qu'hier.

— C'est incroyable, remarquais-je, plus pour moi que pour Eddy.

— Je me demande quand cela va cesser, rétorque-t-il. D'abord tes muscles, tes cheveux, puis ta peau, tes yeux…

— Je croyais que les yeux changeaient de couleur seulement lorsqu'on utilise nos pouvoirs

— Ce doit être comme le phénomène des crépusculaires : ton physique change à mesure que tu acquiers des pouvoirs.

Il dit cela d'une manière admirative, je me retourne à nouveau vers mon reflet et prends le temps de toucher mes joues du bout des doigts.

— Tu voulais te trouver en faisant ce voyage, Cloé. Eh bien, te voilà.

Mon cœur bat la chamade, plus d'excitation que de peur. Eddy a raison. Celle qui se trouve en face de moi, c'est bien moi. Ce reflet dans le petit miroir est la Cloé que j'ai toujours recherchée. Celle avec des pouvoirs. Celle qui appartient au même monde que Lana, Vincent et Matt. Pour la première fois de ma vie, j'apprécie le reflet de mon image.

— Tu te rends compte que si l'on ne t'avait pas privée de ton Don, ni de tes souvenirs, tu aurais grandi comme cela. Petit à petit, comme tous les enfants de notre espèce, songe-t-il à voix haute.

— Et toi, Eddy ? As-tu retrouvé la mémoire depuis que tu t'es réveillé de ton coma ?

Il esquisse un demi-sourire, un faux sourire, dépourvu de joie.

— C'est exactement la raison pour laquelle je t'accompagne justement.

J'ai un mauvais pressentiment, mais je m'abstiens de tout commentaire. Nous avons ce point en commun avec Eddy : nous n'aimons pas nous attarder sur ce qui nous tracasse. En ce qui me concerne, je lui fais confiance, il m'aide à être plus forte, et je lui en suis redevable.

Cela fait un moment que nous roulons dans le désert à présent. Eddy ne m'a toujours pas demandé la carte. Il sait où aller. D'ailleurs, je n'ai même pas repris le volant depuis que nous sommes partis.

Tout à coup, il freine. Je lève la tête. Quatre filles marchent dans notre direction, sur leurs gardes. Je me dépêche de mettre mes lentilles marron.

— Que fait-on ? me demande Eddy.

Je suis étonnée, ça ne lui ressemble pas de demander quelle est la marche à suivre. Je me sens revalorisée. C'est la première fois que je peux prendre une vraie décision. Une décision pour deux. Une décision qui pourrait s'avérer dangereuse. J'y réfléchis. Je regarde attentivement chacune d'entre elles grâce à mes nouveaux sens surdéveloppés.

— Normalement, tu devrais pouvoir distinguer leur grade, avec l'acquisition de tous tes nouveaux pouvoirs, m'informe Eddy.

Je me concentre. La plus gradée semble être la brune à la peau noire, elle a les yeux noisette, très clairs. Ses boucles retombent sur ses épaules carrées. Elle a la silhouette d'une nageuse professionnelle. Un triangle noir est tatoué sur son bras droit. C'est elle qui est au premier plan. Elle semble vouloir protéger le reste du groupe.

La seconde, blonde platine, nous défie du regard. Elle n'a pas peur. Ses longs cils noirs abritent de grands yeux bleus. Ses cheveux lisses sont noués en tresse et retombent jusqu'au bas de ses reins. Elle est vêtue entièrement de cuir, son blouson, son short court et ses bottes à clous. Elle est la plus petite du groupe. Elle n'a pas l'air d'être très gradée. Je dirais, l'équivalent d'un grade sept.

À sa droite se tient une grande rousse filiforme. Elle pourrait être mannequin. Elle semble être la moins rassurée du groupe. Pourtant ses yeux vert clair me prouvent qu'elle est bien gradée, peut-être grade quatre ou trois.

La dernière nous tourne le dos. Elle a les cheveux noirs d'une asiatique. Elle guette les alentours. Aucune d'entre elles ne semblent vouloir chercher le conflit. Elles sont certes, toutes armées, mais gardent leur matériel de guerre bien rangé dans leurs vêtements.

— Arrête-toi là, intimais-je à Eddy. N'interviens que si nécessaire, ok ? Au pire je me téléporte.

Il incline la tête en signe d'accord. Je sors de la voiture. L'asiatique se retourne pendant que j'effectue quelques pas vers elles. Ses yeux noirs se plissent et, avant que j'aie eu le temps de rejoindre la première fille, elle atterrit devant moi en un éclair. Ses cheveux volent avec le vent qu'a provoqué sa course. Les trois autres ne tardent pas à la suivre. La brune à la peau caramel se met devant. L'asiatique et la rousse de part et d'autre, assez éloignées. Quant à la blonde, elle est légèrement en retrait. Je sens Eddy se crisper dans mon dos. Elles sont plus nombreuses, et ont sûrement plus d'expérience que moi de leurs pouvoirs. Cependant, elles n'ont pas l'air d'avoir l'habitude des combats. Elles sont hésitantes, méfiantes, sauf la première.

— Elle a des lentilles, dit la blonde

— Kélia…répond la rousse d'un air de reproche

— Déjà qu'on est obligé d'y aller, on peut au moins prendre notre temps, non ? J'étais sûre qu'on allait venir nous chercher ! Naomi, dis-lui quelque chose, on n'peut pas accepter d'être traitée comme les autres ! Renchérit « Kélia », la blonde.

La brune aux yeux noisette et à la peau noire « Naomi » la regarde, se retourne vers moi un instant.

— Elle n'est pas des leurs. Mélodie, — Elle s'adresse à l'asiatique — range ton arme.

« Mélodie » s'exécute.

Je récapitule dans ma tête : blonde et grande gueule, Kélia. Plus gradée, Naomi. Défensive (celle qui a une arme) Mélodie. La belle rousse semble se détendre un peu.

— Pouvez-vous décliner votre identité afin que l'on puisse savoir à qui on s'adresse ? Demande Naomi

Je les regarde à tour de rôle et fais mon possible pour ne pas me retourner vers Eddy. Je n'arrive pas à me concentrer pour lui parler à travers mes pensées. Il faut que je prenne une décision seule. La belle rousse s'approche et dit :

— Naomi est originaire de l'Unité de Feu. Elle combattait dans leur troupe de soldats. Je suis Ambre, voici Mélodie et Kélia. Vous avez été convoquée de force également ?

— Ambre ! S'écrit la blonde « Kélia », arrête de croire que tout le monde est gentil ! Il serait temps que tu réalises où on va !

C'est à ce moment-là que je me décide à parler. Je ne comprends ni pourquoi elles sont convoquées à l'Unité de Feu, ni pourquoi elles prennent la peine de s'y rendre alors qu'elles n'en ont pas envie, mais ce n'est pas le moment de s'y attarder. Elles doivent d'abord comprendre que nous ne sommes pas une menace. D'ailleurs, compte tenu de leurs dires, nous sommes plutôt des alliés.

— Je m'appelle Cloé, Cloé Marc. Mon ami Eddy se trouve dans la voiture. Nous venons de l'Unité Neutre.

Je vois la rousse, Ambre, faire un regard signifiant « *je te l'avais dit* » à la blonde, Kélia. Je poursuis :

— Nous venons voir l'ampleur des tensions.

Je ne pouvais pas dire que je venais chercher quelqu'un ! Quant à Eddy, je ne sais même pas ce qu'il vient faire là !

— Cloé Marc… Vous êtes une amie de Jinn ? Me questionne Naomi

Je réfléchis à cette question. On ne peut pas vraiment dire que je sois son amie. Je ne sais pas non plus en quels termes elles sont toutes les deux. Je décide de nuancer mes propos :

— Je connais Jinn, oui. Elle est la belle-sœur de ma meilleure amie, Lana

Naomi s'adoucie, les trois autres se décrispent.

— J'ai de l'eau et de la nourriture dans le coffre. Puisque vous avez l'air de vouloir prendre votre temps, allons discuter. Proposais-je

Naomi sourit. Elle me tend la main, je la lui serre. Les quatre filles du désert me suivent vers la voiture, non sans quelques mots chuchotés — que je distingue parfaitement —

Eddy sort et installe le coffre du 4x4 de sorte à ce que tout le monde puisse s'asseoir. C'est lui qui a fait les courses pendant que je dormais.

Après les présentations, Naomi me raconte que l'Unité de Feu exige de toutes les communautés indépendantes de rejoindre leurs troupes pour une formation obligatoire de remise à niveau pour le combat — Je ne savais même pas qu'il en existait — Elle pense que derrière cette formation se cache bien plus. Benjamin Kellor rassemble le plus de monde possible pour pouvoir prendre le dessus sur les autres Unités. Les communautés indépendantes sont sous son gouvernement depuis des décennies. Des clans rebelles ont essayé de se former mais en vain, les pouvoirs de la famille Kellor sont trop puissants. Les quatre jeunes filles me questionnent quant à la situation du château. Eddy leur répond à ma place. Il explique que les membres de l'Unité Neutre ne sont pas prêts à se battre, que les attaques de l'Unité de Feu ne s'adressent pas à nous, et que nous n'avons pas de transmissions quant à la situation du gouvernement de Benjamin Kellor. Le fait que la moitié de la famille Kellor vive au château fait régner la paix. De plus, les deux directeurs ne sont pas en conflit. Kélia fait remarquer que le désir de pouvoir peut rompre toute amitié. Naomi décrit Benjamin Kellor comme un homme dont la soif de pouvoir est sans faille. Il n'a pas de vie personnelle, il s'allie des meilleurs soldats qui ne peuvent rien lui refuser. Il monte une armée de « crépusculaires », créatures qui, selon Kélia, n'ont plus de sens moral, ne sont même plus humaines. Ils tuent pour le plaisir et font régner la peur. Je frissonne à chaque atroce nouveauté que j'apprends. Je ne peux pas m'empêcher de voir Matt de partout dans les dires des filles. Nous décidons d'installer une tente, qu'Eddy avait dans son sac. Nous la plaçons dans un endroit isolé du désert pour y passer la nuit.

Eddy propose de rester dans le 4x4 pendant que nous nous installons à l'intérieur de la tente.

Nous passons la soirée à échanger sur nos différentes vies. Kélia a été élevée comme une humaine lambda au sein de sa famille dans le sud de l'Italie jusqu'à l'âge de quinze ans. Elle a développé son Don tardivement et a décidé de partir de chez elle d'elle-même. Elle a rencontré Mélodie dans un petit village voisin et elles ont parcouru la route ensemble jusqu'à la communauté indépendante de Xill, non loin de l'endroit où nous nous trouvons actuellement.

Mélodie a vécu dans une famille d'accueil toute sa vie. Elle en parle peu mais je ressens une immense douleur cachée dans ses courtes phrases. Elle dit être très chanceuse d'avoir croisée la route de la spontanée Kélia.

Ambre et Naomi se sont rencontrées en Afrique. Naomi était en mission pour l'Unité de Feu et Ambre, professeur dans une école primaire. Ambre dit avoir tout de suite su qu'elle était différente. Lorsqu'elle a rencontré Naomi, elle a été soulagée de constater qu'elle n'était pas seule et qu'il existait un endroit pour qu'elle puisse vivre avec son Don, sans en avoir honte, ni se sentir différente. Elle avait caché son Don jusqu'à cette rencontre. Elle me conte une enfance heureuse. Naomi, quant à elle, en a profité pour quitter l'armée de Feu et s'installer à Xill avec Ambre. C'est là qu'elles se sont toutes retrouvées.

Pour ma part, je leur parle simplement du château, de l'alternance entre les cours de Jour pour les Sans-Don et ceux de Nuit. Du système de Vincent pour abriter des personnes si différentes les unes des autres.

Au bout de plusieurs heures d'échange, nous nous couchons dans la tente, à même le sol. Le sable du désert est plutôt confortable, et je m'y sens bien.

Dans la nuit, j'entends une des filles se lever et sortir de la tente. Je m'inquiète : y a-t-il un intrus ? Je la rejoins.

C'est Naomi. Elle se retourne au moment où je sors et m'invite d'un mouvement de tête à aller nous asseoir sur un rocher non loin de la tente.

— J'ai souvent des insomnies. Surtout depuis que je sais que je dois y retourner.

À ce moment-là, je me rends compte que ces quatre filles ont été convoquées de manière obligatoire et que moi, qui débarque de la Neutralité où tout est paisible, je m'y rends volontairement. Je me sens quelque peu coupable. Cela me pousse à lui dire la vérité. Après tout, elles ont toutes été très franches avec moi.

— Et dire que moi, j'y vais volontairement, soufflais-je.

— C'est Vincent qui t'envoie à l'Unité de Feu en éclaireur pacifiste ?

— Pas du tout ! Vincent m'héberge depuis que j'ai dix ans. C'est un ami d'enfance de mon grand frère…

Pour la première fois, je raconte toute mon enfance : mes parents, Emilie, Adam. Puis, ma nouvelle vie dans l'internat, ma rencontre avec Lana puis avec Davy. Je lui raconte tout depuis le début, jusqu'à l'année dernière où j'ai découvert mon Don, les systèmes des Unités et les conflits grandissants. J'évite tout de même de lui parler de Matt ou du statut d'Adam dans l'Unité de l'Eau.

Naomi me regarde avec une vive attention à chaque mot que je prononce. Je me sens tellement bien en sa compagnie. Avant de connaître mon Don, je fuyais constamment les gens. Ce n'est pas habituel que je fasse le premier pas. J'ai l'impression que les changements qui se sont opérés en moi sont non seulement physiques mais ont également eu un impact sur ma personnalité. J'ai du mal à réaliser la facilité avec laquelle je me suis tout de suite liée d'amitié avec ces filles, et la confiance que j'ai développée en Naomi.

— J'ai côtoyé plusieurs personnes que tu as évoquées, avoue-t-elle

Je la regarde un instant et je n'ai pas besoin de poser de question pour qu'elle poursuive :

— En primaire, je faisais partie des meilleurs élèves. L'école ne se déroule pas de la même manière que dans l'Unité Neutre. Les classes sont par tranche d'âge. Il y a des objectifs précis à atteindre, il faut constamment être la meilleure. J'avais dans ma classe, depuis toujours, puisque je suis née au sein de l'Unité de Feu, trois garçons très doués. Les trois garçons les plus redoutés en fait. Ils étaient les plus connus : des enfants nés crépusculaires. C'est extrêmement rare. Cela vient d'un patrimoine génétique déjà très puissant. Bref, ils étaient mes seuls amis. Nous avons grandi ensemble, puis nous avons commencé à sortir, faire les quatre cents coups. Plus tard, en classe de quatrième, l'un d'entre eux m'a fait comprendre qu'il voulait que l'on soit plus que des amis. Ryan…

Ses yeux se perdent dans le passé. Elle marque une courte pause, et se ressaisit.

— Honnêtement, je ne m'y attendais pas du tout. J'étais leur égal. Les autres adolescents avaient un profond respect pour nous. Ryan et moi avons commencé à nous fréquenter petit à petit. Cela a duré des années. Nous gardions nos habitudes à quatre, mais lorsqu'on était tous les deux, c'était le véritable amour. Cette période de ma vie est sûrement la plus belle. — Elle sourit — Mais, comme toutes les choses ont une fin, cela n'a pas manqué : il ne s'agissait pas de Ryan et moi, ni d'un quatuor. Non. C'était juste Enzo, Ryan et Matt.

Je relève la tête d'un coup sec. Elle l'attendait. Elle attendait ma réaction ! Je ne lui dis pas un mot, je me contente de la regarder dans les yeux. Elle marque une pause avant de poursuivre :

— Benjamin Kellor a commencé à vouloir rassembler toutes les personnes susceptibles d'être les plus fortes. Puis, toutes les personnes ayant un Don. Les communautés indépendantes appellent cette période « *l'ère de la chasse* » Les troupes de Benjamin traquaient les humains qui développaient des pouvoirs, et les réquisitionnaient au sein de l'Unité. Pour ceux qui étaient là depuis toujours, c'était à celui qui vaincrait le plus de monde. Des compétitions éclataient à l'intérieur et à l'extérieur de l'école. Enzo, Ryan, Matt et moi n'avons pas eu de mal à faire partie des meilleurs, mais moralement, je n'arrivais pas à suivre. La Triade commença à se fermer, à avoir des secrets. Benjamin ne cessait de les solliciter. Ils ont suivi des formations de combat intensives et partaient des mois entiers se mêler à des guerres humaines. En parallèle, Benjamin voulait monter une armée de crépusculaires. Tu te rends compte, des êtres pouvant absorber n'importe quel pouvoir. C'est pour cela que l'on en voit de plus en plus, ils sont intenables ! Benjamin n'en est pas un, il est incapable de les diriger !

Elle prend un air de dégoût.

— Bref, quand tu apprends à des adolescents si puissants que le but de la vie consiste à être le meilleur, et qu'il faut remplacer ses sentiments par des pouvoirs, ils deviennent des adultes très dangereux. Quant à moi, je partais le plus possible. En classe de première, j'ai intégré l'Armée de Feu et partais sans cesse en mission, recherchant des éléments qui pourraient amener Monsieur Benjamin Kellor à avoir plus de soldats. Eh oui, je devenais « *traqueuse de Don* ». J'avais la chance d'être respectée de la Triade, heureusement ! Il me restait ça ! Je ne supportais pas de voir leur dédain envers les autres, leur air supérieur, et le pire d'un adolescent : les filles ! Ils considéraient les filles comme des putains.

Soudain, elle semble se rappeler que c'est à moi qu'elle s'adresse. Elle baisse les yeux, honteuse, et se pince les lèvres. Je me demande si c'est parce qu'elle parle de Matt. Elle ne peut rien savoir, c'est impossible.

— Ils n'étaient pas si méchants, poursuit-elle. Quand on les connait bien, on connait leurs immenses qualités. Il était cependant proscrit d'avoir un attachement quel qu'il soit : pas de famille, pas d'ami et surtout pas de copine. Benjamin veillait bien à ce que Matt n'ait que lui comme attache. Il laissait le reste de sa famille tranquille. Matt est un crépusculaire mâle, il se devait de l'utiliser à bon escient. Bref, petit à petit, Ryan et moi nous sommes éloignés, en silence. J'ai effectué une mission en Afrique et j'ai croisé Ambre.

Elle prend un nouvel instant de pause. J'en profite pour réfléchir à ses révélations. Je viens d'apprendre d'où vient le côté sombre de Matt, que Lana redoute tant.

— Comment as-tu connu Lana ? Demandais-je

— Davy est un très bon ami. Nous avons gardé contact longtemps après qu'il soit parti. J'ai rencontré Lana très vite, avant qu'ils décident d'officialiser leurs fiançailles. Lorsque nous étions seuls Davy et moi, nous parlions beaucoup de l'Unité de Feu et de tout ce qu'il s'y passe. Il m'a parlé de Vincent aussi. Il m'a dit que Matt et lui partaient souvent se ressourcer au château depuis qu'ils sont petits. En effet, leurs parents se fréquentaient, ils se sont tous connus enfants. Je ne suis jamais allée au château, j'avais peur de ne plus vouloir revenir. Ce que je voulais par-dessus tout, c'était sortir Ryan de là. Alors je restais en Enfer avec lui. Jusqu'à la mission en Afrique. Ambre a changé ma vie. Elle était tout le contraire du monde que je connaissais : toujours prête à aider les gens, elle donnait sans compter. J'ai voulu apprendre ce qu'était la bonté. Il était temps que je vive selon mes idéaux.

Je ne sais que répondre. C'est elle qui répond à mes questions muettes, même à celles auxquelles je n'ai pas encore songé :

— J'ai entendu parler de toi bien avant de connaître Lana. La Triade Enzo, Ryan, Matt a un lien très puissant, depuis toujours. Leurs pensées sont liées, les images que voit l'un d'entre eux se matérialisent dans les pensées des deux autres. Ils n'ont aucun secret. Ce mécanisme peut se produire lors de relations amoureuses très fusionnelles entre deux personnes très gradées. Pour eux, cela doit être le même mécanisme. À l'époque où Matt t'a ramenée au château après votre accident, j'avais un lien très fort avec Ryan. J'ai eu accès à la scène autant que lui. Evidemment, en dehors d'Enzo, Ryan et moi, personne d'autre ne le sait.

Elle me prend les mains, avant d'ajouter :

— Personne d'autre ne doit savoir. Tu ne connais que très peu de choses. Crois-moi, tu serais en danger si Benjamin Kellor savait que son petit frère avait un attachement à une fille. Même si cela n'aboutit pas à une relation amoureuse.

Mon cœur s'arrête. Naomi est perdue dans ses réflexions :

— D'ailleurs, beaucoup de monde voudrait nuire à Matt, ne serait-ce que pour prendre sa place. Tu serais une proie facile pour l'atteindre. Ne te vexe pas, mais les habitants de l'Unité de Feu ont l'habitude des complots, des agressions en tout genre, des meurtres. J'ai moi-même subi de nombreuses attaques à cause de la place de Ryan au sein du gouvernement.

Un silence pesant s'installe. Je n'arrive plus à réfléchir. Je dois être dans un cauchemar. Un tel monde existe-t-il vraiment ? Où est passée mon innocence ? Ma naïveté ? Où est passé le mystère qui planait sur Matt et que je trouvais si attrayant ? Comment vais-je encore pouvoir le regarder en face ?

Naomi a été tellement franche que j'ai envie de lui faire part de ma version de l'histoire. Je me lance :

— Pour te dire la vérité, je n'ai su qu'hier ce qu'il s'est réellement passé lorsque Matt m'a amenée à l'internat. Mon frère Adam a voulu me cacher tout ce qui concerne les Dons. Je le soupçonne de m'avoir effacé la mémoire. Depuis que Matt est revenu au château, Vincent et lui n'ont apparemment pas jugé nécessaire de me rendre mes souvenirs.

Naomi me coupe :

— Tu comprends pourquoi maintenant. Matt n'a jamais hésité à tuer quelqu'un. Là, il t'a carrément ramenée, et sauvée.

— Mais pourquoi l'a-t-il fait ?

Elle m'observe en plissant les yeux

— Lui seul le sait. Peut-être que Jinn aussi.

— Que penses-tu de Jinn ? Je lui demande.

— Jinn… Jinn fait passer sa petite personne avant tout le monde. Mais elle aime Matt plus que tout, et ça la rend un peu plus humaine. Par contre, elle a peur de Benjamin donc elle fait absolument tout ce qu'il lui demande. Que puis-je te dire d'autre… Ah, oui, si elle ne t'aime pas, t'es morte.

— Elle m'aime bien !

Naomi rit.

— Moi aussi, on est sauvé !

Je mêle mon rire au sien, au souvenir de la ténébreuse et néanmoins sublime Jinn.

Puis, je me souviens que je lui ai refusé l'accès pour qu'elle se téléporte dans la chambre de l'hôtel il n'y a pas si longtemps. Pas sûr qu'elle m'aime encore !

— Puis-je te demander où tu en es pour tes pouvoirs ? Questionne Naomi, l'air de rien.

J'hésite. Je me rappelle des conseils de Davy de ne se fier à personne. Je me souviens également du mot que m'avait laissé Matt sur ma coiffeuse au château « *Ne faire confiance à personne* ». Naomi remarque mon hésitation. Elle se lève, se téléporte à un endroit à portée de ma vue. Elle revient, fait apparaitre une boule de feu dans le creux de sa main, l'éteint, s'approche de moi, me touche la jambe. Je ne peux plus bouger, elle me lâche et je retrouve l'usage de mon corps. Je vois ses yeux virer au rouge puis elle les « éteint ».

— C'est ce que je dois cacher à mes ennemis. Avec cela, tu peux savoir que je suis du grade deux. Tu peux connaitre l'étendue de mes pouvoirs et surtout mes faiblesses. Tu peux me faire confiance, Cloé, et mon instinct me crie que nous pouvons te faire confiance en retour.

Tout à coup, elle semble arrêter son discours en vol. Elle se fige et ses yeux arborent un air effrayé. Elle se retourne légèrement sur la droite, et ajoute:

— J'ai oublié de te dire quelque chose d'important. Quand tu te sers de tes pouvoirs, les plus gradés peuvent te repérer, et se téléporter à tes côtés sans que tu ne les y autorises.

À cet instant, un homme apparaît à l'endroit où Naomi a posé ses yeux. Il est très grand, sa peau est noire comme l'ébène et il a des muscles sur chaque parcelle de son corps. Il est effrayant. Ses yeux, de la même couleur que sa peau, fixent Naomi avec une telle intensité que j'en suis presque gênée. Naomi se déplace devant moi et me bloque la vue, comme pour me cacher.

Un silence interminable s'ensuit. Je reste sagement assise sur le rocher, derrière Naomi.

L'homme bouge à une vitesse surnaturelle, à tel point que j'aurais eu l'impression qu'il s'était téléporté si le sable n'avait pas volé sur son passage. Il se moue de sorte à ce qu'il puisse voir ce que cache Naomi — En l'occurrence moi — mais garde ses yeux rivés sur elle. Naomi ne bouge pas, je l'imite.

Lentement, il détourne le regard de celui de Naomi pour le poser sur moi. Mon sang se glace face à ses yeux dépourvus de chaleur humaine. Un air amusé se dessine sur son visage.

— Ryan, lâche Naomi.

L'homme porte de nouveau son attention sur Naomi. Il s'agit donc de Ryan. L'amant de Naomi. Ryan, un des membres de la Triade de l'Unité de Feu. Le meilleur ami de Matt. Je déglutis péniblement en repensant à tout ce que m'a raconté Naomi les concernant.

Il regarde autour de nous. Ses yeux se posent sur la tente, puis sur le 4x4 et de nouveau sur nous. J'observe Naomi qui ne dit rien. Elle ne laisse d'ailleurs rien paraître : ni peur, ni angoisse, ni amour, ni haine, rien.

Elle est totalement différente de celle avec qui je parlais il y a quelques minutes seulement.

Je sens un violent sifflement dans mon crâne, je porte mes mains à mes oreilles en me tournant vers la source : Ryan. Il tente de lire en moi. Je le repousse de toutes mes forces. Mon bouclier s'épaissit et au bout d'une seconde, je n'entends plus le sifflement.

Ryan change d'expression. Ses yeux me fixent et j'y distingue de la contrariété. Naomi nous regarde à tour de rôle et semble comprendre.

— Ryan, dit-elle d'une voix plus douce que précédemment.

Elle s'approche et lui touche l'épaule d'une manière extrêmement délicate. Ryan se tourne enfin vers elle :

— Je voulais te conseiller de ne pas revenir.

— C'est un conseil ou un ordre ? S'énerve-t-elle

— Matt m'a dit qu'il t'accompagnerait volontiers dans l'Unité Neutre.

— Tu doutes de mes capacités ?

Ryan s'adoucit :

— Naomi, je prends des risques pour venir te dire ça.

Il se retourne vers moi, reprend son masque de guerrier et sa voix tranchante pour ajouter :

— Devant une inconnue.

Je frissonne. J'hésite un instant avant de me lever pour partir. Ils ont besoin de se parler en tête à tête. A peine debout, il est déjà devant moi. Je lève la tête pour pouvoir le regarder.

— C'est une amie, informe Naomi.

Ryan lève un sourcil sans détourner ses yeux de moi :

— Tu as une amie ?

— J'ai plusieurs amies, Ryan, renchérit Naomi.

— Raison de plus pour que vous alliez à l'Unité Neutre. Qui était l'homme avec vous ?

Je me fige en pensant à Eddy dans le 4x4.

— Il allait à l'Unité de Feu, il est parti il y a cinq ou six heures. Je n'en sais pas plus, informe Naomi.

Elle guette ma réaction, je la questionne du regard. Ryan me lance :

— Tu es venue avec lui ?

Tout à coup, je me sens seule. Eddy m'a laissée. Il est reparti sans moi. L'angoisse me gagne. Je ne sais plus à qui faire confiance et je me sens en danger.

Naomi s'approche de moi, Ryan la laisse passer. Elle me touche l'épaule.

— Hey, m'interpelle-t-elle.

— Elle a de la chance que tu sois là, avertit Ryan face à mon silence.

— Haha, rappelle moi lequel d'entre vous n'a pas réussi à passer le bouclier de l'autre ? Contre Naomi.

Ryan se renfrogne, il la fusille du regard.

— Quand on est face à quelqu'un de mon grade, potentiellement ennemi, on ne rechigne pas à laisser l'accès à ses pensées et on répond quand je pose une question. J'aurais apprécié qu'elle se fasse toute petite aussi, gronde-t-il

— Elle n'a apparemment pas été formée comme une petite, Ryan, me défend Naomi. De plus, si elle peut te bloquer l'accès à ses pensées, c'est qu'elle n'est pas si faible. N'est-ce pas ?

Je deviens le sujet de leur désaccord. Je sais pourtant que le véritable objet de leur dispute n'a rien à voir avec moi.

Je sens à nouveau Jinn essayer de venir à moi. Cette fois, je lui accorde l'accès. Elle se matérialise à droite de Ryan. Elle est vêtue d'une robe de bal bleue, ouverte dans le dos. Comme à son habitude, elle est sublime. Ce qui me fait réaliser qu'au-dessus de tous ses muscles, Ryan a également une tenue habillée. Jinn ne parvient pas à cacher son étonnement.

— Jinn, Ryan, vous venez pour nous inviter à une fête ? Demande Naomi, sarcastique, en les observant de la tête aux pieds.

Ryan arbore un air triste. Jinn cherche quelque chose autour de nous, mais finit par se retourner vers moi :

— Lana m'a dit que tu étais partie, et je sais qu'Eddy n'est pas rentré depuis quatre jours. Ne me dis pas que vous êtes partis ensemble ? Et je te conseille de faire demi-tour, maintenant, s'excite-t-elle.

Je suis perdue dans le flot de paroles qu'elle me verse. Qu'est-ce qu'il a Eddy ? Et que sait-elle à la fin ? C'est toujours si énigmatique quand elle me parle !

— Jinn.

Je marque une pause, Ryan a l'air surpris que je parle. Naomi se tient prête à s'insérer entre eux et moi tandis que Jinn est anxieuse.

— Puisque tu sais tout et que tu adores faire des révélations, pourquoi tu ne me dirais pas plutôt ce que tu sais ?

— Ce n'est pas le moment de jouer, me prévient-elle. C'était rigolo au château, ici c'est la jungle, princesse

— Personnellement, je m'amuse beaucoup plus depuis que j'en suis sortie !

Ses yeux me lancent des éclairs alors que je lis dans le regard de Naomi plein de reproches. Quant à Ryan, il a l'air de bien s'amuser. Jinn se retourne vers Naomi

— Qu'est-ce que vous faites au juste ? Demande-t-elle, agacée.

— Tu sais bien Jinn, ton merveilleux frère exige de tous les grades inférieurs à sept de venir dans son humble demeure pour accomplir une formation miracle qui va nous rendre meill…

— Arrête d'être sarcastique, s'énerve Jinn. Avec qui êtes-vous ?

— Trois amies de Xill. On reste ensemble à partir de maintenant. Je te vois venir, la princesse et moi n'irons nulle part sans elles.

Jinn prend un air vexée, tandis que Ryan me regarde d'une drôle de façon.

— Pourquoi vous vous donnez tant de mal à me cacher son identité ? Fait-il en faisant un signe de tête vers moi

Jinn se fige et pousse un petit cri aigu. Soudain, elle s'élance vers moi et s'arrache la peau du bras avec ses ongles aiguisés.

— Bois !

J'ai comme une impression de déjà vu, sauf que c'était Matt à sa place. Elle ne me veut pas de mal, quelque chose doit se tramer, je m'exécute. Elle attend deux ou trois secondes et se recule aux côtés de Ryan. Naomi se met du côté de la tente et me fait signe de la rejoindre. Mon cœur bat la chamade, que se passe-t-il ? Je sens mes yeux me brûler et dissoudre les lentilles qui les surplombent. Mes lentilles se désolidarisent ! J'ai une douleur atroce aux omoplates, alors, je retire ma veste en cuir. Il ne me reste qu'une légère robe blanche, je suis pieds nus. La moitié de mon corps me brûle, l'autre me glace. Je sens une puissance démesurée monter en moi. Je la canalise du mieux que je peux. Soudain, j'ai une conscience accrue de ce qu'il se passe. Des personnes sont en train d'arriver. Des personnes qui voulaient rejoindre Jinn. Je suppose que ça aurait été suspect qu'elle leur refuse l'accès, alors elle m'a armée en cas de conflit. Je lui en suis reconnaissante : je me sens invincible. J'ai presque envie de me battre pour voir à quel point je suis puissante. Ryan, qui se trouve en face de moi, regarde attentivement mes yeux vairons et j'en viens à me demander ce qu'il y lit. Alors dites-moi, quel est mon grade ?

J'ai envie de rire. J'ai envie de courir, de sauter, de voler. Je me sens complète et forte. Kélia, Ambre et Mélodie ont dû sentir du mouvement, car elles se retrouvent debout à nos côtés, prêtes à se battre. Vu comme cela, on pourrait croire que nous sommes en train d'affronter Jinn et Ryan. Je me dis que c'est sûrement ce que Jinn voulait faire croire aux inconnus qui ne vont pas tarder à arriver.

Trois hommes se matérialisent face à Jinn. Pour le moment, ils sont dos à nous. Leurs champs de vision ne leur permettent pas de nous voir. Ils s'aperçoivent de la posture de Jinn et Ryan. Là, tout va très vite. Les cinq personnes se mettent à bouger simultanément jusqu'à prendre une position propre à chacun. C'est un geste quasi instinctif. Ils ont dû beaucoup s'entraîner pour être d'une telle rapidité. Les quatre filles du désert adoptent la même posture de mon côté. C'était celle qu'elles ont prise lorsqu'elles m'ont vue arriver: Naomi au centre devant, derrière elle, espacées de chaque côté Ambre et Mélodie, puis Kélia un peu en retrait. Il apparaît deux groupes distincts : les filles du désert contre les nouveaux arrivants. Pour ma part, je suis restée à ma place, légèrement sur le côté, comme si je faisais partie du décors et non de la scène. Dans l'autre camp, Jinn et un des hommes qui s'est matérialisé sont en dernière ligne, très espacés, l'homme doit avoir la trentaine. Il porte un smoking gris pâle et des chaussures noires cirées. Viennent ensuite Ryan et un deuxième homme qui s'est matérialisé. Il est blond, les cheveux en pagaille et des yeux vert bleu. Aussi bien habillé que le reste de leur groupe. Il a un air sauvage. J'observe leurs chaussures en me disant qu'elles doivent toutes valoir plus cher les unes que les autres. Celles du dernier, au centre, sont d'un gris anthracite. Il n'a pas un pantalon de smoking comme les autres mais un jean foncé. Je remonte et découvre une chemise bleu nuit coincée sous une ceinture assortie aux chaussures. Je lève les yeux vers son visage. Je cesse de respirer tandis que mon cœur s'accélère. L'homme du milieu, en fait, c'est Matt. J'ai une soudaine envie de pleurer : il est vraiment là. Je fais un effort surhumain pour contenir mes émotions. Heureusement, il a le regard rivé sur Naomi. J'aurais certainement réagis autrement s'il avait ses yeux plantés dans les miens. J'ai la chance d'avoir quelques minutes pour me maîtriser.

La seule personne qui me regarde pour le moment, c'est Jinn. Elle est encore plus anxieuse que tout à l'heure.

L'homme à côté d'elle, le plus âgé, prend la parole :

— Naomi, quelle joie de te revoir parmi nous. Je pensais que nous avions à faire à des ennemis.

Il se déplace vers elle mais personne d'autre ne bouge.

— Voyons Dann, qui oserait être l'ennemie de la toute puissante famille Kellor ? Répond Naomi en feignant un rire.

Matt ne m'a même pas aperçue. Il regarde Naomi intensément, comme Ryan et le blond à côté de lui. Je ressens une pointe de jalousie, sans trop savoir pourquoi. Cependant, je me sens extrêmement calme compte tenu de la situation critique dans laquelle je suis. Comme si la force inconnue qu'a réveillée Jinn en me donnant de son sang, contrôlait mon corps et mes émotions.

— Tu nous présentes tes amies ? Poursuit Dann.

— Bien sûr, Mélodie, Ambre et Kélia. Nous venons pour la convocation, rétorque Naomi, d'un ton formel.

L'homme se retourne vers moi. Tous les visages présents s'accordent à son rythme

— Que vient faire la petite princesse de Vincent sur des terres si éloignées des siennes ? Me demande-t-il, en souriant.

Je suis étonnée qu'il sache qui je suis. Je prends soin de ne regarder que lui pour ne pas être déconcentrée par toutes les émotions des autres personnes présentes. Je ne les ressens que trop bien déjà.

— La raison est si puérile que vous rirez de moi.

Je ne reconnais pas ma propre voix. Elle est calme et posée. Elle semble très mature.

— J'ai bien envie de rigoler ce soir ! S'exclame-t-il.

— Et, vous êtes ? Questionnais-je du tac au tac.

Il se met à éclater de rire, de manière démesurée, et s'approche un peu plus de moi. Je sens les deux groupes faire également un pas invisible en ma direction, tous tendus. Les respirations sont coupées. L'homme me prend la main et y dépose un baiser en effectuant une révérence.

— Je suis Dann, conseiller principal du leader Benjamin Kellor, l'ennemi juré de votre tendre frère Adam.

Il se relève et me défie du regard. Je récupère ma main en douceur et fais quelques pas, de droite à gauche. Histoire de réfléchir à ma réponse. Réponse que tout le monde attend d'ailleurs. Je les regarde à tour de rôle. D'abord Naomi, Ambre, Mélodie, Kélia. Puis de l'autre côté Jinn, Ryan, le blond que je suppose être Enzo, et Matt. Son visage est crispé, ses yeux d'une drôle de couleur, que je ne saurais décrire, ses poings sont serrés. Je ne sais pas ce qui se cache derrière cette posture, mais il doit ressentir une vive émotion pour qu'elle se traduise de la sorte.

Je me détourne du visage de Matt pour pouvoir me concentrer sur la conversation.

— Et, qu'a-t-il de tendre, ce cher Adam ?

Le conseiller me scrute une demi-seconde avant de repartir dans un éclat de rire.

— Mademoiselle Marc, je suis convaincu que le leader lui-même aurait adoré tenir cette conversation avec vous, dit-il en s'efforçant de reprendre son calme.

Je profite de l'avoir déridé pour poursuivre :

— Pour tout vous dire, je viens de découvrir la joie de la téléportation. Je pensais que mon amie Jinn était au château, mais apparemment pas.

Je jette un coup d'œil à Jinn qui s'est décontractée. J'en conclus qu'elle est d'accord avec mon mensonge. Dann scrute le moindre détail de ma tenue. Ça tient la route : robe fine, pieds nus. Je m'arme de mon plus beau sourire.

Il me le rend.

— Vous êtes si jeune, si belle. Vos yeux sont trop énigmatiques pour un trentenaire comme moi. Avez-vous trouvé votre élément ?

— Je brûle d'impatience de le découvrir, renseignais-je, en jouant sur les mots

Il rit à nouveau, et cette fois, les membres du groupe de Feu arborent chacun un sourire, et Naomi aussi.

— N'hésitez pas à rejoindre les vôtres, si vous brûlez pour de bon, termine-t-il avec un clin d'œil. Je suis désolé de vous fausser compagnie mais je suis attendu. J'espère vous revoir bientôt.

Je lui souris poliment.

— Je vous serais reconnaissante de garder pour vous ma petite visite sur votre territoire. Je ne tiens pas à me faire réprimander par Vincent.

Il rit à nouveau.

— Ce secret sera bien gardé. Je ne tiens pas à ce qu'il vous arrive malheur. Vous avez l'étoffe d'une reine.

— C'est la suite logique pour une princesse, n'est-il pas ?

— Reste à choisir dans quel camp vous prendrez votre trône.

Il réitère son geste du baiser sur ma main et s'éclipse.

Je sens les soldats de Feu se décontracter. Un silence pèse dans le désert endormi. Matt plisse les yeux :

— Et la véritable raison de ta venue ?

Il ose demander ? Je fronce les sourcils. Je ne vais pas adopter la même attitude que tout le monde, c'est-à-dire : rester immobile, sans broncher, de peur de le mettre en colère ou que sais-je encore. Je me sers de ma marche surnaturelle pour me déplacer vers lui, mais Naomi s'immisce entre nous et me bloque le passage très rapidement, en faisant face à Matt. Les deux groupes sont de nouveau sur leur garde.

— Je propose que tout le monde retourne vaquer à ses occupations. Sans vouloir t'offenser, Matt, mes amies n'ont pas eu la même formation que nous et par conséquent ne distinguent pas qui représente un danger et qui n'en représente pas. Je ne voudrais pas que notre échange amical dégénère sur une mauvaise compréhension, explique Naomi.

Matt se tourne pour la première fois vers les filles qui accompagnent Naomi. Il a un regard dédaigneux que je n'ai jamais vu sur lui.

— Tes amies ? Si tu as la chance d'avoir des amies, Naomi, explique moi pourquoi elles ne sont pas déjà au courant des bases de la hiérarchie à l'Unité de Feu et le comportement à adopter face à ses dirigeants ?

C'est quoi ce ton hautain ? Qu'est-ce qu'il m'énerve ! Les filles guettent la réaction de Naomi. Elles attendent de savoir quoi faire. Pour une fois, Kélia ne parle pas. Quant à Naomi, elle reste formidablement calme. C'est vrai qu'elle connaît la Triade depuis toujours. J'apprécie la manière qu'elle a de vouloir nous protéger. Même si, pour ma part, je n'ai pas du tout l'impression d'en avoir besoin. Après mûre réflexion, je pense qu'elle veut surtout sauver les apparences. Les soldats de Feu ne sont pas censés avoir d'attachement. D'ailleurs, Naomi n'a plus regardé Ryan depuis l'échange. Je devrais également faire comme si je ne connaissais pas Matt, heureusement c'est ce que j'ai fait devant ce « Dann ». Cependant, c'est Matt lui-même qui s'est adressé à moi devant tout le monde.

Naomi tend le bras vers les trois filles de Xill et elles s'effondrent à terre, inconscientes. Puis, elle réitère le geste dans ma direction. Elle veut me faire perdre connaissance à mon tour ! Je sens des picotements partout sur mon corps et ma tête. Je les repousse. Dans le même temps, Naomi s'est rapprochée de la Triade et de Jinn, elle s'apprête à parler mais se ravise et se tourne vers moi, étonnée.

J'ai l'impression de les regarder comme une sotte. Jinn éclate de rire.

— Apparemment, Cloé non plus n'est pas « *au courant des bases de la hiérarchie à l'Unité de Feu et le comportement à adopter face à ses dirigeants* » plaisante-t-elle en reprenant les mots de Matt. Pourtant, elle a eu un excellent professeur, non ?

Matt ne répond pas. Il n'a même pas l'air en colère. Pour ma part, je suis vexée que Naomi ait tenté de me faire perdre connaissance simplement parce qu'elle ne voulait pas que j'entende ce qu'elle allait dire à la troupe de Feu. Il y a quelques minutes seulement, elle me demandait de lui faire confiance.

— Ça se passe toujours comme ça ! S'exclame Jinn qui continue son monologue. Dès qu'ils sont tous les trois, plus personne n'existe autour ! Ils se parlent entre eux en pensées, pendant que nous sommes dans la vraie vie ! Si Enzo et Ryan n'étaient pas là, Matt... Youhou, Matt ? Tu aurais pété un plomb devant ma remarque sarcastique. Attends, je vais ajouter quelque chose, j'ai réveillé les pouvoirs de Cloé ! Je lui ai fait boire mon sang. Alors qu'en dis-tu ?

— T'es jalouse, chérie ? Plaisante Enzo alors que Matt l'ignore toujours

Enzo arbore un grand sourire. Malgré le terme « chérie » dit de manière ironique, cela se voit qu'il l'estime beaucoup. L'atmosphère est complétement détendue à présent. Ryan a un semblant de sourire au coin des lèvres également. Il peut sourire finalement ! Je reporte mon attention sur Matt, cela l'amuse-t-il lui aussi ? Pas du tout. Il est trop occupé à scruter mes jambes, à remonter vers ma robe puis au niveau de ma poitrine, mes bras et pose enfin son regard sur le mien. Il doit être en train d'évaluer tous les changements que j'ai subis. J'aimerais tellement savoir ce qu'il en pense. Me trouve-t-il plus jolie ? A-t-il remarqué que je porte le collier qu'il m'a offert ? Il réitère son observation accrue et je me sens nue avec ma simple robe d'été qui s'envole légèrement avec la brise de nuit.

Il reporte son attention sur les trois filles étendues non loin. Puis, d'un seul mouvement, Enzo et Ryan tournent leur tête vers lui, comme s'ils avaient anticipé quelque chose. Matt se déplace à la même allure qu'un son, et se tient juste devant moi.

Je lève la tête vers lui. J'ai la désagréable impression que cela fait des années que nous ne nous sommes pas vus. J'ai tellement changé depuis qu'il est parti. Je ne me suis jamais sentie aussi loin de lui qu'en ce moment même, malgré notre proximité physique. J'ai appris beaucoup sur lui et paradoxalement, cela m'a donné d'autant plus le sentiment que je ne le connais pas.

J'entends un bruit sourd, il tente d'entrer dans mes pensées. Je le regarde posément. Avant que j'aie eu le temps d'accepter ou de refuser qu'il entre en contact avec moi, il se retire déjà. Je suis déçue, j'aurais dû être plus rapide.

— Matt, appelle Enzo, Benji nous att…

Matt le fait taire en levant une main. Il fronce les sourcils. Jinn se crispe.

Quoi encore ? Que se passe-t-il d'anormal pour que tout le monde soit stressé comme cela ?

Pendant que je regarde les autres, lui n'a pas cessé de me fixer.

— Si j't'avais tout expliqué, tu penses que t'aurais plus écouté mes conseils ? Questionne-t-il

Je réfléchis à sa phrase. Mon regard se porte sur Naomi, dois-je répondre ce que je pense réellement ? Elle qui m'a vivement conseillée de ne rien laisser paraître de mes sentiments envers Matt. Puis je regarde le reste des personnes conscientes : Enzo et Ryan ont, d'après les dires de Naomi, toute la confiance de Matt. Jinn est sa sœur et l'aime plus que tout. Naomi a grandi avec eux.

Je balade mon regard vers les filles inconscientes, et là, je comprends : Naomi les a endormies pour qu'ils puissent rester dans un cercle de confiance, pour qu'ils puissent parler librement.

Je porte de nouveau mon attention sur Matt et m'apprête à répondre, mais une fois de plus, j'ai été trop lente.

Il lève le bras comme pour me frapper, je me déplace instinctivement de manière surnaturelle pour l'éviter, sans comprendre. Mais qu'est-ce qu'il fout ?

Il fait apparaître une boule de feu dans le creux de sa main et l'envoie dans ma direction. En un éclair, Jinn et Naomi se déplace vers moi mais Matt écarte les bras et elles s'immobilisent dans leur mouvement. Tout va très vite, j'arrive à suivre grâce à ma nouvelle vision, mais elle m'étonne moi-même. Je n'y suis pas encore habituée.

La boule de feu se rapproche au même moment, comme une balle, et j'ai l'étonnant réflexe de cogner dedans pour la renvoyer.

Soudain, je comprends. Matt cherche à connaître l'étendue de mes pouvoirs. Je rêve, il me manipule ! Je m'approche de lui à toute vitesse, sans qu'il ait eu le temps de prévoir une autre action. Je positionne mes deux mains de part et d'autre de son visage afin d'effectuer l'attaque que j'avais réussi à faire peu de temps auparavant au crépusculaire qui m'avait attaquée. Je me concentre rapidement, étire mon bouclier jusqu'à lui, mais il percute un mur solide. Ma tête me brûle. J'ouvre les yeux et découvre les siens, à deux centimètres, d'un rouge vif. Je ne les ai jamais vus sous cet angle. Il est trop grand d'habitude. En effet, je me rends compte que je suis à sa taille. Je baisse mes yeux au sol et m'aperçois que je flotte de quinze bons centimètres au-dessus du sable. Je retombe aussitôt et manque de perdre l'équilibre.

Tout à coup, des flammes entrent dans mon champ de vision. Je me tourne vers elles, c'est le 4x4 qui prend feu à cause de la « balle » que j'ai renvoyée ! J'attrape Matt par la chemise, et pointe mon doigt vers les flammes pour le lui montrer. Je m'apprête à lui dire qu'il faut de l'eau quand une averse jaillit du ciel, pourtant sans nuage, et éteint instantanément le feu.

Matt prend le dos de ma main et me la retourne dans la sienne pendant que je regarde le 4x4, abasourdie. Est-ce moi qui ai fait cela ?

Il réitère le geste de la boule de feu et la place sur la paume de ma main. Je ne la ressens pas. Je l'observe attentivement, elle me fait penser à Matt : brûlante mais douce, intense mais silencieuse, inaccessible.

Quoique… La boule de feu est à l'intérieur de ma main, après tout. Si je fléchis les doigts, je pourrais peut-être la capturer. Cette idée me donne de l'espoir. Pourrais-je un jour saisir Matt ?

À cette pensée, je ferme vivement la main, la boule de feu disparaît. Ma déception est immense. Matt le remarque :

— Quoi ?

J'ai honte, tellement c'est puéril. Mes yeux restent fixés sur ma main, comme une enfant ayant fait une bêtise.

— Elle a disparu, me contentais-je de dire, réellement peinée.

Je m'attendais à ce qu'il se moque, mais il reste très sérieux, en contraste avec les rires que j'entends dans mon dos. Ils me rappellent que nous ne sommes pas seuls. Matt lève la tête vers les rires, avec un regard glacial, puis reporte son attention vers moi.

— Bah, fais-la revenir, dit-il, simplement

Ses yeux font des va-et-vient sur les miens, comme s'il voulait voir à la même fréquence les deux nouvelles couleurs.

Je soupire.

— Je n'ai pas envie de devoir la rattraper à chaque fois qu'elle décide de disparaître, avertis-je, pour accentuer la métaphore le concernant.

Un vent de tristesse traverse ses yeux redevenus bleu presque transparent.

Je me retourne vers les autres. Naomi et Ryan ne se lâchent pas du regard, et je devine que l'échange que j'ai eu avec Matt leur a servi à tous les deux.

— Matt ? L'interpelle Enzo, Ophélie pète un câble. Comme elle n'arrive pas à te joindre, elle me harcèle pour se téléporter ici. Tu devais la rejoindre à la réception.

— J'suis sensé être responsable d'elle ? Crache Matt, reprenant son ton froid.

Une fille se matérialise à côté de Jinn. Elle évalue les alentours. Elle est blonde aux cheveux courts. Ses formes avantageuses sont mises en valeur dans une robe moulante rouge lui arrivant aux chevilles. Elle me toise et s'approche de nous, m'évaluant de la tête aux pieds. Elle attrape le bras de Matt. Je suis son geste des yeux. Puis, elle arbore un faux sourire.

Elle se tourne vers Matt

— Chéri, ton frère nous attend.

Ma respiration se bloque. « Chéri ? », « nous ? ». Matt n'a pas cessé de me regarder. Je fais de même. Mon cœur bat la chamade et je ne sais pas combien de personnes l'entendent. Ce dont je suis sûre, c'est que Matt l'entend. Il se tourne doucement vers la fille.

Elle se penche vers lui et l'embrasse à pleine bouche. Je m'abstiens tant bien que mal de lui sauter dessus. Matt ne la repousse pas. Néanmoins, il n'en prend aucun plaisir. Son attitude est la même que celle qu'il adopte avec toutes les filles qu'il a fréquentées auparavant.

Après leur interminable baiser, elle s'adresse à moi :

— Pardonnez mon impolitesse, je suis la fille du président Stellar. Ophélie, grade trois.

C'est qui encore celui-là ? Je ne connais aucun président du nom de Stellar. Elle me tend la main pour que je la lui serre. Ce que je ne fais évidemment pas. Elle récupère sa main, la honte aux joues, mais essaie de garder la face :

— Hum, et vous ?

Naomi fait une grimace derrière elle. Jinn est complètement blasée. Les deux garçons, Enzo et Ryan, semblent simplement ne rien ressentir.

Matt a remis son masque de marbre. J'en conclus que cette Ophélie ne fait pas partie de leur cercle de confiance.

— Vous le saurez bien assez tôt, signifiais-je à Ophélie, mes yeux plongés dans les siens.

Jinn sourit, les deux garçons reprennent vie derrière.

— Partez ensemble, j'vous rejoins, ordonne Matt.

Jinn me lance un regard en venant chercher Ophélie. Elle lui prend le bras et s'éclipse avec elle avant que cette dernière n'ait eu le temps de protester. Ryan et Enzo attendent un petit moment mais lorsque Matt se retourne vers eux, ils s'éclipsent à leur tour, non sans adresser un signe de tête respectueux à Naomi. Cette dernière n'a pas besoin de recevoir d'ordre pour éclipser chacune des filles, qui dorment profondément. Elle les amène dans la tente et s'y enferme avec elles à l'intérieur. Je regarde la scène, abasourdie par le respect qu'ont les autres envers les ordres de Matt. Ce dernier continue de m'observer attentivement.

Une fois seuls, il s'assoit sur un rocher et s'ébouriffe les cheveux. Il émet une grande expiration et relève la tête vers moi. La distance qui nous sépare me paraît immense, mais je ne vois pas pour quelle raison je devrais l'amoindrir. J'imite son masque de sérénité qu'il a si souvent adopté en ma présence.

— J'avoue que j't'ai sous-estimée, commence-t-il. Je sais pas comment tu t'sors de toutes les situations périlleuses dans lesquelles tu mets les pieds. Sérieux, ça m'dépasse. Dann n'aime personne.

— Toi non plus.

Il plisse les yeux.

— J'pensais que t'allais être jalouse, admet-il, changeant complètement le sujet de la discussion.

Je me rapproche de lui, d'une manière aussi rapide que le vent. Il est assis assez haut sur le rocher, les bras reposant sur ses jambes écartées. Je m'immisce légèrement entre, à une distance raisonnable pour ne pas le toucher.

— Tu espérais que je le sois, rectifiais-je, sachant pertinemment qu'il n'a aucun sentiment pour cette fille.

Il prend un air démuni. Si seulement quelqu'un pouvait m'aider à le décoder !

— C'est vrai. Je voulais que tu partes, répond-il, franchement.

Je baisse la tête, mon assurance commence à s'envoler. Je me suis crispée depuis l'arrivée de Ryan jusqu'à maintenant. J'ai besoin de me relâcher, ou d'exploser. Je regarde l'endroit où Ophélie a posé ses lèvres. Combien de fois a-t-elle fait ça ? Quelle place a-t-elle au sein de l'Unité de Feu pour prétendre être la copine officielle de Matt ? Je m'approche inconsciemment et essuie sa bouche du revers de ma main. Je reste un instant le pouce contre ses lèvres. Ses jambes se resserrent sur mes hanches et je frissonne. Il attrape ma main et l'enlève de son visage. Je n'ose pas le regarder en face. Il me tire contre lui et je bute contre le rocher. Mon cœur bat de manière anarchique. J'ai dû poser mes mains sur ses cuisses pour garder l'équilibre. Je lève enfin les yeux vers lui. Je discerne dans les siens du désir, et autre chose. De l'attachement ? Matt, qu'éprouves-tu pour moi ? Jusqu'à quel point peux-tu enfreindre les règles que t'impose ton frère ? Nous ne disons rien pendant un long moment. Nous nous contentons de nous regarder, sans bouger. La brise du désert devient plus forte et soulève ma robe légère. Les yeux de Matt se perdent dedans et il resserre l'étau de ses jambes. J'ai l'impression que mon cœur va s'arrêter. Il s'approche du bord du rocher, l'espace entre nos deux corps n'existe presque plus. Ses mains fermes se posent dans le creux de ma taille, ma respiration se bloque. Il chuchote à mon oreille :

— J'en peux plus.

Je ferme les yeux. Je le sens s'éloigner. Il libère mes hanches, ses jambes se desserrent. Je les bloque vivement de mes mains en ouvrant les yeux. Les siens sont emplis de reproches muets. Je me rends compte que, même s'il le voulait, il ne fera jamais de pas vers moi. Je suis la sœur d'Adam, il est le frère de Benjamin. Je suis plus jeune que lui de cinq années, bien moins forte, « trop fragile ». Il pense sûrement que je vais m'attendre à ce qu'il me jure amour et fidélité jusqu'à la fin de sa vie, s'il ne faisait ne serait-ce que m'embrasser la joue. Mais j'ai grandi ! N'a-t-il pas vu que je pouvais être forte ? N'a-t-il pas vu que je savais me contrôler en public? Que je pouvais faire semblant ? Je suis parfaitement consciente des dangers auxquels je m'expose en voulant Matt. Et je m'en moque. Je me moque qu'il ne me jure pas fidélité, je me moque qu'il soit un crépusculaire ou qu'il ait commis des atrocités dans sa vie. C'est ce Matt que je connais, celui qui est en face de moi en ce moment, qui fait attention à mes réactions pour ne pas me brusquer. Celui qui s'assoit et me laisse l'opportunité de partir ou de rester. Et, évidemment, je veux rester.

Il me revient à l'esprit le seul baiser que nous avons échangé. C'était l'année dernière mais j'ai le sentiment que cela fait une éternité. Je rougis de honte à ce souvenir, je lui avais carrément sauté dessus ! Mais il ne m'a pas repoussée…

— Tu penses à quoi ? Me questionne-t-il, j'ai pas l'habitude de devoir te l'demander.

Cette remarque me rappelle qu'il a dû lire dans mes pensées à plus d'une reprise.

— Je me remémorais un souvenir, me contentais-je de répondre. Tu entendais mes pensées tout le temps ?

— Nan. C'est pas inné chez moi — il arbore un drôle d'air — pas comme Eddy. Le mécanisme est différent. Eddy entend tout comme si les mots étaient énoncés à haute voix. Moi j' dois faire un effort. Par contre, contrairement à lui, j'peux avoir accès aux pensées de n'importe qui.

— Parce que tu es mieux gradé ?

Il sourit face à mon innocence, comme si cela lui plaisait de me faire découvrir son monde après toutes ces années. Il acquiesce enfin et ajoute :

— Dans ma vie privée, j'essaie d'laisser un maximum d'intimité aux autres, mais parfois c'est trop tentant d'écouter.

— Quand m'as-tu écoutée ?

Il réfléchit un instant.

— Mmh, dans l'ascenseur ? Dit-il avec un sourire narquois, quand tu voulais savoir si j'entendais ton cœur battre.

Je rougis en me remémorant ce à quoi je pensais à cet instant, dans l'ascenseur. C'est la seule fois où j'ai vu Matt torse nu. Mes yeux se perdent inconsciemment sur sa chemise bleu nuit. J'arrive à imaginer l'aigle noir en plein vol tatoué sur son flanc. Il poursuit, non sans savourer l'expression que j'arbore.

— J'ai souvent observé tes rêves aussi.

— Tu peux voir les rêves ?!

— Ouais, c'est le même mécanisme. J't'avais demandé de laisser la porte fermée. T'as voulu me défier en la laissant ouverte… J'l'ai pris comme une invitation.

— Tu en as bien profité ! M'indignais-je.

— J'suis qu'un homme, se contente-t-il de dire.

Je n'essaie pas de comprendre ce qu'il a voulu dire par là. Je poursuis :

— Et maintenant que j'ai un bouclier, tu pourrais ?

— Forcer l'entrée ?

— Mmm, acquiescais-je

Il rigole. Son sourire m'émerveille. Il est tellement rare, tellement beau.

Il prend un air malicieux :

— Bah, ça dépend si t'es devenue plus forte que moi.

À cet instant j'entends un bruit sourd qui me devient familier. Matt tente de rentrer dans ma tête. Je le repousse violemment, plus fort que ce que j'ai pu faire lorsque ce n'était pas lui, car je sais qu'il est plus doué que n'importe qui. J'effectue quelques pas en arrière comme si cela pouvait m'aider à ce qu'il ne m'atteigne pas. Je n'entends plus rien. J'ai réussi ! Il me regarde de cette façon que je connais bien maintenant, lorsqu'il attend que ce soit moi qui parle. Je ne tiens pas à paraître puérile en lui rigolant au nez devant son échec. Même si j'en meurs d'envie ! Je sais ce qu'il faut faire dans cette situation : l'imiter pour que ce soit lui qui parle le premier. Un silence s'installe, son visage ne change pas. J'ai soudain l'impression de perdre un temps précieux.

Deux longs mois. Deux longs mois à élaborer un plan pour rejoindre l'homme qui se tient juste en face de moi à présent. Et je ne fais rien. En partant de chez Lana et Davy, je pensais que sur le long trajet que j'avais à parcourir, je trouverais bien le temps de réfléchir à ce que j'allais lui dire. Mais il y a eu Eddy, et le crépusculaire, il y a eu l'apparition de mes pouvoirs, et les filles du désert. Je passe en revue tout ce qu'il m'est arrivé durant ce voyage. Matt me paraissait si loin à cet instant, presque aussi loin qu'Emilie.

Puis, je reviens brutalement à la réalité. « *C'est maintenant, Cloé !* » Me dis-je. « *Maintenant qu'il faut le faire revenir* » Mais comment ? Je repense à tout ce que m'a dit Naomi sur la vie antérieure de Matt : son enfance, les conflits, cette course sans fin pour rester le meilleur, l'interdiction d'avoir des attaches avec d'autres personnes qu'Enzo et Ryan, les guerres…

Je m'approche de Matt, doucement, à l'allure d'une fille normale. En cet instant, je voudrais l'être, normale. Je voudrais qu'il le soit aussi. Qu'il n'y ait plus que ces cinq malheureuses années qui nous empêchent de nous fréquenter. Ce serait un élément facilement négligeable, non ? S'il n'y avait que ça, m'embrasserait-il ?

Soudain, je me sens comme transportée vers l'avant. Matt s'est encore plus rapproché du sol, ses pieds touchent le sable. Je sens une chaleur m'envelopper, elle me brûle presque. J'essaie de reculer mais je suis bloquée par un champ magnétique.

Je regarde Matt pour comprendre ce qu'il se passe. Il écarte les bras et je sens qu'il me déplace un peu plus vers lui jusqu'à encercler tout mon corps de sa puissance invisible. Il m'arrête à quelques millimètres de lui. Ses lèvres frôlant les miennes. « *Ce n'est pas aujourd'hui que tu riras devant mon échec* » me transmet-il à l'intérieur de ma tête, en écho à ma croyance absurde que j'ai pu l'empêcher d'accéder à mes pensées. Tout ce temps, il m'a entendue. Je sens l'adrénaline monter en moi. Il tripote le collier dont il m'a fait cadeau à mon anniversaire et sourit. Je tente de ne regarder que ses yeux, mais ils sont baissés sur mes lèvres. Je sens ses mains se poser sur mes hanches. « Inspire, expire, inspire, expire » Ce n'est pas compliqué ! Pourquoi je n'y arrive pas ? La panique me gagne, qu'est-ce que je dois faire ? J'ai envie de le lui demander, j'ouvre la bouche, mais la referme.

— Respire, ordonne-t-il contre mes lèvres.

Un immense frisson parcourt tout mon corps. Des images se bousculent dans ma tête : Matt à cinq ans me prenant dans ses bras, Matt à quatorze ans me sauvant la vie, Matt à dix-huit ans quand il est revenu au château, Matt qui

197

m'apprend à me battre, Matt qui donne des cours, Matt énervé, Matt impartial, Matt, torse nu dans l'ascenseur…

Je pose mes mains sur sa chemise bleue et les fais glisser en arpentant chaque muscle de son torse. Je suis leur trajet du regard en imaginant ce qui se trouve dessous. J'oublie qu'il entend tout ce que je pense. Il retire sa main droite de ma hanche. J'ai tout de suite envie de protester, mais il la positionne sous mon menton pour me faire relever la tête vers lui. Qu'est-ce qu'il est beau. Ce n'est pas possible d'être aussi beau ! Soudain, il se penche légèrement et embrasse mes lèvres avec une retenue évidente. Je ferme les yeux et savoure la douceur de sa bouche. J'aimerais que ce baiser soit éternel. Je m'approche un peu plus de peur qu'il ne s'arrête, mes bras s'accrochent à son cou tandis que je colle mon corps au sien. Il semble s'arrêter un quart de seconde mais, heureusement, il reprend vite le cours de son baiser. Ses mains se posent en bas de mon dos. Très, très bas. Il est brûlant, mais ça ne fait pas mal. Il exerce une pression avec ses mains et me serre un peu plus contre lui. Tout à coup, je m'enflamme. Tout mon être le désire. Je m'appuie encore un peu, soulève ma jambe droite et pose mon genou contre le rocher, à la verticale, afin de sentir son corps sur chaque parcelle du mien. Il saisit ma cuisse fermement et intensifie son baiser. Mes mains se glissent sous sa chemise sans que je ne les contrôle vraiment. Combien de fois ai-je rêvé de faire ça ? J'ai envie de le voir. Je me retire de sa bouche, ouvre sauvagement sa chemise grâce à ma nouvelle force surnaturelle, en faisant valser les boutons. J'observe les lignes de ses abdominaux bronzés. Il remonte sa main de ma cuisse à ma taille, en passant sous ma robe, et m'attire de nouveau contre lui. Il m'inonde de baiser de ma clavicule à mon oreille et je sens que la robe que je porte se retrouve au-dessus de mes hanches. J'entreprends de lui enlever complètement sa chemise. Il se laisse faire, intensifiant ses baisers en de légères morsures. À toute allure, il nous retourne, faisant en sorte d'échanger nos places. Il me met sur le rocher et s'immisce entre mes jambes en enlevant ma robe d'un coup sec. Puis, il me plaque contre lui en attrapant mes fesses. Je n'ai jamais rien ressenti de si intense. J'enroule mes jambes autour de ses hanches et glisse contre lui. Il tressaille, m'agrippe plus fermement et récupère ma bouche en y insérant sa langue, sans aucune retenue cette fois, presque brutalement. Je me laisse guider car je n'ai jamais embrassé comme cela auparavant, sachant qu'il est le seul que j'ai embrassé, en fait. Il s'adoucit un peu, sûrement en entendant mes pensées, mais ça me gêne. Je voudrais qu'il ne se contienne pas pour une fois.

Il réagit une fois de plus en écho à mes songes. Pendant que je retire sa ceinture qui me fait mal, il me saisit par la taille, me soulève, et, en un clin d'œil, nous téléporte tous les deux.

Je me retrouve allongée sur le dos, dans un lit, Matt me surplombant. Je ne regarde que lui, peu importe où nous nous trouvons. Il ne porte qu'un caleçon, il s'est débarrassé du reste de ses vêtements en se téléportant. Je sens qu'il attend que je bouge, que je fasse quelque chose mais je ne sais que faire. Je suis un peu stressée. De plus, j'oublie à chaque fois qu'il peut m'entendre. Il fait glisser sa main sur le côté de ma jambe en remontant sur mon flanc puis jusqu'à mon soutien-gorge. A peine l'effleure-t-il que le sous-vêtement disparaît. Je me sens rougir, Matt prend soin de ne fixer que mes yeux. Il est vraiment patient !

— Je me sens … Commençais-je, sans trop savoir où je veux en venir. Rapproche-toi, s'il te plaît.

Apparemment, il respecte plus mes pensées que mes paroles, puisqu'il ne bouge pas d'un poil. « *Ferme les yeux* » M'intime-t-il dans ma tête. Je le regarde un instant avant de m'exécuter et de me détendre. C'est Matt. Je l'ai toujours voulu.

À cette simple vérité, mon envie s'intensifie. Ça ne peut être que lui. Je n'ai jamais cessé de le désirer. Personne d'autre n'a jamais eu l'importance qu'il a dans mon cœur, personne d'autre n'a su m'attirer autant. En fait, j'ai toujours été persuadée que ce serait lui. Je le savais du plus profond de mon être. Depuis qu'il m'a sauvée, non, depuis qu'il m'a tenue dans ses bras d'enfant, je lui appartiens.

— T'imagines même pas à quel point c'que tu penses est vrai, chuchote-t-il.

J'ouvre de nouveau les yeux, les siens n'ont jamais été si tendres. Je pose ma main sur sa joue, il tourne la tête dans la même direction et y dépose un baiser. Puis il relâche tout son corps sur le mien, m'inondant de caresses. Je l'enveloppe de mes jambes, il pose sa main sur mes fesses et je sens que je suis entièrement nue, et que lui aussi. Notre désir prend le dessus sur toutes nos autres émotions et nous faisons l'amour.

Et encore une fois.

Et encore une fois

J'observe le plafond de la pièce sombre, allongée dans les draps de Matt. Je n'ai que très peu dormi, je n'y arrive plus. Il doit être sept heures, la nuit a été courte. De toute façon, j'ai envie de profiter de chaque seconde, cela n'arrivera peut-être qu'une fois. Matt dort encore, c'est la première fois que je le vois dormir. Je sens qu'il n'a plus accès à mes pensées parce que mon bouclier est redevenu solide. Je ne m'étais pas aperçue que Matt l'avait rendu malléable pour s'introduire dans ma tête. Je pense qu'à présent je saurais faire la différence, même si je ne parviens pas à le bloquer. C'est une question d'entraînement. Je repense à la phrase qu'il m'a dite avant que nous fassions l'amour : *« tu n'imagines même pas à quel point ce que tu penses est vrai »*. À ce moment-là, je me disais que je lui appartenais depuis toujours. Que voulait-il dire exactement ?

Je me lève en silence et parcours la chambre. Elle est immense, bien plus grande que sa chambre au château. J'émets l'hypothèse que nous sommes à l'Unité de Feu et cela me fait frissonner. Je me dirige vers une porte coulissante. Tout est très moderne. Ma nouvelle acuité visuelle me permet de voir correctement malgré l'obscurité. J'entre dans une spacieuse salle de bain, ferme la porte derrière moi et allume la lumière. C'est magnifique. Des néons bleus sont disposés dans la baignoire et sur les carreaux blancs des murs. Je pourrais ouvrir les volets mais je me sens mieux dans cette atmosphère tamisée. Je fais couler l'eau chaude et me glisse dedans. J'y reste une bonne demi-heure, puis ressors, sans enlever l'eau pour ne pas faire trop de bruit. J'attrape une serviette propre dans une commode et m'enveloppe dedans. Je prends soudain conscience que je n'ai absolument aucun vêtement. Je cherche un peu partout dans la salle de bain mais ne trouve rien à me mettre. Je dois dire que je suis soulagée. S'il n'y a pas d'habits de fille, c'est plutôt bon signe.

Je reviens dans la chambre sur la pointe des pieds et trouve un placard. Je l'ouvre et attrape le premier tee-shirt de la pile. Il m'arrive en dessous des fesses.

J'hésite à sortir de la chambre mais ma curiosité l'emporte et j'ouvre la porte. La luminosité m'éblouit. Nous sommes à l'étage. La maison dispose de grandes vitres, il y a un parquet au sol et les murs sont d'un blanc parfait. Je me suis trompée, nous ne sommes pas à l'Unité de Feu. Je me risque à descendre. Je visite la maison en passant par le séjour, la salle à manger, la cuisine, le bureau, et la salle de sport. Il n'y a qu'une chambre, c'est celle de l'étage. Je ne savais pas que Matt avait une maison.

Je reviens dans le salon et observe la forêt qui s'étend à perte de vue à l'extérieur. Tout est très calme.

Puis, j'entends les pas de Matt dans mon dos. Il descend l'escalier, s'arrête un instant dans le séjour, puis, les pas s'éloignent vers la cuisine. Je ne me suis pas retournée, il ne m'a pas parlée.

Ça y est, il fait jour, le retour à la réalité est brutal. Il est Matt Kellor, et je suis Cloé Marc. Personne ne doit savoir. Je dois montrer à Matt que je suis en mesure de faire semblant. Je dois lui montrer que je suis responsable et que tant que la situation entre les Unités est telle qu'elle est, nous ne prendrons aucun risque. Encore faut-il qu'il pense que je suis différente des autres filles avec qui il a couché. « *Bon, allez, ressaisis-toi, Cloé !* » Je m'attendais à quoi ? Même s'il rendait officielle notre relation, en admettant qu'on en ait réellement une, il faudrait que j'en sois à la hauteur. Je dois apprendre à maîtriser mes pouvoirs et surtout à les connaître. Je dois tout connaître sur l'Unité de Feu. Ah, et affronter Adam aussi ! Bref, de mon côté, j'ai tout un tas d'affaires à régler avant de pouvoir prétendre être qui que ce soit pour Matt. J'ai mis les pieds dans un monde dangereux, avec trop peu de connaissances sur celui-ci.

D'après ce que m'a dit Naomi et ce que j'ai pu constater en voyant Matt entouré de ses soldats, il ne faut pas prendre à la légère son statut au sein de l'Unité de Feu. Il doit avoir énormément de responsabilités, et de secrets. Si je suis venue ici pour être le boulet qu'il traîne derrière lui non, merci ! Je préfère me raviser. Si je m'attendais à le supplier de revenir et de rester avec moi pour toujours, c'est raté. Je suis incapable de faire ça. Non pas que je ne l'aime pas assez mais j'aurais trop peur de sa réponse. Dans tous les cas, je sais que je ne dois m'attendre à rien. Je vais repartir au château et m'occuper de moi. Je ne lui demanderai pas son avis, je ne lui demanderai pas de rentrer. Je ne lui demanderai pas ce que je suis pour lui, je ne lui demanderai *rien*. Je fais machine arrière dans mon cerveau, ce qu'il s'est passé cette nuit était merveilleux, hors du temps mais maintenant c'est terminé. Enfin, pas vraiment « terminé ». Disons que ça n'engage en rien.

Ok, c'est bon, j'ai pigé. Je suis opérationnelle pour l'affronter. Je me retourne, déterminée. Il est adossé nonchalamment au mur du séjour, une tasse dans chaque main. Je ne l'ai pas entendu revenir. Il me regarde de la même manière que d'habitude. Voilà, rien n'a changé. Euh, sauf la tasse ?

— Salut, dis-je.

Il ne répond pas. Grrr qu'il m'énerve ! Je m'approche de lui et regarde à l'intérieur des deux tasses. Je lui prends celle dans laquelle il y a du lait au chocolat.

— Merci.

Je la bois d'une traite et passe devant lui pour remettre la tasse dans la cuisine. « *Inspire, expire, inspire, expire* ». Je reviens vers lui, il s'est assis sur le canapé. Il boit sa tasse de café en pianotant sur son ordinateur. Je trouve enfin un truc à dire pour lancer la conversation :

— J'espère que la soirée que tu as ratée hier n'était pas trop importante.

Il lève les yeux vers moi. Il reste figé un instant, me déshabillant du regard, puis soupire.

— J't'ai mis des vêtements en haut.

J'ai envie de pleurer. Est-ce une invitation à partir ? J'aurais dû prendre les devants tout de suite pour ne pas être déçue.

Je ferme les yeux et me téléporte dans sa chambre. J'enlève son tee-shirt et enfile les sous-vêtements et la robe qu'il m'a posés sur le lit, en prenant soin d'enlever les étiquettes avant. Il a également acheté des chaussures. Allez savoir comment il s'est procuré tout cela aussi vite.

Bon, et maintenant que je suis prête, dois-je lui dire au revoir ou non ? Je pourrais très bien partir comme cela. Je ne sais pas. Son but n'était pas forcément que je m'en aille : je repense à son regard avant de m'inviter à aller m'habiller, et à son soupir… Je me rappelle alors que j'étais simplement vêtue d'un de ses tee-shirts.

Je me matérialise dans son salon. Il est toujours sur le canapé, la tête contre le dossier et son bras lui cachant les yeux. Je jette un œil sur l'ordinateur, il lisait ses mails. Il ne m'a peut-être pas invitée à partir, mais il est clairement dans l'embarras parce que je suis là. S'il ne m'a pas sauté dessus c'est qu'il y a une raison après tout. Je m'assois à côté de lui et lui mets une main sur la cuisse. Il est tendu.

— Matt, je vais rentrer maintenant.

Je vois qu'il est dans un dilemme. J'ai envie de mettre fin à son calvaire mais comment ? A-t-il juste peur de me faire de la peine ? Je pense que le mieux serait que je parte. Il ne serait pas obligé de me dire tout ce que je ne veux pas entendre et que je sais déjà. Ce sera mieux pour tous les deux.

— Rien n'a changé. Tu ne me dois rien, et tu n'as rien à me dire. Je sais déjà tout. Je le savais bien avant-hier soir. Arrête de me materner.

Il soupire à nouveau.

— Quand est-ce que t'as grandi ?

Il y a un nouvel instant de silence car je ne sais pas quoi répondre à sa question rhétorique.

— Tu vas faire quoi ?

Heureusement, j'y ai réfléchis à cette question-là :

— Je vais travailler mon Don.

— Tes Dons, rectifie-t-il. J'me doutais qu'y aurait une modification dans tes pouvoirs quand j't'ai donné mon sang.

Mes Dons ? Je croyais qu'on ne pouvait avoir qu'un élément. Qu'un seul « Don » et plusieurs pouvoirs autour de ce même Don. Je sens l'excitation monter en moi. Que sait-il de mes pouvoirs ? Il me regarde du coin de l'œil, légèrement amusé par ma réaction.

— J'suppose que t'étais censée maîtriser l'Eau, comme ton frère. C'était plutôt logique, tu passais ton temps dans l'eau. Quand on a eu l'accident, tu perdais trop de sang. C'était incroyable que tu sois encore en vie. J't'ai donné du mien, en très grande quantité. Je t'ai vue changer sous mes yeux, juste avant que Vincent intervienne. J'ai su que je t'avais donné bien plus que du sang, mais quand j'ai compris que Vincent s'en était pas rendu compte, j'l'ai dit à personne. Connaissant Adam, il t'aurait supprimé tes Dons. J'ai toujours été égoïste mais j'voulais pas qu'on te punisse pour quelque chose que j'avais fait, moi. J'ai prétendu que tu supporterais pas le choc de cet accident, alors, on te l'a enlevé.

Matt n'a jamais autant parlé. Je ne sais pas si je dois lui répondre ou le laisser poursuivre. Il a les yeux perdus dans le vague.

— Tu dois faire semblant d'en avoir qu'un, poursuit-il. En tout cas pour l'instant. Les gens auraient peur de toi. C'est dangereux de manier l'Eau et le Feu. Tu s'rais sans cesse une cible. Apprends à les manier et à découvrir tes limites. J'connais pas les conséquences que deux éléments opposés peuvent produire en toi. C'est une première. D'ailleurs, personne a compris que je cherchais à savoir si Jinn avait réveillé ton Don du Feu, hier. J't'ai poussé à utiliser les deux, mais ils ont tous « compris » que tu maniais l'Eau. Sauf que t'as *aspiré* la boule de feu. Tu l'as pas *éteinte*.

Tout se remet en place dans ma tête, Jinn m'a donnée son sang pour activer mes pouvoirs endormis. Quand ils se sont activés j'ai ressentis une intense chaleur et en même temps j'étais glacée. Matt me regarde pour voir si j'ai bien tout assimilé.

— Ok, je ne montrerai que l'Eau.

— Si ça d'vient trop lourd à porter, fais confiance qu'à Lana. C'est important.

— Et Naomi ?

Il rit.

— Ouais, Nams aussi. Qui aurait pu penser qu'vous deviendrez copines en trois secondes, hein ?

— C'est difficile à expliquer. J'ai le sentiment que nos destins sont liés.

— C'est que ça doit être le cas.

Je sais que c'est le moment de partir. Matt s'est replongé dans la lecture de ses mails.

— Matt…

Il ferme les yeux, comme s'il redoutait ce que j'allais dire.

— Je ne sais pas pour quelle stratégie tu fais semblant d'être avec cette fille, et je ne sais pas s'il y aura d'autres stratégies du même genre — *peut-être pour prouver à ton frère que tu ne t'attaches à personne et que tu considères les filles comme de la merde*, pensais-je — mais si un jour ç'en est plus une, dis-le-moi, s'il te plaît. Dans le cas contraire, je t'attendrai.

Je vois son visage changer, il se ferme complètement et arbore un air grave. Le masque de pierre est revenu.

— Ne… Commence-t-il

— Je n'attends pas de réponse, ce n'était pas une question, Matt, le coupais-je, sèchement avant qu'il ne me fasse du mal.

Il est surpris, et je sens que j'ai les larmes aux yeux. C'est le moment que je choisis pour m'éclipser. Au lieu de revenir au château, je me visualise la tente, dans le désert. J'y retrouve les filles, réveillées.

— Je savais que tu reviendrais ! S'exclame Kélia.

Elle se met à courir vers moi et me prend dans ses bras. Je ne comprends pas. C'est rare que l'on me montre autant d'affection. D'autant plus que cela fait très peu de temps que l'on se connaît. J'ai envie de fondre en larmes. Certes, c'est surtout à cause de la situation avec Matt, mais c'est réconfortant d'avoir enfin des amies à ses côtés. Je ne sais pas si c'est dû au fait que mes pouvoirs se sont enfin réveillés, mais j'ai la certitude que ces filles font parties de mon avenir. C'est comme si je le sentais inscrit en moi.

Naomi I

Mes pouvoirs m'indiquent que Cloé revient. Elle se matérialise en face de nous.

— Je savais que tu reviendrais ! S'exclame Kélia.

Elle court en direction de Cloé et l'enlace. Cette dernière est surprise mais accepte cette démonstration précoce d'amitié. Mélodie me questionne du regard. Elle a toujours du mal à faire confiance, d'autant plus depuis notre convocation.

— Ça vous dit de rentrer avec moi ? Demande Cloé en nous regardant à tour de rôle.

Elle s'empresse d'ajouter :

— Je veux dire, au château de la Neutralité.

Kélia sourit bêtement. Elle a tout de suite adopté Cloé. Mélodie se crispe. Ambre attend ma réponse. Elles ne savent pas encore si nous pouvons lui faire confiance. Moi, si.

— C'est d'accord.

Cloé, satisfaite, s'active à rassembler le peu d'affaires qu'elle avait. Nous rassemblons chacune les nôtres, sous l'afflux de questions de Kélia à propos de ce qu'il s'est passé hier.

Cloé lui raconte qu'Eddy est parti sans un mot, tandis que je lui résume la place de la Triade Matt-Enzo-Ryan au sein de l'Unité de Feu, plus connu sous le nom de « la Triade ».

Je lui explique ensuite que la dictature induit une certaine hiérarchie et des comportements spécifiques à adopter: lorsqu'on est en face d'un plus gradé, on doit le respecter et obéir à ses ordres. Surtout lorsqu'il s'agit de membres du gouvernement comme Matt, Ryan, Enzo, Dann ou même Jinn. Je ne leur dis pas que je les ai endormies. Cloé garde le secret et je lui en suis reconnaissante.

209

Kélia a du mal à s'imaginer un tel monde. Elle n'a jamais respecté de règles. Elle est indépendante et casse-cou. Cloé replie la tente. Elle a évité de nous dire où elle a passé la nuit. Je ne lui poserai pas la question, je suis sûre que c'est avec Matt. Il a complètement perdu son sang-froid, hier. Même étant petit, ses réactions étaient plus adultes que la réaction qu'il a eue hier.

Heureusement, Cloé ne comprend pas qu'elle compte pour lui. Tant mieux, cela pourrait compromettre le plan de la Triade à faire renverser le gouvernement de l'Unité de Feu. Si Matt ne sait pas se contrôler en sa présence, mieux vaut qu'elle reste loin de lui. J'ai su hier qu'ils avaient tous les trois changé de camp. Ils ont attendu que Dann parte pour parler librement.

Ryan a changé aussi. Sa soif de pouvoir a disparu. Il a grandi, même s'il me regarde de nouveau comme quand nous avions quinze ans. J'ai attendu ce regard des années. S'il croit qu'il pourra m'avoir en un claquement de doigt, juste parce qu'il a retrouvé le droit chemin, il se met le doigt dans l'œil. Il m'en faudra davantage pour lui pardonner.

Je ne peux pas lui cacher mes sentiments pour lui car notre connexion s'est rétablie. On peut constamment s'écouter penser. C'est un avantage autant qu'un inconvénient. Je n'ai aucune vie privée mais nous pouvons intervenir rapidement en cas de danger.

Grâce à cela, j'ai quand même pu entendre des bribes de l'échange qu'ils ont eu tous les trois. Le point positif, c'est qu'ils sont d'accord pour abolir la dictature de Ben. Le point négatif, c'est qu'ils ne sont pas d'accord sur la manière d'y parvenir. Matt voudrait épargner son frère. Enzo et Ryan sont plus directs : tuer tous les membres en faveur de la dictature actuelle. Cela inclut Dann. Je suis plutôt de leur avis. On ne change pas une personne. Enzo voulait d'ailleurs le tuer hier, en écho avec les ressentis de Matt quand Dann s'est adressé à

Cloé. Il s'est dit que c'était une bonne occasion pour mettre Matt de leur côté. Malheureusement, aucun conflit n'a eu lieu. Cloé s'est montrée intelligente.

Il est difficile de faire semblant d'adhérer au fonctionnement de Ben. Je sais de quoi je parle, je l'ai fait pendant des années. C'est à eux de gérer maintenant. Matt s'est vu confier l'armée de crépusculaires. Qui d'autre aurait pu le faire à sa place ? Il est le plus puissant d'entre eux.

Ce n'est pas plus mal si on y réfléchit. Si Matt est leur dirigeant, il saura en faire des soldats fidèles. Pas fidèles à Ben, fidèles qu'à Matt, maintenant que les frères Kellor ne sont plus du même côté.

Je sais que le moment viendra où j'aurai mon rôle à jouer dans le renversement du gouvernement. Je n'ai pas besoin de retourner à l'Unité de Feu pour agir. Ce serait de toute façon suspect que je me raccroche de nouveau à la Triade après toutes ces années de fuite.

Nous décidons d'abandonner le 4x4. Je le fais brûler juste avant de me téléporter, après que les filles soient déjà parties.

À l'Unité de Feu, on nous apprend l'importance de cacher ses pouvoirs afin de cacher ses faiblesses. C'est pour cela que j'ai attendu qu'elles s'en aillent. J'ai encore du mal à me débarrasser des réflexes appris là-bas. Pourtant, je connais tout ce qu'il y a à savoir concernant les filles:

Kélia maîtrise également le Feu. Lorsqu'elle aura acquis assez d'expérience et qu'elle aura travaillé suffisamment sur son Don, elle sera grade quatre voire trois.

Ambre maîtrise l'air, elle est déjà grade trois et très puissante mais elle ne le montre jamais. C'est encore tabou dans son esprit d'avoir un Don.

Quant à Mélodie, elle maîtrise la Terre. Ce n'est pas un Don très puissant mais Mélodie est l'une des plus fortes de son élément. Elle peut provoquer un séisme en un clin d'œil ou réveiller un volcan. Elle est actuellement au grade cinq mais évoluera certainement jusqu'au trois.

Avec Cloé à nos côtés, nous manions tous les éléments. En effet, elle a découvert hier son élément Eau. En ce qui concerne son grade, je suppose qu'elle est au moins au deux, puisqu'elle a pu contrer mon pouvoir et celui de Ryan. Il va falloir la surveiller de près. Même si je lui fais confiance aujourd'hui, cela peut changer à tout moment. Elle est trop dangereuse pour que je puisse me fier à elle à 100% dans la durée. J'ai senti une grande puissance. Elle sera sûrement la plus gradée de nous toutes. Je suis sûre que Matt avait pleinement conscience qu'elle allait être puissante. Après mûre réflexion, il était évident que la seule fille qui pouvait l'intéresser serait au moins à son niveau. C'est sa plus grande aspiration : le pouvoir. En revanche, ce que je ne comprends pas, c'est la raison pour laquelle il ne l'a pas entraînée plus. Pourquoi l'a-t-il laissée vulnérable?

S'il a peur d'elle, j'ai du souci à me faire. Matt Kellor n'a peur de personne. Elle est la seule personne à lui faire perdre son sang-froid et apparemment il ne tient pas du tout à ce qu'elle le sache. Ça me fait sourire : le Grand Matt Kellor a enfin une faiblesse ! Je m'étonne qu'il ne l'ait pas tuée lui-même. Je ne compte pas le nombre de fois où j'aurais aimé connaître sa faiblesse pour m'en servir comme chantage. Même auprès de ses « amis », Matt peut être impartial. Les décisions de groupe sont rares. C'est lui qui décide de tout, et nous devons le suivre. S'il avait eu une faiblesse, à l'époque, nous aurions pu nous en servir pour faire pencher la balance en notre avantage dans certaines décisions. Ou bien, il l'aurait pris comme une menace et nous aurait tués sur-le-champ.

Cela me fait penser au nombre de filles qui ont fait la course pour espérer passer dans son lit, et les plus ambitieuses, espérer atteindre ses "sentiments", si tant est qu'il en ait eus avant Cloé. Presque toutes mortes. Je ne dis pas que c'est l'œuvre de Matt, mais il n'a jamais empêché le meurtre d'une de ses conquêtes. C'est ainsi à l'Unité de Feu : la loi du plus fort. Mieux vaut ne pas se vanter d'avoir fréquenté un membre de l'élite. Tout le monde sait ce que l'on risque à charmer la Triade : jalousies, complots et conséquences de leur humeur fluctuante.

Pour Cloé, c'est différent. Avant la scène d'hier, je me disais qu'il l'avait sauvée parce qu'elle est la sœur d'Adam Marc, et donc pour éviter la guerre. Cependant, plus j'y pense et plus je réalise que la réaction de Matt était irréfléchie. Quand Dann est parti, Matt a changé d'attitude. Je le connais depuis toujours et il n'a jamais regardé quelqu'un comme il a regardé Cloé. D'ailleurs il n'a jamais vraiment regardé quelqu'un. Elle ne peut pas le savoir, elle le connaît trop peu. En tout cas, elle ne connaît que ce que Matt veut bien lui laisser voir. Il ne lui montre pas son vrai visage de tyran qui a régné sur l'Unité de Feu depuis son plus jeune âge.

Notre arrivée au château de la neutralité me tire de mes pensées. Tout est très grand : le portail à l'entrée, le chemin à parcourir à pied jusqu'aux portes du château, la forêt qui l'entoure et la rivière. Je dois dire que le paysage est très... vert. Rien à voir avec l'Unité de Feu. Rien à voir avec Xill, non plus.

Vincent apparaît aux côtés de Cloé. Il la prend dans ses bras. C'est étonnant pour un leader. Elle précise qu'elle n'est partie que depuis quelques jours et ils rient. Qu'est-ce qui est drôle ?

Vincent nous regarde sans cacher son étonnement. Il va falloir que je m'habitue à ce genre de démonstrations.

— Vincent, je te présente Naomi, Ambre, Mélodie et Kélia, énumère Cloé.

J'ai l'impression d'être une fugitive en attente d'un refuge. Vincent nous dévisage à tour de rôle pendant que j'analyse la puissance que trahissent ses yeux. Je suppose qu'il fait pareil de son côté.

— Enchanté, finit-il par dire, en posant ses yeux sur chacune d'entre nous.

Je m'approche de lui et lui tend la main. Il me la serre amicalement, esquissant un sourire poli.

— Benjamin oblige les plus gradés à intégrer ses troupes. Cloé nous a proposé de rester quelque temps au château.

— Oh, fait Vincent en regardant de droite à gauche pour être sûr que personne ne nous écoute – bien que je m'en sois déjà préoccupée – Bien, dans ce cas, je vais vous faire préparer des chambres.

— Evidemment, poursuis-je, nous nous plierons au règlement et suivrons les cours.

— Mmh, oui, tes amies devront suivre des cours, en ce qui te concerne, tu devras sûrement en donner. Les classes sont établies par niveau, tu es au-dessus de celui des élèves. Je trouverai une place pour chacune d'entre vous.

— Merci, disent Ambre et Mélodie en chœur.

Kélia reste muette, trop fière pour concevoir qu'on lui fasse de la charité. Il est impossible pour elle de remercier qui que ce soit.

— Cloé ! Tu es rentrée ! Crie une voix dans notre dos.

Je reconnais le petit gabarit de Lana qui court en direction de sa meilleure amie. Le visage de cette dernière s'illumine. Les deux jeunes femmes s'enlacent et je me surprends à les envier. J'observe les réactions des filles de Xill : Ambre et Mélodie sourient, en regardant tout autour d'elles comme si elles avaient atterri dans un conte de fée. Kélia étudie Lana d'un œil noir.

— Juste à temps ! Poursuit Lana, Adam comptait venir te voir la semaine prochaine. Je me demandais ce que j'allais bien pouvoir te trouver comme excuse pour te couvrir !

Cloé rit. Encore une fois, j'ai du mal à en comprendre la raison. Lana se tourne vers nous. Elle regarde les filles d'un air interrogateur — et je suis encore une fois surprise du nombre d'émotion qu'ils ne cachent pas ici — puis elle sourit en m'apercevant.

— Naomi, dit-elle de sa voix naturellement douce.

Elle s'approche de moi et, comme à son habitude, me prend dans ses bras. Cela me rend mal à l'aise à chaque fois. Je fais un effort pour sourire.

— Tu t'es enfin convaincue de venir au château ! S'exclame-t-elle

— Cloé nous a convaincues. C'est plus sage.

Vincent fait un clin d'œil à Cloé. Kélia reste fermée et figée, les yeux rivés sur Lana. De la jalousie ? C'est ridicule, même si Kélia n'a jamais vraiment eu d'amie. De plus, Lana décèle chaque émotion de Kélia, grâce à son pouvoir. Elle n'y prend pas garde.

— Je vous accompagne pour faire le tour du château, propose Lana

Kélia se tourne vers nous :

— Je suis fatiguée. Cloé, tu peux installer ma chambre à côté de celle de Naomi ? Je ferai le tour plus tard.

Elle s'éclipse je ne sais où sans attendre de réponse. Nous nous mettons en route sans faire attention aux sautes d'humeur de Kélia. Lana et Cloé nous font visiter les lieux.

Lana argumente sa visite d'anecdotes sur ce qu'il se fait dans chaque pièce. Les salles d'entraînement sont moins grandes et moins nombreuses qu'à l'Unité de Feu mais elles demeurent nouvelles, et cela me donne envie d'aller m'y entraîner sur-le-champ.

Les chambres que nous a fait préparer Vincent sont plus jolies et plus grandes que celles dans lesquelles j'ai pu vivre jusqu'à présent. En réalité, je ne vois pas à quoi ça sert. Une chambre, c'est juste pour dormir. Nous avons croisé les élèves de Jour, ils courent, crient, rient. J'ai l'impression d'être dans un monde parallèle. Est-ce que je vais m'y habituer ?

Nous nous installons côte à côte au vingtième étage. De ma chambre, je peux voir la forêt qui s'étend à perte de vue derrière le château. Cloé respecte le souhait de Kélia en lui mettant ses affaires dans la chambre qui se trouve en face de celle que j'ai choisi. Elle lui pose sa valise au pied du lit, ouvre ses rideaux et observe l'extérieur. Lana ne cesse de raconter des ragots sur les professeurs de l'école. « Professeurs » ce que je vais maintenant devenir durant la période où je serai ici. Je crois que cela me plaît bien. Lana m'a expliqué que je prendrai le poste de Matt. Je n'ai pas été étonné qu'il soit professeur de combat. Je me remémore mes cours, je les ai toujours détestés. Ce qui est sûr, c'est que je ne les enseignerai pas de la même manière qu'ils m'ont été donnés. Je vais garder l'objectif que les élèves s'en sortent seuls : sans pouvoir, ni technologie. Mais pour le reste, je prévois de créer des voyages, escalader les plus grandes montagnes pour atteindre un but précis, faire des jeux de rôle, se débrouiller pour s'alimenter. J'ai beaucoup d'idées.

J'ai des *projets*. Ici, j'ai le droit d'avoir des envies. Ma joie est à son apogée. Lana me sourit. Je n'apprécie pas trop qu'elle puisse lire en moi si facilement. Cependant, nous sommes à l'Unité Neutre et il faut s'acclimater. Je vais apprendre à montrer mes émotions. Je lui souris en retour.

Les jours suivants, nous prenons nos marques. Nous sommes toutes affichées sur le Classement mural, sauf Cloé. Dommage, j'aurais aimé savoir son grade.

Un soir, Lana m'explique pourquoi : Adam a toujours voulu éloigner Cloé de ce monde dans lequel les Dons dominent notre humanité. Cependant, il ne pouvait pas l'en préserver en l'amenant dans son Unité, puisqu'il en est le gouverneur. Par conséquent, il a trouvé un compromis en la confiant à Vincent au château.

Lana parle de Cloé comme de sa propre sœur. Elle m'explique la solitude qu'elle a éprouvée en lui touchant la main la première fois. Elle me raconte l'histoire de sa sœur Emilie qui l'a abandonnée le soir de son anniversaire et qui n'est plus jamais revenue. Puis son frère, qui décide de la laisser ici sans lui fournir plus amples explications. C'est alors que je comprends la capacité de cette jeune Cloé à cacher ses émotions comme les plus gradés de l'Unité de Feu. Je la respecte pour cela. Au lieu de se morfondre sur son sort, elle s'est battue pour se connaître, pour apprendre le véritable milieu dans lequel elle a toujours été ancrée en ayant un Don. C'est une battante, voilà pourquoi je l'estime.

Lana me fait part de ses doutes quant à la relation de Cloé et Matt. Elle m'explique que, malgré ses pouvoirs de perception, elle n'est jamais parvenue à cerner Matt. Je l'écoute sans dire un mot. Je n'ai pas le droit de lui parler de la Triade, de leur connexion, ni même de ce qu'a pu ressentir Matt à l'égard de Cloé. Ce n'est pas que je le protège, mais cela fait partie des principes de fidélité entre soldats de Feu, ancrés en moi depuis mon plus jeune âge. Tout ce que je peux révéler sur un des membres de la Triade peut être retourné contre eux. Donc, contre Ryan. Donc, contre moi.

Son discours est candide. C'est celui d'une lycéenne qui raconterait les ragots du roi et de la reine du lycée. Contre toute attente, je ne la trouve pas ridicule. Au contraire, j'aime à penser que la vie peut être si simple. Un lycée, des histoires d'adolescents, les profs, les cours. C'est d'ailleurs ce qu'a

217

toujours cherché Davy. Une vie normale, sans pour autant abolir son Don. Il l'a parfaitement trouvée en Lana. Je comprends son désir de l'éloigner de sa vie antérieure. En y pensant, j'ai un déclic : c'est ce qu'a cherché à faire Ryan avec moi. Maladroitement, certes, mais c'est le dernier conseil qu'il m'a adressé. Le seul que j'ai suivi, d'ailleurs. Je suis partie. J'ai abandonné les miens, l'Unité de Feu et son armée. J'ai laissé Ryan, Matt et Enzo gérer seuls leur révolution.

Évidemment, je compte bien, de mon côté, préparer les élèves d'ici à la guerre qui se trame. Ils vont devenir des soldats, capables de réfléchir, capables de se battre pour la liberté. Ce serait une erreur de penser que Benjamin puisse se contenter des villes avoisinant l'Unité de Feu. Non, il a une ambition sans faille. Malgré sa vieille amitié avec Vincent, sa soif de pouvoir domine tout le reste. Son but ultime est de gouverner le monde. Et il faut s'y préparer.

Les semaines passent au château et j'y apprécie la vie. J'organise les sorties prévues, j'entraîne les élèves. Je participe aux réunions des professeurs, je me rapproche de Vincent. Les élèves de Jour considèrent que mes apprentissages sont des cours de sport tandis que ceux de Nuit s'améliorent chaque semaine qui passe. Ils sont déjà bien au courant de la situation actuelle et attendaient patiemment un élément tel que moi à leur côté pour mieux appréhender le conflit. Je tombe à pic. Ils sont heureux que je puisse leur apprendre à se défendre, sur un pied d'égalité, contre les soldats de Feu. Mélodie, Ambre et, contre toute attente, Kélia, se font bien au rythme du château. Nous avons des cours de dix-huit heures à une heure, puis nous dormons jusqu'à neuf heures ou dix heures. Je donne ensuite les cours aux élèves de Jour, même s'il y en a peu. Chaque jour, vers 16 h 30, Cloé se rend à la salle de sport, en dehors du château. Nous avons peu à peu suivi son rythme. Nous en profitons pour nous entraîner à combattre en groupe. Il nous faut une synchronisation parfaite et un plan d'attaque. Ainsi, à nous cinq, nous sommes invincibles. Parfois, nous mettons simplement la musique et dansons. Dans ces moments hors du temps, je me sens comme une humaine lambda.

Cloé dort très peu. En effet, elle suit les cours de Jour et de Nuit. Elle est tout le temps avec nous la nuit, bien qu'elle n'apparaisse toujours pas sur le classement.

J'ai aperçu son frère une seule fois depuis que nous sommes ici. C'est la seule nuit où Cloé n'est pas venue en classe.

Cela fait trois mois que nous n'avons aucune nouvelle de l'Unité de Feu. Davy et Lana sont au château la semaine, mais rentrent chez eux le week-end. D'ailleurs, Cloé et moi les accompagnons souvent. Nous y avons une chambre et cela nous permet de faire une coupure. J'ai demandé plusieurs fois à Davy des nouvelles de la Triade mais il n'en a aucune. Pour ma part, j'ai l'habitude d'être loin de Ryan, je suis quelqu'un de très patient, c'est plutôt Cloé qui m'inquiète. Je la vois très peu sourire depuis que nous sommes arrivées. Elle est trop sérieuse, et le manque de sommeil se lit sur son visage. Ce doit être difficile pour elle d'être abandonnée par tous les gens qu'elle aime. Hélas, c'est la vie.

Une nuit, prise de compassion, je décide d'aller la voir dans sa chambre. Je prends l'ascenseur et monte au vingt-troisième et dernier étage du château. Je ne peux pas m'y téléporter, j'en conclus qu'il doit y avoir une protection. Cependant, je ne reconnais pas le pouvoir de la personne qui a bloqué l'accès aux pouvoirs. Ce n'est pas Matt, ni Vincent. Peut-être Adam ? Ce serait logique, lui qui tient tant à protéger sa petite sœur.

J'ouvre donc la porte, sans prendre la peine de frapper. La pièce est sombre, mais j'y vois comme en plein jour.

Heureusement, les champs de force tels que celui-ci ne nous privent pas de toutes nos capacités physiques et sensorielles.

J'aperçois Cloé qui dort, d'un sommeil agité. Elle est en sueur. Je m'approche en faisant un maximum de bruit pour voir si elle se réveille facilement. Ce n'est pas le cas. Elle est vulnérable. Je pose ma main sur son front et me concentre pour entrer dans son esprit, sans qu'elle ne s'en aperçoive. J'ai oublié que je ne pouvais pas dans sa chambre. Le champ de force m'en empêche. Je la soulève facilement et la porte jusque dans la chambre d'à côté. Elle ne se réveille pas : preuve qu'elle manque cruellement de sommeil. Là, je réessaie. La dernière fois, je me suis heurtée à un mur. Cloé est puissante, lorsqu'elle ne dort pas. Elle n'a apparemment pas pris l'habitude de garder son bouclier lorsqu'elle se repose. C'est un tort. Je peux donc entrer facilement dans son esprit et distinguer la cause de son agitation : un homme qui me paraît familier se bat avec un crépusculaire. C'est Eddy, le blond qui avait accompagné Cloé jusqu'au désert de l'Unité de Feu et l'avait ensuite lâchement abandonnée. Dans sa pensée, le crépusculaire est très caricatural, sûrement à l'image que Cloé se fait d'eux. Je comprends qu'ils l'effraient. L'ironie est que l'homme dont elle est amoureuse est leur dirigeant. Le plus puissant, le plus dangereux de tous les crépusculaires.

Il apparaît d'ailleurs dans le rêve, et se rue sur Eddy. Cloé hésite un instant et se jette sur Matt pour contrer son attaque. Cependant, ses mains sont lourdes et Matt parvient facilement à s'en saisir. D'un regard, il tue Eddy. Je ressens la peur de Cloé et la tristesse qu'elle éprouve face à cette horreur. Le crépusculaire se jette alors sur Cloé, tandis que Matt la bloque, et la mord dans le cou.

Cloé reprend conscience. Je ne compte pas lui cacher ma présence, alors je reste là où je suis.

Elle sursaute, respire bruyamment, et son bouclier claque dans ma tête : preuve de sa puissance.

Elle évalue les alentours, puis fronce les sourcils.

— Je m'inquiétais, dis-je.

Je la laisse reprendre ses esprits. Elle se lève et retourne dans sa chambre. Je la suis. Elle se dirige vers la salle de bains, je m'installe sur la chaise, face à son lit. J'entends l'eau couler. Elle revient sans avoir essuyé l'eau qui perle sur son visage. Elle s'assoit sur son lit.

— J'ai rarement eu aussi peur des crépusculaires, dit-elle, en comprenant que j'ai observé son cauchemar.

Elle ne m'en veut pas.

— Concernant Matt… Ça ne date pas d'hier.

— C'est légitime d'avoir peur de lui. Ce serait même aberrant de ne pas se méfier de quelqu'un de si puissant.

Son regard vairon se perd dans le vide.

— Cela fait trois mois que je fais des cauchemars sur les crépusculaires. Des cauchemars de toute sorte, sans queue ni tête. Cela n'a aucun sens. C'est une obsession.

Elle tousse, s'essuie le front du revers de la main et respire plus calmement que précédemment.

— Habituellement, je n'ai vraiment pas peur d'eux Naomi, je te l'aurais dit sinon.

Je réfléchis un instant. Trois mois. Cela remonte à notre rencontre, et à son voyage vers l'Unité de Feu.

— Tu as peut-être vu quelque chose qui t'a inconsciemment marqué.

Elle réfléchit.

— La seule chose qui m'ait marquée… Commence-t-elle, la voix tremblante

— C'est Matt.

Elle me regarde un instant, son visage empli d'une tristesse sans limite. Je m'en veux un peu d'être si brutale. Elle n'est pas comme ceux que j'ai l'habitude de côtoyer. Je n'ai pas à me montrer si dure avec elle.

— J'aimerais tellement pouvoir en parler, mais je ne peux pas.

— Je sais. Lui dis-je

Je la prends dans mes bras. Ce n'est pas naturel mais c'est tout ce que je peux faire.

— Tu peux m'en parler, si tu veux.

Je la sens hésiter.

— Je ne devrais en parler à personne. Mais j'ai l'impression que de toute façon, beaucoup connaissent mes sentiments à l'égard de Matt.

— Sûrement lorsque tu étais plus jeune, et dépourvue de tous les pouvoirs que tu as acquis depuis que tu sais qui tu es. Ne t'inquiète pas Cloé, personne ne se doute qu'il puisse se passer quelque chose entre vous.

— Et pourtant… Dit-elle, pleine de sous-entendus.

Je me souviens alors de ce fameux soir, celui de notre rencontre. Matt et elle se sont éclipsés durant la nuit et elle n'est revenue qu'au petit matin. Sans même avoir besoin de poser des questions gênantes, auxquelles elle ne peut évidemment pas répondre, je devine ce qu'il s'est passé. Je dirai même : je *crains* ce qu'il s'est passé. Je me remémore l'état de Cloé ces derniers mois, sa peau pâle, son appétit croissant, son sommeil agité voire inexistant. Elle rêve de crépusculaires depuis qu'elle a passé la nuit avec Matt. Des cauchemars dans lesquels ce dernier autorise un crépusculaire à la mordre… C'est alors que je comprends.

— Cloé…

Elle m'observe patiemment, tout en essayant de déchiffrer mon expression. Mes yeux se portent sur son ventre, son tee-shirt est ample. Un tee-shirt d'homme, qui appartient sûrement à Matt.

— Tu n'as pas eu tes règles ces derniers mois ?

Cloé, qui est loin d'être bête, comprend tout de suite mon allusion. C'est alors que la panique la gagne.

— Je … J'ai, bredouille-t-elle, elles n'ont jamais été régulières, je n'ai jamais fait attention…

Elle pose instinctivement les mains sur son ventre et l'effroi me gagne à mon tour. Cloé est enceinte de Matt. Cloé a un bébé crépusculaire, sûrement le plus puissant du monde, à l'intérieur de son corps qui n'a même pas encore connu l'étendue de ses propres pouvoirs. J'essaie de cacher ma peur pour être en mesure de la rassurer mais je me rends vite compte que ce n'est pas la peine : ses yeux fixent son ventre, ses mains se positionnent de manière protectrice autour de lui.

Mon inquiétude redouble : elle veut le garder. Il risque d'être d'une puissance incontrôlable. Comment va-t-elle faire ? En plus, Matt ne va pas tarder à le savoir, et Dieu sait comment il va réagir. Ce n'est pas le moment d'ajouter le bébé de Matt à tous les problèmes que l'on a déjà. Il a une mission. Il est le seul à pouvoir renverser son frère. Et si l'enfant devient pire que Benjamin Kellor ? La puissance induit la folie, c'est connu.

— Bon euh, ce n'est pas sûr, dis-je, plus pour moi, que pour elle.

— C'est sûr. Je le sens maintenant.

Je m'assois de nouveau. Prends une bouffée d'air. Elle le *sent*.

— C'est une catastrophe.

Ça m'a échappé. En plus de ce qu'il représente, c'est pour elle que je m'inquiète. Elle va être prise pour cible si cela se sait.

— Si tu veux *vraiment* le garder, ne le dis à personne. Je n'ai aucune idée de la réaction que peut avoir Matt. Et ton frère, tu y as pensé ? Pire, Benjamin Kellor ! Les gens voudront soit le tuer, soit s'en servir à leur avantage.

Cloé reste calme. J'aurais dû être celle qui la rassure, mais je ne suis pas l'amie parfaite. Les rôles s'inversent, et c'est elle qui me rassure grâce à son self-control extraordinaire. Peut-être que la guerre sera finie avant qu'il naisse. Peut-être que Cloé saura le contenir, lui enseigner le droit chemin. J'ai tendance à imaginer le pire tout de suite, mais ce n'est pas si terrible. Ce n'est qu'un fœtus à l'heure qu'il est. Ce n'est pas la peine de paniquer. Cloé se caresse le ventre et je sais que ce n'est pas la peine d'aborder le sujet de l'avortement.

— Je vais partir, dit-elle sereinement. Je vais partir dans le monde des Sans-Don, et avoir mon bébé loin de toutes ces tensions.

Très bonne décision. Ainsi, elle se protège, et elle nous protège de son enfant potentiellement dangereux. Mieux vaut qu'il révèle ses capacités le plus tardivement possible.

— Bien, dis-je après un long silence. Pars, sans le dire à personne, ni que tu pars, ni où tu vas, rien. Même pas à moi. Je ne sais pas du tout quelle sera la réaction de Matt lorsqu'il l'apprendra. En tout cas il finira par se douter de quelque chose quand il saura que tu es partie. Il risque de s'introduire dans tous les esprits de ton entourage jusqu'à trouver les réponses qu'il cherche.

Elle est déçue. Il faut qu'elle prenne conscience des risques liés à sa grossesse. Ils ne la concernent pas uniquement. Ils nous concernent tous. Cloé pose sa tête sur mes genoux.

— Ton bouclier est fort, travaille-le encore. Il ne pourra peut-être pas te rejoindre si tu l'en empêches. La localisation n'est pas son meilleur pouvoir, tu as tes chances.

Je marque une pause, lui caresse les cheveux. Je suis consciente que ce que je dis n'est pas facile à entendre.

— Je ne peux pas venir avec toi. Personne ne le peut, il nous retrouverait.

— Je sais.

Après un instant de silence elle ajoute :

— Ma sœur était peut-être enceinte alors. Si c'est le cas, je comprends qu'elle soit partie. J'ai l'impression que toute ma vie se trouve dans mon ventre et que je dois tout faire pour la protéger.

Je continue mon geste attendrissant, ce qui me demande de moins en moins d'efforts. Elle a dû s'imaginer tout un tas d'issues possibles pour sa sœur disparue, mais pas encore celle-ci apparemment.

— C'est bizarre, dit-elle, je ne me suis jamais sentie aussi heureuse. — Elle se relève — Comment ai-je pu être à tel point dépourvue de mes sens pour ne pas le remarquer avant ? J'ai pourtant pleinement conscience de tout mon corps grâce à mon Don.

— Je suppose que tu étais trop occupée à oublier cette fameuse nuit.

Elle baisse les yeux.

— Il ne m'a même pas recontactée.

Aïe. Comment fait-elle pour m'attendrir ? J'ai envie de la rassurer, de lui dire ce que je sais sur les sentiments de Matt, mais ce serait la pousser dans ses bras. Malgré ce qu'il peut ressentir pour Cloé, on ne peut pas savoir comment il va réagir face à cette nouvelle. D'autre part, il n'est pas prêt, l'Unité de Feu n'est pas prête et Cloé non plus. Je me contente donc de me taire, même si cela me pèse.

Nous finissons par nous endormir, sans un mot.

À mon réveil, elle n'est plus là. J'ouvre son placard, vide. La salle de bain ? Vide. Comment a-t-elle fait pour ne pas me réveiller ? Une larme me surprend, je l'essuie rapidement. Qu'est-ce qu'il m'arrive ? C'est mieux comme cela.

Je me remémore mon propre départ de l'Unité de Feu. La veille, la Triade revenait d'une mission, leurs visages et leurs mains étaient tâchés de sang. Ils ne semblaient ne rien éprouver de bon. Quelques heures plus tard, ils riaient aux côtés de Benjamin dans une de ses fameuses soirées de débauche. J'ai aperçu Ryan qui tripotait une « danseuse » et j'ai eu un déclic : ce monde n'était pas fait pour moi. Je n'ai pas eu envie de quitter Ryan en lui faisant une scène, cela n'aurait servi à rien. Il avait bien d'autres préoccupations en tête. J'ai donc quitté l'Unité de Feu sans le lui dire. Je sais que nous nous aimons vraiment. Je l'ai connu lorsqu'il n'était qu'enfant, innocent et surtout vulnérable. Nous avons grandi ensemble, acquis des pouvoirs ensemble, découvert ce monde de brutes ensemble. Notre union est d'ailleurs évidente pour tous les membres de l'Unité de Feu. Je n'ai ni besoin de mot, ni de promesse pour en être moi-même persuadée. D'autant plus que les démonstrations d'amour, ce n'est pas notre tasse de thé.

Je prends l'ascenseur. En arrivant dans ma chambre, Ryan m'y attend. Je ne l'ai pas senti en amont, et cela m'inquiète. Ai-je à ce point baissé ma garde ? Ou est-il devenu puissant à tel point qu'il peut me cacher sa présence ou se téléporter à mes côtés sans que je puisse lui refuser l'accès ? Il est étonné aussi, ce qui me fait comprendre que c'est bel et bien de ma faute. Mes pouvoirs ont dû se mettre en veille à cause de l'influence du champ de force du dernier étage. Je n'ai d'ailleurs jamais aussi bien dormi.

Ryan me scrute de la tête aux pieds. Il n'a pas l'habitude que je ne sois pas apprêtée. Je me concentre et réactive mes pouvoirs, en moins d'une seconde, je suis habillée d'un tailleur et d'un petit chemisier.

— Je ne sentais plus ta présence, s'énerve-t-il.

Ah, oui. C'est vrai. Durant ces trois mois j'ai préféré oublier le lien qui nous unit Ryan et moi. J'ai fait taire la connexion entre nous. Je pensais qu'il aurait fait pareil de son côté afin de se concentrer sur son rôle au sein de l'Unité de Feu. Apparemment, ce n'est pas le cas. Cela signifie qu'il a pu voir tout ce que j'ai fait durant ces trois derniers mois. Il connaît les lieux que j'ai arpentés et les personnes que j'ai côtoyées. La connexion entre les membres de la Triade a permis à Enzo et Matt d'avoir également toutes ces informations. Notamment sur l'avancée des préparatifs de la guerre ici. Heureusement, ils n'ont pas pu entendre la conversation d'hier, grâce au champ de force.

J'ai besoin que Ryan coupe de lui-même la connexion avec les autres membres de la Triade pour le reste de notre conversation.

Je connais le seul moyen pour qu'il le fasse : je m'approche de lui, déterminée, et l'embrasse comme jamais. Au début, il se méfie, il me connaît trop bien. Puis, je le sens faillir, il m'agrippe et me rend mon baiser avec encore plus de ferveur. Là, je sais qu'il a coupé sa connexion avec Matt et Enzo. Lorsqu'il se rendra compte que c'était un stratagème, il va s'énerver. Tant pis.

Je me recule, c'est le moment :

— J'avais besoin de te demander quelque chose en toute intimité.

Il ne répond pas.

— Coupe notre connexion s'il te plait.

Ses yeux virent au gris clair, j'ai blessé son égo. Combien de fois a-t-il blessé le mien ?

— Je peux considérer que c'est fait ? C'est une chose que tu puisses tout voir, ç'en est une autre qu'Enzo et Matt le puissent également.

Il se calme un peu. J'entreprends de nous faire deux cafés. J'ai la chance de disposer d'une kitchenette. Il s'assoit sur la petite table en face.

— Je suppose que je ne dois pas te demander pourquoi ? Demande-t-il quand même.

Il faut que j'agisse en supposant que Matt puisse voir cette conversation en aval.

— Je suis en sécurité ici. Pour la première fois, je me sens bien. Je me sens… normale. Ce n'est pas la peine de t'inquiéter. J'ai des amies, je suis bien entourée, et tu sais où me trouver. J'aimerais juste avoir un peu d'intimité, tu comprends ?

Je l'ai convaincu. Blessé, certes, mais convaincu. C'est le principal. S'il garde cette foutue connexion, Matt se rendra vite compte qu'il n'y a plus Cloé, et ce sera trop facile pour lui de retrouver sa trace.

— Tu crois qu'un jour ce sera comme avant ? Chuchote Ryan

Il me prend un peu de court. Cher petit Ryan nostalgique, c'est maintenant que tu regrettes la portée de tes actes ? Le nombre de filles que tu as touchées sans même penser à ce que j'ai pu ressentir ! L'égoïsme dont tu as fait preuve pour oublier les mauvais actes que Benjamin t'a forcé à commettre. Est-ce maintenant que tu en prends conscience ?

— Ce ne sera jamais comme avant, dis-je froidement.

Il prend une gorgée de café, sans me regarder.

— Pourtant, je sais que mes sentiments sont réciproques. Sinon il n'y aurait aucune connexion entre nous, insiste-t-il.

— Ryan, arrête.

Il baisse la tête.

— Je suis désolé. Pour tout. Crois-le ou non je voulais juste t'éloigner de tout ça, de moi. De ce que j'étais devenu. Je ne voulais pas que tu en viennes à te salir les mains comme j'ai salis les miennes. J'ai même pensé à supprimer tes pouvoirs pour te rendre inutile aux yeux de Benjamin.

Nous y voilà. Le discours que j'ai tant attendu arrive enfin. Je m'adoucis. Je sais déjà tout cela. Je sais qu'il dit la vérité. Il n'a pas su mettre les formes pour y parvenir, mais il l'a fait pour moi. Je sais également ce que ça lui coûte de me faire ses excuses.

— Je me suis inquiété de sentir la connexion entre nous se rompre, j'ai imaginé tellement de fois ta disparition que ça m'a rendu dingue. Je devrais toujours être là au cas où tu aurais besoin de moi, continue-t-il

Je ne sais pas quoi répondre. Nous n'avons pas été élevés de manière à parler avec notre cœur. Je me force à rire.

— Je ne compte pas mourir tout de suite.

Il arbore un sourire triste.

— C'est pourtant ce qu'il risque d'arriver à beaucoup d'entre nous, très prochainement. Profite bien de cette vie au château, une fois que la guerre aura éclaté, ce ne sera plus si paisible.

— C'est le risque que l'on prend en choisissant notre camp.

— À force de t'observer dans ta nouvelle vie, j'en oublie que tu peux être impartiale.

— Moi, je n'oublie pas

Il finit son café et se lève.

— Je dois y aller.

Il hésite un instant, s'approche de moi et dépose un baiser sur mon front. Je ferme les yeux et inhale son parfum. Il se retire quelques secondes après. Nous nous regardons un instant sans dire un mot, jusqu'à ce qu'il s'éclipse.

LE VIDE

J'ai réussi à me téléporter grâce à une image que j'ai trouvée dans un magazine ! Je n'étais pas sûre d'y parvenir. Quoi qu'il en soit, je suis dans un petit hôtel californien, dont je n'ai parlé à personne. J'ai suivi les conseils de Naomi : je n'ai pas laissé de preuve. J'ai retiré tout l'argent de mon compte bancaire. À mon retour, il faut que je pense à remercier Elizabeth, la mère d'Adam, pour tout l'argent qu'elle a épargné pour moi. Elle n'était pas obligée. Jusqu'à présent, je n'en ai pas eu l'utilité. Aujourd'hui, ça me permet de me débrouiller seule.

Contrairement à ce que j'appréhendais hier, je ne ressens aucune tristesse. Je sais que je reviendrai au château quand mon enfant sera capable de se défendre. Grâce à mes sens surdéveloppés, je peux sentir à quel point il est vivant. Il me semble que son développement est bien plus précoce que celui d'un humain. Il doit avoir atteint les caractéristiques d'un fœtus de cinq mois alors qu'il n'en a que trois.

J'ai de la chance d'avoir une extra lucidité quant au ressenti de mon propre corps. Peut-être que nous pourrons communiquer avant sa naissance, quand il aura une maturation neuronale suffisante ! Ce serait génial. Une sorte de télépathie prénatale. Cela doit forcément exister !

J'aurais aimé que Lana partage cette expérience avec moi. Elle aurait peut-être perçu ses émotions ! Je me sens vraiment coupable d'être partie sans lui avoir tout révélé.

Je loue une chambre dans ce magnifique hôtel pour une semaine. C'est le temps que je me laisse pour trouver un appartement qui pourrait nous accueillir, mon enfant et moi.

C'est la première fois que j'ai autant envie d'être loin de Matt. Au moins jusqu'à la naissance du bébé, pour qu'il ne puisse pas faire marche arrière. Je sais qu'il prendrait une décision seul, même si elle ne me plaît pas. Je sais également que je suis en train de faire comme lui. Je réagis de manière égoïste, je décide pour nous deux alors que c'est son enfant aussi. Je veux juste être sûre qu'il verra le jour. De toute façon, Matt est censé être en couple avec cette Ophélie, qui est la fille d'un président. Je me doute que cela fait partie d'une stratégie politique. Il n'empêche que si l'on apprend qu'il a un enfant avec une autre, ce sera la fin de son plan machiavélique. Conclusion : j'ai pris la bonne décision.

Durant les premières semaines, je sens plusieurs personnes qui essaient d'entrer en contact avec moi. Le plus souvent, c'est Lana, évidemment, et lui bloquer l'accès me rend très triste. Davy aussi essaie régulièrement, sûrement parce qu'il est plus gradé. Viennent ensuite les filles du désert, surtout Kélia, puis Ambre et Mélodie. Je m'inquiéterai lorsque ce sera Naomi qui cherchera à me contacter. Vincent a essayé environ cinq fois, et j'ai réussi à lui bloquer l'accès ! Ce qui prouve que je me suis vraiment améliorée pour mon bouclier. Le grand Vincent, grade un et chef de la Neutralité n'arrive pas à forcer le passage du bouclier de la petite et fragile Cloé. Haha.

Du coup, j'ai l'espoir que Matt n'y parviendra pas non plus, en temps voulu.

Durant la semaine que je passe à l'hôtel, je ne fais plus aucun cauchemar. En fait, je me sens extrêmement sereine depuis que j'ai accepté l'enfant que je porte. Adam n'a pas essayé de prendre contact avec moi. Peut-être n'a-t-il même pas remarqué mon absence. Ou alors, il reproduit ce qu'il s'est passé avec Emilie et me laisse partir sans rien dire. Ce serait plus facile comme cela.

J'ai visité un appartement magnifique. Il a des plafonds très hauts et des portes dotées de petites fenêtres carrées que j'adore. Je m'y installe donc à la date que je m'étais fixée. Il a deux chambres, dont une que je compte aménager pour mon bébé.

Je trouve qu'il fait « atelier d'artiste ». Du coup, dès mon arrivée, je me suis mise à peindre. Le plus souvent, ce sont des peintures qui représentent le château, mais j'ai également peint la forêt qui encadre la Neutralité et le désert de l'Unité de Feu. Il y en a une de Matt, mais je l'ai recouverte pour ne pas la regarder trop souvent. J'en ai fait une de mon bébé aussi, tel que je le perçois dans mon corps, ça ne ressemble pas trop à grand-chose d'ailleurs.

Les jours se ressemblent. Ils sont paisibles. Je me sens bien.

Un soir, en pleine nuit, Eddy essaie de me contacter à plusieurs reprises. J'hésite à lui laisser l'accès. Pourquoi insiste-t-il comme ça ? Il doit y avoir quelque chose de grave. Depuis qu'il m'a laissée plantée en plein désert seule avec des inconnus, nous ne nous sommes plus adressé la parole.

Je songe un instant à lui accorder l'accès avant de me rappeler que mon ventre est arrondi comme si j'y abritais un bébé de six mois — au lieu de quatre — Cependant, je peux le cacher, grâce à mes pouvoirs. Je peux transformer mon corps comme je le veux en fait. J'ai appris cela récemment et m'en sers quand je sors : on n'est jamais trop prudent.

Au bout de son trentième appel consécutif, je finis par accepter son intrusion, en prenant soin de cacher mon ventre rond.

Il apparaît dans le petit salon et je reste en retrait pour l'observer. Il regarde les peintures, puis la vue. Peut-être qu'il pense être arrivé à se téléporter sans mon accord. Ce n'est pas le cas et j'en suis fière.

Je fais quelques pas vers lui et il se retourne enfin. Il a énormément changé. Il semble plus imposant. Ses yeux sont plus foncés et plus cruels. Je trouve cela vraiment bizarre qu'il ait autant insisté pour me rejoindre.

— Qu'y a-t-il de si urgent ? Je demande

— Moi aussi je suis content de te voir, répond-il du tac au tac

Je me mords la langue, sa voix aussi a changé.

— Tu as pu trouver ce que tu cherchais après m'avoir abandonnée en plein milieu du désert ? Le défiais-je

— A ce que je vois, toi, oui, dit-il, les lèvres pincées, en fixant mon ventre plat.

Je fais un pas instinctif vers l'arrière. Comment a-t-il su ? Ses yeux virent au blanc, tout va très vite. Il semble d'abord essayer de m'embrasser, je le repousse vivement. Il agrippe mes mains, me fait tourner et me balance vers la porte d'entrée. Juste avant de m'étaler dessus, je me téléporte et atterris sur mes pieds. Cependant, il est plus rapide que moi et je ne sais pas comment je dois réagir. Je ne m'attendais pas à ce qu'Eddy soit un ennemi.

— Eddy ! Je crie

— Je t'aime trop pour te laisser porter un monstre, dit-il, hors de lui

À cet instant, je vois l'étendue de ses pouvoirs. Il est très puissant, sûrement plus que moi. Son élément est le feu, il fallait s'y attendre. S'il n'avait pas les yeux blancs, j'aurais l'impression de voir Matt. Ses bras fument, ses cheveux font des étincelles.

— C'est ta jalousie qui parle, dis-je, calmement.

Je le vois reprendre le dessus sur ses émotions. Il déglutit bruyamment et dit :

— Je suis désolé que ça tombe sur toi, mais cet enfant ne peut pas vivre.

Je fais l'erreur de penser qu'il va se rendre compte de la bêtise qu'il vient de me dire. Je fronce les sourcils de manière exagérée en pensant que ce n'est qu'une histoire de jalousie. Néanmoins, nous ne sommes pas en train de partager une discussion mais un combat.

Je réalise un instant trop tard qu'il m'immobilise. Je fais un effort pour activer mon bouclier. Mon ventre redevient rond car je ne peux pas me concentrer sur tout. J'arrive à faire sortir Eddy de mon esprit mais, à la vue de mon ventre, il change complètement d'apparence. A présent, il ressemble plus à un monstre qu'à un être humain. Des flammes jaillissent de toute part et la peur me gagne. J'éprouve beaucoup de mal à réfléchir et à me concentrer sur une chose précise. Il fonce droit sur moi, mon instinct me permet de l'éviter, et je réussis à articuler « *calme toi, Eddy !* » mais cela ne sert à rien. Il n'est définitivement plus lui-même.

Il m'attrape les cheveux tandis que je lui flanque un coup de poing dans la joue. Mes cours de combat me servent bien. Eddy lâche mes cheveux pour replacer sa mâchoire douloureuse. Je me dis qu'il va se calmer et que nous allons pouvoir discuter. Cependant, il décide d'utiliser son pouvoir de téléportation et apparaît devant moi. Dans une de ses mains, il fait apparaître une boule de feu, tandis que de l'autre, il me maintient par la nuque. Je me concentre pour me téléporter à mon tour et lui échapper mais je n'y parviens pas. *Pourquoi ?* Je me concentre sur mes ressentis. C'est le bébé. Il est attiré par le feu, je le ressens. Il aime cela et m'empêche de m'enfuir ! Je n'ai pas l'habitude de lutter contre des forces intérieures à mon propre corps. En regardant plus attentivement Eddy, je remarque que c'est une stratégie. Il se doutait que le bébé serait attiré par l'Elément de son père.

Je me débats comme je peux, Eddy ne semble pas se calmer. En l'espace d'un très court instant, il saisit un couteau et l'enfonce droit sur le bébé. Je suis horrifiée, je le retire de mon ventre aussi vite qu'il est entré, comme si cela pouvait épargner la vie que je porte. Une douleur lancinante parcourt tout mon être, j'envoie le couteau ensanglanté en direction d'Eddy qui s'est éloigné, il le reçoit dans la joue et crie. Ma douleur s'intensifie de plus en plus. Des petits points noirs envahissent mon champ de vision. L'inquiétude me gagne : comment va mon bébé ? Je ne ressens rien d'autre que la douleur de mon abdomen. Je baisse les yeux dans sa direction, du sang jaillit à flot, comme je n'en ai jamais vu. Je tente d'appuyer dessus pour stopper l'hémorragie. Ma tête tourne de plus en plus et je lutte pour ne pas m'évanouir. Eddy revient vers moi, bien trop vite à mon goût, le couteau toujours enfoncé dans sa joue. Il me donne un coup de poing sur la tête, et me fait tomber au sol grâce à sa jambe droite. Ma tête percute le parquet, du sang s'écoule de mon arcade. Je tente de me relever mais il m'appuie sur la joue avec son pied. Je hurle de rage. Pourquoi je n'arrive pas à me servir de mes pouvoirs ? Il se baisse à mon niveau, me regarde droit dans les yeux. Quelle vision d'horreur. On dirait un monstre avec ce couteau planté dans sa joue et ses yeux blancs. Cependant, il a eu raison de laisser le couteau. Il a été plus intelligent que moi. Si je l'avais laissé là où il était, j'aurais perdu moins de sang. Tout mon être tremble, de haine, de peur, de peine. Je me sens trahie, meurtrie, seule, sans défense. J'attrape le couteau et le fait tourner à l'intérieur de sa joue. Celle-ci s'ouvre et je peux y voir à travers. C'est affreux. Il sourit comme pour dire *« n'insiste pas, tu as déjà perdu »*. J'ai envie de vomir. Il prend de l'élan et m'assomme d'un coup de tête, je sombre dans l'inconscience.

Je me réveille d'un bond. J'ai tout de suite le réflexe de toucher mon ventre. Je retire mon tee-shirt ensanglanté et effleure de nouveau ma peau saine. D'abord rapidement, puis plus lentement, en haut, en bas, sur le côté. Je me tourne vers le miroir, vérifie encore une fois. La panique me gagne. Que s'est-il passé ? Mon ventre est plat. Il ne saigne pas. Il n'a aucune cicatrice. Rien. Je suis au milieu du salon, Eddy n'est plus là. Je réitère plusieurs fois l'inspection de mon corps. Je ne comprends pas.

Je me concentre et tente de retrouver la présence de mon bébé. Rien. Personne. Que du vide. Le néant.

Non, mon ventre n'est pas plat, il est *creux*. Mes genoux cèdent sous le poids de mon effroi et je retombe au sol. Nue, je suis nue. Seule, abandonnée. Je n'ai pas su le protéger. Je n'ai pas su donner la vie à mon bébé. Je l'avais juste là, à côté de mon cœur. Je l'avais près de moi. Comment est-ce possible ? C'est absurde, non ? Tellement absurde. Rien n'a jamais été si absurde ! Et pourquoi n'ai-je aucune marque ? Il ne m'a même pas laissé cela. Il m'a tout pris. Je veux une marque !

J'empoigne le couteau qui a servi à tuer mon bébé et m'entaille les jambes, puis les bras et le ventre.

— Laissez-moi une marque !

Je crie. Je crie d'effroi, je crie jusqu'à perdre haleine. Je hurle et tape le sol. Mes plaies cicatrisent en un rien de temps alors je balance le couteau contre le miroir. Il se brise en mille morceaux. Les sanglots prennent le dessus, je suis prise de violentes secousses incontrôlables qui me tordent de douleur. Mes mains se resserrent sur mon ventre et je me mets à divaguer. Le sol froid me rappelle que ce n'est pas un cauchemar. Je ferme les yeux, j'aimerais tant que ça en soit un.

Il y a quelques heures, j'étais entière, sereine. Il y a quelques heures seulement, j'avais le pouvoir de donner la vie. Est-ce possible ? Non. Ce n'est qu'illusion. Ce n'est pas possible. Je vais me réveiller.

Je ne me réveille pas. Je suis bel et bien dans la réalité. Cette réalité si dure, si cruelle.

Je ne l'ai pas protégé. Qu'est-ce que je suis stupide. Qui était-ce, ce monstre ? Il m'a enlevé mon bébé. Il a retiré la vie que je voulais tant protéger. Quelle mère survit à son enfant ?

— Rendez-moi mon enfant, rendez le moi !

J'ai touché du doigt ce putain de bonheur ! Je pensais pouvoir enfin donner une définition à ce mot jusqu'alors inconnu. Il le restera donc. Inconnu, insensé, inexistant.

Je ne cesse de caresser mon ventre. *Reviens, je t'en prie, reviens.*

A-t-il seulement existé, ce bébé ? Et si j'étais folle ? Après tout, je n'ai rien. Aucune cicatrice. Des pouvoirs ? Des Dons ? Des Unités ? Un enfant ? Rien de tout cela n'existe.

Je repense à Emilie, à la manière dont elle me brossait les cheveux lorsque j'étais enfant. Emilie ? Elle non plus n'a jamais existé.

Je ne sais plus.

Qui suis-je ?

Où est mon enfant ?

Je ne compte ni les heures, ni les jours. Je m'évertue à penser aux moments heureux de mon enfance pour me persuader qu'ils ont existé. Oui, Emilie a existé, mais elle n'existe plus.

Nous sommes seuls, n'est-ce pas ? Chacun d'entre nous l'est. Dans la maladie, dans la souffrance, dans le deuil. Seul au monde.

Je suis seule sur le sol froid. Encore et encore. Jusqu'à quand ?

La faim me tiraille le ventre. *Laisse-moi tranquille*. Je ne mérite aucun plaisir. *Aucun !* Je n'ai pas su protéger mon enfant.

Je suppose que mes pouvoirs me permettent de rester en vie, ce qui accentue mon calvaire. J'aurais préféré mourir.

Pourtant, je me relève un soir, difficilement. À quatre pattes d'abord, puis debout en me tenant aux meubles. Je mange un peu sans réfléchir, je bois également. Je ne ressens aucun plaisir à le faire, plutôt du dégoût.

Mon instinct de survie prend le dessus sur tout le reste. J'avance doucement vers la douche et passe des heures sous l'eau brulante. Cela fait affreusement mal.

Les mois qui suivent, je reste enfermée chez moi. Je ne sors jamais et ne parle à personne. J'ai même coupé tout lien qui pourrait m'unir aux autres. Ma connexion semble rompue. Cela fait six mois que je suis partie. Mon bébé serait sûrement déjà né.

Mon rythme de vie se résume à manger — une seule fois par jour — dormir, et passer des heures sous l'eau brulante.

J'ai essayé de mettre la télé, et la radio, mais tout me rappelle mon bébé. Alors, silence. Silence.

J'ai repris la peinture : les toiles ne ressemblent en rien à celles que je faisais dans cette autre vie où j'avais enfin cru trouver le bonheur. Elles sont noires, grises, monotones, tristes, et avec du feu de partout. Les cauchemars sont revenus, ils sont plus intenses. Eddy est dans chacun d'entre eux et je me surprends à penser à sa mort. J'aimerais juste qu'il soit mort à la place de mon bébé.

Lorsque j'y repense et que je me remémore la scène, je me dis qu'il n'y a que deux explications : soit Eddy est devenu complètement fou, soit il a pu voir, grâce à ses pouvoirs que mon bébé allait être dangereux. Mais dangereux pour qui ?

Qu'importe. Le seul désir qui m'anime est celui de la vengeance.

Peu à peu, je reprends seule mes entraînements, dans la forêt avoisinant mon appartement. Mes progrès n'ont jamais été si rapides, tellement mon désir de le faire souffrir est grand.

Je me concentre sur mes pouvoirs, sur Mes Dons. Je m'autorise à utiliser l'Eau mais également le Feu. Je m'entraîne à voler, car j'y arrive de mieux en mieux et qui plus est, de plus en plus haut. J'ai l'impression que chaque sentiment que je ressens se traduit en pouvoir.

J'apprends à les utiliser, tout en gardant mes sens en alerte et mon bouclier en place. Il faut que je sache tout contrôler en même temps pour ne plus faire la même erreur. Je ne ferai plus jamais confiance à quelqu'un. Plus jamais.

LE POUVOIR

Le soir de mon dix-huitième anniversaire, en rentrant de l'entrainement que je m'impose, je me surprends à désirer un hamburger. Pour la première fois depuis des mois, j'ai envie de quelque chose. J'attrape le téléphone pour commander. À la première sonnerie, mon envie redouble. À la seconde, la culpabilité m'assaille. Je raccroche et m'effondre.

À la suite de ce soir-là, je jeûne pendant trois jours.

Un matin, au réveil, je croise mon reflet dans le miroir. Je suis affreuse. Mes yeux sont ternes. Ma peau n'a jamais été si blanche. Mes cheveux sont en batailles. Mes joues sont creuses. Je distingue sans mal mes côtes, mes clavicules. Qu'est-ce que je suis maigre !

Je repense à tout ce que j'ai vécu qui aurait pu m'anéantir à ce point : l'absence de mes parents, l'abandon d'Emilie, puis d'Adam, la découverte d'un monde parallèle. Pourtant, je me suis relevée. Je n'ai rien laissé paraître quant à la nature de mes émotions.

Je repense à Lana, à qui je n'ai pas pensé depuis mon combat avec Eddy. Je repense à Vincent, aux filles du désert, à la guerre qui se tramait entre les Unités. Qu'en est-il maintenant ? Quand est-ce que j'ai commencé à être si égocentrique ?

Ils doivent être morts d'inquiétude. Je reproduis exactement ce qu'a fait Emilie ! Non, c'est pire, car la guerre allait éclater. Il faut que je me ressaisisse, que je trouve une raison à cette horreur, que j'apprenne à vivre avec. De toute façon, j'aurais été obligé de cacher cet enfant, n'est-ce pas ? Matt n'en aurait pas voulu. Adam aurait appris la nouvelle et, qui sait ce qui serait advenu ? Peut-être qu'Adam lui-même aurait tué mon bébé, ou pire… Si ça avait été Matt !

Il faut que je reprenne ma vie en main. Je crois au destin, et le destin ne fait jamais rien par hasard. Cela devait se produire de cette manière-là. Voilà. Il y a une raison à toute cette histoire. J'en ressors encore plus forte, avec des pouvoirs que je n'aurais jamais pensé avoir.

Au fil des jours, je me force à m'alimenter correctement, à me doucher et m'habiller, à respecter des horaires de journée. Je reprends des couleurs et des formes. Je pense à mes amis qui ont — ou auront — certainement besoin de moi. Je pense à Matt parfois, mais je m'efforce d'effacer son souvenir car il me rappelle le bébé. Je ne peux pas me montrer si faible devant Vincent ou Adam. Je dois paraître normale, comme une adolescente qui a fait une fugue. Ou bien, comme une jeune femme qui voulait refaire sa vie. Ou bien … Je ne sais pas, mais en tout cas il ne faut pas que ce soit la vérité : la sœur du gouverneur de l'Unité de l'Eau qui est enceinte du futur leader de l'Unité de Feu. « Était », pardon. Qui « était enceinte ».

Les semaines s'écoulent et je me sens un peu mieux. Une après-midi, en rentrant de la forêt, je ressens un violent sifflement dans mes oreilles. Je tente de garder mon calme, en prenant le temps de l'analyser. Je sens mon bouclier se mouvoir pour la première fois depuis des mois. Il était trop rigide et trop défensif pour que je me rendre compte qu'il coupait tout contact avec mes proches.

C'est quelqu'un de puissant qui me demande l'accès à ma position. Quelqu'un qui me connait bien. Je me concentre un instant et visualise des yeux noisette. Ils appartiennent à Naomi.

Je m'assois sur mon canapé et tente de contrôler ma respiration. Je suis calme, ça y est. J'accepte sa venue.

Elle apparait, debout face à moi, et reste silencieuse. Je ne sais pas quoi lui dire non plus.

Ses yeux se portent sur mon ventre, puis sur la maison. Elle se sert de ses pouvoirs pour regarder à travers les murs. Je le sais car ses yeux changent de couleur. Elle m'avait dit qu'elle avait cette capacité. Matt l'a aussi d'ailleurs. Pas étonnant qu'il ait pu me voir la fois où j'étais cachée dans le placard à balais.

— Cloé, finit-elle par dire, un soulagement perceptible dans le ton de sa voix.

Je n'ai pas la moindre envie de devoir expliquer à voix haute tout ce qu'il s'est passé. Mais ce qu'il y a de bien avec Naomi, c'est que je n'ai jamais besoin de lui expliquer quoi que ce soit.

Elle s'assoit en face de moi

— Qui a fait ça ?

— Eddy.

Elle me prend maladroitement dans ses bras. Les larmes me montent aux yeux mais je ne pleurerai pas. J'ai assez pleuré. Je me suis entraînée à être forte et c'est maintenant que je dois mettre mes exercices en pratique.

Naomi s'écarte, c'est elle qui pleure. J'en suis autant étonnée qu'elle.

— Depuis quand as-tu coupé le lien avec ton bouclier ? Demande-t-elle pour changer de sujet.

C'est évidemment un échec puisque c'est précisément depuis qu'Eddy m'a enlevé mon bébé. Je ne réponds pas.

— Ah ! Réalise-t-elle. Bon… Veux-tu des nouvelles ?

Je fais signe que oui, encore une fois je me rends compte à quel point j'ai été égoïste.

La guerre a éclaté entre l'Unité de l'Eau et l'Unité de Feu, Adam a réussi à inventer une sorte de « bombe » chimique qui enlève les pouvoirs pendant trois à six jours selon le niveau de la personne qu'elle touche. Il a l'avantage car il connaît l'emplacement de l'Unité de Feu alors que Benjamin cherche toujours la planque de ton frère. Les moins gradés ont complètement perdu l'usage de leur pouvoir depuis plusieurs semaines. Benjamin a demandé à Vincent de prendre part au conflit. Évidemment, il ne veut pas abolir les Dons, mais il ne veut pas non plus l'extrême contraire. Nous ne sommes donc pas encore impliqués dans la guerre mais ce n'est qu'une question de temps. Benjamin utilise la propagande pour que l'on rejoigne ses troupes. Certains sont déjà partis. Adam aborde très mal ce conflit. Il y avait des manières bien plus intelligentes de faire face à Benjamin. Peu de personnes veulent réellement perdre leur Don, c'est débile ! Tous les deux sont trop catégoriques. Adam pousse les gens à être contre lui, et devine qui est contre lui ? Benjamin Kellor. Il ne nous facilite pas les choses.

Je hoche la tête pour lui montrer que je l'écoute. J'ai du mal à revenir dans la réalité.

— Du coup, il y a des soldats de Feu de partout. Ils surveillent les rebelles qui cherchent l'accès à l'Unité de l'Eau. Il y a deux soldats au château en ce moment. Benjamin les change régulièrement pour ne pas qu'ils adhèrent à la politique de Vincent. De toute façon, nous ne serons plus mélangés aux Sans-Don puisque, pour leur sécurité, ils sont rapatriés chez eux dans le mois. Je crois que Matt compte se saisir de l'opportunité pour y faire emménager son armée de crépusculaires.

— Mon Dieu…

— Les autres pensent que ça va être une catastrophe. Moi, j'ai confiance en Matt. S'il en décide ainsi c'est qu'il est capable de les contrôler. Certains doutent de sa franchise, mais je sais qu'il est de notre côté.

248

— Et… de quel côté est-on ?

Elle marque une pause dans son discours animé.

— Tu es bien loin de tout ça, toi.

Est-ce un reproche ? « Concentre-toi, Cloé. Ne sois pas égoïste. » Me dis-je

— Je souligne juste le fait qu'il faudrait qu'on ait un camp.

Elle se baisse vers moi et parle plus doucement cette fois

— Nous sommes tout un clan de rebelles. C'est difficile d'affronter l'armée du Feu sans se faire décapiter dès la première attaque. Il faut que ce soit pensé, organisé, contrôlé. Notre groupe commence à prendre de l'ampleur mais les gens ont peur de nous rejoindre. De plus, nous devons rester très discrets. Ce n'est pas si simple. Toute attaque doit être réfléchie. Si on se dresse devant Benjamin et que par derrière Adam nous retire nos pouvoirs, on ne risque pas de gagner la bataille.

— Si je récapitule, Vincent ne participe pas à la guerre, mais nous oui.

— Je suis contente que tu te considères d'emblée comme faisant partie des rebelles, avec nous. Cependant, il est important que tu te détaches de ta vie personnelle pour intégrer les troupes.

— Personne ne saura que j'étais enceinte, si c'est ce à quoi tu penses.

— En fait, il vaut mieux que tu fasses comme s'il ne s'était jamais rien passé avec Matt. Benjamin doit penser qu'il est voué à Ophélie. Ils se sont fiancés. Leurs fiançailles marquent l'alliance entre les deux camps…

Ils - se - sont - fiancés.

— Quoi ?!

— Tu sais qu'Ophélie est la fille du président Stellar. Il dirige le plus grand clan indépendant. Une sorte de mini- Unité si tu préfères. Il y a plusieurs clans indépendants qui ne voulaient se soumettre aux règles d'aucune des trois Unités. Monsieur Stellar est le président du plus grand de ces clans. Benjamin a besoin de son appui pour se dresser contre l'Unité de l'Eau. Matt n'avait pas le choix : Benjamin ne doit pas douter de lui. Il est notre seule chance.

Mon cœur manque un battement. C'était donc ça, le plan. Une alliance avec le plus grand clan indépendant. La bonne nouvelle, c'est que Matt est avec cette fille seulement par devoir politique. Je m'en doutais. Maintenant, j'en suis sûre. Jusqu'où ira-t-il pour prouver sa loyauté ? Jusqu'au mariage ? Jusqu'à faire des enfants ? Elle parviendra peut-être à les protéger, *elle*. Mieux que moi, en tout cas.

Naomi se lève :

— T'es prête ?

— Euh…

— À quoi bon repousser ? Rentrons.

— Maintenant ?

— Oui, Cloé. Je te ramène.

Je réfléchis un instant.

— Eddy est au château ?

— Non. — Elle marque une pause — Il faut que tu reportes ta vengeance à plus tard, après la guerre.

Où est-il, alors ? Elle ne me dit pas tout. Connaissant Naomi, cela ne sert à rien d'insister. Ce que je peux faire en revanche, c'est retourner au château pour découvrir ce que cache son silence. Je ne peux pas m'empêcher d'hésiter. La tâche ne sera pas facile. Il va falloir que j'explique ma fugue, que j'ignore Matt, que je me batte contre des soldats bien plus entraînés que moi. Ce monde me fait peur mais ma vie au château me manque, mes amis me manquent, et ils ont besoin de moi.

Je me lève à mon tour. Naomi a déjà bouclé mes affaires. Elle m'observe un instant et me prend à nouveau dans ses bras.

— Je suis contente que tu ailles bien, dit-elle

« *Que j'aille bien* » quelle ironie. Elle nous téléporte, sans m'avertir, dans l'ascenseur du château. Je l'observe en silence. J'ai beaucoup de souvenirs dans cet ascenseur. Je remarque qu'il y a une caméra en haut à gauche, je la fixe.

— Vincent en a installé de partout, explique Naomi. Depuis, il passe son temps dans son bureau, devant l'écran de contrôle. Il s'inquiète pour les Sans-Don. Je vais déposer tes valises et tes peintures dans ta chambre…

Un sifflement m'empêche d'entendre la fin de sa phrase. J'essaie de le repousser mais en vain, le pouvoir qui essaie de me téléporter est plus puissant que le mien. Enfin, je crois.

Je cligne des yeux et atterris dans le bureau de Vincent, face au fameux écran de contrôle dont vient juste de me parler Naomi. Je me retourne, et aperçois un groupe de personnes autour d'une table ronde. Parmi eux, Jinn, Davy et deux soldats de l'Unité de Feu. Je les reconnais car ils ont le même tatouage que Naomi, au bras droit, un triangle noir caractéristique de l'armée de Feu.

Vincent ouvre de grands yeux en direction de Jinn. Puis, lui désigne les deux gardes du menton. Jinn l'ignore.

— Cloé, crache-t-elle.

Elle ne cache pas sa colère. Davy pose une main sur son épaule :

— Jinn, tu régleras tes problèmes personnels plus tard.

Elle s'approche de moi à une vitesse surnaturelle, prête à se battre. Je me déplace à mon tour, me positionne dans son dos et lui attrape les deux bras. Elle redouble de colère.

— Jinn, nous ne sommes pas seuls ! Gronde Vincent

— Je m'en fous ! Hurle-t-elle plus fort

Elle se défait de mon étreinte et dirige un doigt sur les gardes. Une étincelle jaillit de son index pour atterrir sur les soldats. Une seconde plus tard, ils explosent. J'en suis abasourdie. Je comprends mieux pourquoi on dit qu'elle peut déclencher une guerre lorsqu'elle est en colère. Mais en colère pourquoi ? Je ne saisis pas.

Je n'arrive pas non plus à croire la facilité avec laquelle Jinn peut tuer. J'entends Vincent dire à Davy :

— Arrête-la !

Pour ma part, je ne ferai pas deux fois la même erreur. Si, comme Eddy, elle est devenue folle, je me ferai une joie de la laisser reposer en paix. Je n'ai besoin de personne pour l'arrêter. J'active mes pouvoirs et la bloque net. Elle est comme figée. Elle ne peut pas parler mais elle est consciente et j'arrive à distinguer sa colère seulement en regardant ses yeux. Davy et Vincent ne cachent pas leur surprise. Davy finit par me sourire, apparemment impressionné par mes pouvoirs. Cela ne gêne personne qu'elle vienne de tuer deux gardes de l'Unité de Feu par les temps qui courent ?

Le sourire de Davy disparaît. Vincent et lui tournent leur tête d'un même mouvement en direction de la porte. Je les imite.

Matt est là. Presqu'aussi figé que sa sœur. Je n'arrive pas à discerner son ressenti. Ce n'est pas nouveau. Pour ma part, je ne ressens, de toute façon, rien. Ou peut-être que si. Enfin, je ne sais pas.

Pour éviter de m'attarder sur mes émotions, je relâche Jinn qui s'est calmée, sûrement suite à l'arrivée de son frère.

Personne ne parle et cela a le don de m'agacer. Si c'est moi qui commence, je vais dire une bêtise. Par exemple :*« Désolée, je suis partie pour avoir un bébé, mais finalement, je n'en ai pas.* » Au même instant, je sens que Matt fixe mon ventre. Je prends peur, effectue quelques pas en arrière et m'assure que mon bouclier est bien en place. Bon, je suis rassurée. Il ne m'a définitivement pas entendue penser. Je deviens paranoïaque.

Matt regarde sa sœur et je la sens frissonner.

— Jinn, t'es malade ? Siffle-t-il

Cette dernière regarde le sol, puis relève les yeux. Ils sont emplis de haine.

— Qu'est-ce qu'on s'en fout de ces deux cons ! Dit-elle en désignant l'emplacement où il y avait les gardes. Par contre, ça ne gêne personne que la princesse disparaisse des mois entiers ?

Elle se retourne vers moi ? Je sens que Matt est sur le point d'exploser, mais elle poursuit à mon égard :

— Ça va ? Tu t'es bien amusée ?

Vincent et Davy désapprouvent la manière dont Jinn s'y prend pour me questionner. Néanmoins, ils attendent également une réponse. Je ne m'attendais pas à devoir rendre des comptes à qui que ce soit. Les yeux de Matt se sont emplis d'une tristesse inhabituellement perceptible. Cela me rappelle tout ce qu'il s'est passé durant ces derniers mois. Ma haine refait brutalement surface. Sans m'en rendre compte, j'ai soulevé Jinn du sol, alors que je suis à plus de trois mètres d'elle. Encore une fois, mes pouvoirs ont remplacé mes sentiments. Je la balance contre la table, elle se relève, incrédule, et avance vers moi à une vitesse incroyable. Les trois hommes sont encore plus rapides et se dressent entre nous. Elle tente de m'atteindre par mon esprit. Son pouvoir a changé, il n'a plus la même odeur. Je comprends alors que c'est elle qui m'a téléportée tout à l'heure. Je la repousse mentalement, de telle sorte qu'elle est projetée contre le mur, dans un fracas faisant trembler les murs. C'est la première fois que je réussis à faire cela. Je ne l'ai pas contrôlé.

— Cloé ! M'interpelle Vincent

Sa voix me calme net. Entendre Vincent prononcer mon prénom me procure un sentiment de bien-être, que je croyais perdu. J'aurais envie de me jeter dans ses bras. Mais alors que je me retourne vers lui, je m'aperçois que je n'ai pas seulement repoussé Jinn : Vincent et Davy ont également été propulsés.

Je m'éclaircis la voix.

— Jinn, tu n'es ni ma mère, ni ma sœur, ni même une amie et je n'ai absolument aucun compte à te rendre.

Puis, je regarde chacun des trois hommes qui m'entourent, sans me démonter, et ajoute :

— Et c'est pareil pour vous.

Vincent baisse la tête. Il paraît blessé. J'en suis désolée, mais je ne peux pas lui dire la vérité.

Davy ne lâche pas mon regard.

— Je suis sûr que tu as une excellente raison d'être partie, Cloé, mais ne t'attends pas à ce que personne ne s'en soucie. Lana s'est rendue malade. Tu es entourée de personnes qui t'aiment, et parfois cela mérite des explications ou du moins des nouvelles pour nous rassurer.

Oh non. Je me sens flancher. Il ne faut pas que je pleure. Heureusement, Naomi me demande l'accès à ma position pour se téléporter à mes côtés. Je la lui fournis. Elle atterrit sans peine près de moi, suivie des deux autres membres de la Triade. Je devine qu'ils ne sont pas venus ensemble, puisqu'elle paraît étonnée de les voir.

— Que se passe-t-il ? Demande-t-elle en balayant la pièce du regard.

— Tu as oublié de me dire que Jinn est devenue folle. Dis-je, en adressant un clin d'œil à l'intéressée.

Elle se relève, furieuse. Naomi la stoppe dans son élan.

— C'est quoi ce délire ? Si on n'est pas foutu de nous entendre entre nous, comment va-t-on faire pour renverser une dictature ? Tu n'es plus une gamine Jinn, arrête d'agir sous le coup de la colère !

Je n'ai jamais vu Naomi si énervée. Tout le monde en reste sans voix.

— Elle a raison, confirme Ryan, la dernière fois c'était Eddy, maintenant Cloé, tu pètes un câble ou quoi Jinn ?

En entendant le nom d'Eddy, j'ai envie d'exploser. Je garde précieusement mon envie de vengeance dans un coin de ma tête. Je ne dois montrer à personne que j'ai un problème avec Eddy, pour pouvoir l'atteindre où qu'il soit.

Jinn riposte :

— Eddy est littéralement en train de prendre la place de Matt à l'Unité de Feu ! Depuis qu'il a prétendu être le fils de Ben, ils sont inséparables ces deux-là.

Non mais, je rêve ! Eddy, le fils de Benjamin ? Cela veut dire qu'il l'aurait eu à seize ans?

En y réfléchissant, ce n'est pas si invraisemblable. Ils sont aussi fous l'un que l'autre. Lorsqu'il m'a attaqué, il avait même des airs de Matt. Voilà ce que Naomi voulait me cacher. Comment vais-je pouvoir l'atteindre à présent ? Il va me donner du fil à retorde.

— C'est bel et bien le fils de Ben déclare Enzo, en s'approchant de Jinn.

— Jinn, on le sait depuis longtemps. Ce n'est pas plus mal que Ben lui accorde toute son attention en ce moment. Cela nous permet de faire avancer les choses de notre côté, sans se sentir constamment surveillés, continue Ryan

— Pourquoi suis-je toujours la dernière informée ? N'avez-vous pas songé à me mettre au courant ? Il est évident que je vais faire des bêtises si vous ne me dites rien. Je ne peux pas deviner vos plans, se met-elle à sangloter.

Enzo la réconforte pendant que les autres continuent de parler de l'Unité de Feu. Pour ma part, je me fais un récapitulatif : Eddy est le fils caché de Benjamin Kellor. Donc, le neveu de Matt. Depuis quand le sait-il ? Mmh… Depuis qu'il a voulu aller à l'Unité de Feu bien sûr ! Il n'a jamais voulu me dire pourquoi il y allait. Je me rappelle la réaction de Jinn lorsque j'étais partie avec Eddy : elle a littéralement pété un câble. Elle avait dû apprendre la rumeur sans pouvoir y croire.

Je sens un picotement au niveau de mon oreille : Naomi me demande l'accès à mes pensées. J'accepte et elle s'immisce dans mon esprit pour m'expliquer : *Le gouvernement ne voulait pas que leur leader perde son temps avec un enfant. De plus, Benjamin était trop jeune pour l'assumer. Ils ont payé sa mère pour qu'elle parte. Quand Eddy a grandi, il a souhaité rencontrer son père, alors Dann a fait exécuter sa mère. Eddy, trop puissant pour être tué par des soldats lambda, a été plongé dans le coma durant huit ans. Depuis qu'Eddy a retrouvé sa mémoire, il veut récupérer la place qui lui revient de droit : celui de successeur au trône de l'Unité de Feu. Il veut également se venger de Dann, mais ce dernier est pour le moment, intouchable.*

Les explications de Naomi me font oublier l'instant présent. Il y a quelques heures, j'étais dans un petit appartement loin de tout ce cirque, en train de pleurer mon enfant perdu. Maintenant je suis ici, à organiser une rébellion contre l'Unité la plus puissante du monde. Je ne sais pas où je préfèrerais être. Peut-être que j'aimerais simplement *ne pas être*. M'étendre sur le sol, comme je l'ai fait pendant des mois, et ne plus m'alimenter, ne penser qu'à dormir, à m'éteindre.

J'oublie que Naomi est en connexion avec moi. À cette idée, je réactive mon bouclier. Son regard bascule vers Matt, que j'évite depuis le début. Evidemment, Naomi est connectée à Ryan donc les membres de la Triade ont entendu notre conversation. Dont Matt. Naomi paraît gênée pour la première fois depuis que je la connais. Je jette un coup d'œil à Matt. Il ne semble pas surpris.

La conversation orale se poursuit entre Ryan et Vincent. Ce dernier commence à prendre position. Il étudie et réfléchit chaque parole. C'est ce qui fait sa force. Il prend tous les éléments en compte. Vincent fera la guerre seulement lorsqu'elle frappera à sa porte. Et il la fera pour la paix.

J'écoute d'une oreille distraite leur échange, en regardant les écrans de contrôle. Je me perds dans l'observation des salles du château, de ses couloirs que j'ai tant de fois arpentés, avec Lana, ou avec Matt. Ce dernier n'a pas cessé de me regarder depuis qu'il est arrivé. Je suis étonnée qu'il ne le cache pas plus. Il doit s'en vouloir de m'avoir fait un bébé. Quelle inconscience de la part du grand Matt Kellor ! Ce qui est sûr, c'est qu'il est déjà au courant de tout. Malgré tout le mal que je me suis donné pour lui cacher, il a fini par l'apprendre. Tout ça pour rien. Quelle ironie. Le comble dans tout cela : c'est son propre neveu qui a tué son fils.

J'entends encore Ryan parler de la rébellion, j'en profite pour sortir discrètement.

Je fais quelques pas dans le couloir jusqu'au patio désert. Les élèves du Jour sont en cours, ceux de Nuit dorment encore.

Je m'approche de la fontaine et touche l'eau claire qui m'apaise tout de suite. Matt prend place à côté de moi. Je n'en suis pas surprise, je l'avais entendu me suivre. Je ne regarde que l'eau de la fontaine qui glisse sur ma main. Après un instant de silence où il m'observe patiemment, il expire comme pour feindre un épuisement. J'aimerais savoir ce qu'il pense. Je lève mes yeux vers lui. Il est toujours aussi beau. Son regard, plus clair que jamais, semble transpercer mes songes.

— Comment l'as-tu su ? Finis-je par demander

Au même instant, je dirige mon pouvoir vers ses pensées, pour y lire les réponses que je cherche. S'il a senti mon intrusion, il me laisse faire sans rien dire. Des images se bousculent alors, plus violentes les unes que les autres. Matt pense à dix milles choses en même temps. Son esprit complexe est indéchiffrable. Puis, je m'y retrouve dans ce chahut, bien que je n'aie pas l'expérience nécessaire pour visualiser exactement ce que je souhaite. Je le soupçonne de m'aiguiller un peu.

Il a su que j'étais partie il y a seulement deux mois. Il a mené son enquête, d'abord de loin, par l'intermédiaire de Davy et Lana, puis Vincent. Au bout d'une semaine, il est venu fouiller dans les esprits des personnes les plus proches de moi. Il a donc appris que cela faisait déjà quatre mois que j'étais partie sans donner aucune nouvelle à personne, ni dire où j'allais. Je vois défiler les images et ses émotions comme si j'étais à sa place. Je ressens sa colère : pourquoi personne ne lui avait rien dit ? Son inquiétude aussi : qu'a-t-il pu arriver ?

Il s'est inséré dans les esprits de mes amies : Kélia, Ambre, Mélodie, Lana, sans qu'elles ne le sachent, mais en vain. Il n'y a rien trouvé. C'est incroyable comme pouvoir. Il s'immisce à l'intérieur de leur mémoire et cherche mon image pour y déceler tout ce qu'elles ont partagé avec moi. Il peut tout voir dans l'esprit d'autrui, même ce qui est inconscient ou ce dont elles ne se souviennent plus. Je comprends pourquoi il préfère les discours muets plutôt que les paroles. Il y trouve bien plus d'informations. Cependant, il n'a trouvé dans l'esprit de mes amis que ce qu'il connaissait déjà : la colère et l'inquiétude.

Il s'est ensuite battu avec Vincent pour accéder à ses pensées. C'est officiel alors, Matt est bel et bien plus puissant que lui. Dans l'esprit de Vincent, je suis bien plus belle qu'en réalité, cela me fait sourire. Matt y a décelé une information supplémentaire : mon temps passé avec Naomi. C'est apparemment ce qu'il craignait. Il a hésité deux jours avant d'aller voir Naomi : il savait que ça allait créer un conflit avec Ryan. Du coup, il a décidé d'aller le voir lui, pour commencer.

Je le vois aller à l'Unité de Feu. Là, il change complétement, cache ses émotions à lui-même et revêt un masque d'impartialité. Il tue pour Benjamin, vole pour Benjamin, respire pour Benjamin. En apparence. La Triade se rassemble régulièrement pour démanteler le gouvernement. Sa grande armée de crépusculaires lui voue une entière et sincère fidélité. De plus en plus de soldats rejoignent leur rang en secret. La tension est palpable. Matt partage les appartements d'Ophélie, avec qui Benjamin a bien décidé de le marier pour être rallié au plus grand Clan indépendant. Je me focalise sur les ressentis de Matt. Il n'en a aucun. Il est complètement indifférent à cette fille, malgré toutes les marques d'affection qu'elle lui voue.

Les images de la semaine passée à l'Unité de Feu déferlent trop rapidement, Matt arrête son souvenir à un instant précis : — preuve que c'est lui qui m'aiguille — Eddy le regarde de haut dans une vaste pièce. Matt accède alors à ses pensées, très facilement, sans qu'il ne le remarque. Il fouille d'abord ses réelles intentions envers Benjamin et l'Unité de Feu : Eddy veut bel et bien gouverner, se venger de Dann et avoir un père. Puis, il croise mon image et s'y attarde. Il y voit mon visage, mon appartement, mon ventre rond, notre combat. Sa haine n'a aucune limite. Il veut le tuer. Mais il bloque ses émotions très rapidement. Je ne comprends pas pourquoi au début, puis je vois Benjamin Kellor pour la première fois. Il ressemble beaucoup à Matt : il a les mêmes traits, les yeux tout aussi perçants, la démarche identique. Benjamin entre dans la pièce et l'incroyable calme de Matt reprend le dessus. Il songe à faire comme s'il n'avait rien vu, mais il n'y parvient pas. Benjamin leur dit quelque chose que Matt n'entend pas car ses pensées sont bien plus audibles à ses propres oreilles. Il se repasse les images : mon sang, la trahison d'Eddy. Puis, il décide de partir avant de perdre son sang-froid devant son frère. Il rejoint ses appartements. Ophélie est en petite tenue. Elle lui saute au cou et il la repousse brutalement. Elle paraît choquée. J'entends les pensées de Matt « *elle a d'la chance d'être protégée par Ben. J'ai bien envie de tuer quelqu'un aujourd'hui.* » Il s'enferme ensuite dans un bureau et fait les cent pas. Ryan et Enzo sentent sa tension et essaient d'établir un lien qu'il refuse. Les souvenirs d'Eddy tournent en boucle : il essaie de reconnaître le lieu de notre combat. Matt croise sa propre image dans un miroir, ses pouvoirs sont activés car ses yeux sont rouge sang. Je l'entends penser « *comment j'ai pu passer à côté de ça ?* »

Deux secondes plus tard, il est à côté de Naomi. Ryan proteste au travers des sens de Matt. C'est une sensation bizarre, comme s'ils ne formaient qu'un.

Naomi, prise au dépourvu, baisse la tête en voyant Matt. Ils sont dans ma chambre au château. Matt peut donc s'y téléporter. Une seconde plus tard, Ryan passe par la porte de la chambre

— Matt, calme-toi, ordonne Ryan

Naomi pose un bras sur Ryan et se glisse à ses côtés. Matt ne parvient pas à se calmer, ce n'est pas faute d'avoir essayé.

Il s'approche de Naomi grâce à ses pouvoirs. Il est d'ailleurs le seul à y avoir accès. D'une main, il bloque Ryan, qui proteste, de l'autre il attrape Naomi par la nuque et accède très rapidement à son esprit. Il revoit la conversation que l'on a eue elle et moi dans cette même pièce quelques mois auparavant. Il apprend donc que c'est son enfant. Il est soulagé, mais redouble de colère envers Eddy. Il le voit d'ailleurs, dans les souvenirs de Naomi. Ils se sont croisés à l'Unité de Feu lors d'une réception et Eddy a pu accéder aux souvenirs de Naomi au même titre que Matt, car il est devenu plus puissant qu'elle. Naomi pensait à notre conversation et c'est ainsi qu'Eddy a appris que j'étais enceinte de Matt. Ce dernier cesse d'espionner les souvenirs de Naomi. Il est le seul à savoir que j'ai perdu le bébé à ce moment-là.

Ryan se rapproche de Naomi et la soutient.

— Où est-elle ? Demande Matt, dégoûté de ce qu'il vient de voir.

— Tu as vu tout ce que je sais, répond Naomi, haletante.

— Dégage, Matt ! Crie Ryan dans un souffle.

Il n'en revient pas, c'est à eux de dégager ! Il les expulse en dehors de ma chambre d'une main. De l'autre, il referme la porte puis s'assoit sur mon lit. Il entend l'ascenseur s'ouvrir puis descendre. Il tente de me joindre à plusieurs reprises, en vain. Il n'en revient pas. Il m'imagine morte. Il hésite longuement à aller torturer Eddy, mais il ne peut pas le faire, sans compromettre toute la rébellion et par conséquent notre avenir à tous. Son dilemme est sans précédent.

La semaine qui suit passe également à toute vitesse dans son esprit. J'y distingue succinctement plusieurs disputes avec les personnes les plus proches de lui. Les gens pensent qu'il est devenu fou, il le pense aussi. Entre les actes commis pour Benjamin, la rébellion à mener et ma disparition avec le meurtre de son bébé, il n'y voit plus clair. Il tente de me joindre toutes les heures et n'y parvient jamais. Le reste passe au second plan.

Puis, ses souvenirs sont plus récents, il s'entraîne à l'Unité de Feu et tente à nouveau de me joindre. Cette fois, il y parvient, je suis à la Neutralité, dans le bureau de Vincent. Il s'y téléporte. À son arrivée, je bloque Jinn avec mes pouvoirs. Son soulagement est immense : je suis en vie. Et forte. Très forte.

Je me retire des souvenirs de Matt et l'observe en silence. Je m'approche de lui, pose une main sa cuisse. Les élèves du Jour arrivent en grand groupe et nous observent en murmurant, comme s'ils avaient vu des fantômes. Je me lève et me dirige vers l'ascenseur, Matt à mes trousses. L'ascenseur est rempli, mais se vide au fur et à mesure qu'il gravit les étages. Au vingtième étage, nous nous retrouvons tous les deux. Les derniers élèves de la Nuit sont descendus. Les trois étages suivant se passent dans un silence insoutenable. Puis, l'ascenseur sonne, Matt soupire. Je ne l'ai jamais senti si peu maître de lui-même. L'ascenseur s'ouvre. Aucun de nous ne bouge. Qu'est-ce que l'on peut faire de toute façon ? Qu'est-ce que l'on peut dire de plus ? Tout est terminé. Je prends l'initiative de sortir la première et me dirige vers ma chambre. Je n'ai pas envie de m'attendre à ce qu'il me suive, et me rendre compte qu'il ne le fait pas, alors je ferme la porte. Naomi a déposé mes valises et mes peintures. Je m'allonge sur mon lit en fermant les yeux. Le dernier souvenir que j'ai de ce lit, c'est celui de Matt. Lorsqu'il a appris qu'il avait un enfant, mort avant même qu'il ne connaisse son existence. J'ouvre de nouveau les yeux et m'assois. Naomi a déballé la peinture du portrait de Matt. Elle l'a posée à côté de mon bureau. Je l'observe un instant. Cela faisait bien longtemps que je ne l'avais pas fait. Matt est bien plus beau en vrai. Je me relève, me dirige vers la porte intermédiaire, qui sépare nos deux chambres. Je l'ouvre sans réfléchir. Il est assis sur son lit, le dos courbé. Je m'installe à côté, sous ses yeux dépourvus d'émotion. J'enlève mes chaussures et m'insère plus au fond. Je m'allonge derrière lui, face au mur. Il m'imite et entoure mon corps de son bras. J'attrape sa main et la serre contre moi, mes jambes regroupées contre mon ventre, et son corps épousant parfaitement le mien. Les larmes que j'ai tant retenues finissent par couler, sans gêne et sans bruit. Matt resserre l'étau de ses bras et je finis par m'endormir, en appréciant son souffle chaud contre mes cheveux.

Toc toc toc

Je me fige.

— Matt ?

C'est la voix de Jinn. Elle ouvre la porte. Je m'apprête à me relever mais Matt me retient.

Je me concentre alors sur mes sens pour comprendre ce qu'elle fait. Je l'entends respirer, se toucher les cheveux, avancer vers le lit, s'arrêter, expirer et repartir. Au lieu de me rendormir, j'en profite pour me tourner vers lui. Je le serre dans mes bras. Il me laisse faire, sans bouger, puis finit par me rendre mon étreinte. Il me fait valser sur lui en s'adossant au lit. Je pose ma tête sur son torse. J'ai dû me rendormir quelques minutes, bercée par sa respiration. Il me caresse les cheveux et au bout d'un long moment, tente d'accéder à mes pensées. Il croit que je dors. Si je tente de lui refuser l'accès, il comprendra que je ne dors pas. Je me concentre sur un souvenir, cela pourra sembler être un rêve. Je pense à Emilie qui chante une berceuse et je nous regarde toutes les deux au travers d'un miroir, je me rappelle vouloir lui ressembler.

Ma tactique pour lui cacher que je ne dors pas aurait pu marcher si mes pensées n'avaient pas vrillé sur mon physique actuel : mes yeux vairons, mes cheveux longs et blonds. Je ne ressemble en rien à Emilie.

Puisque de toute façon, Matt a pu remarquer — bien trop vite à mon goût — que je suis réveillée, je décide de changer de souvenir.

Je me souviens alors du jour où j'ai foncé sur Matt, au château. Je sortais du bureau de Vincent après lui avoir demandé d'intégrer les cours de Nuit. J'avais treize ans. Je marchais tête baissée en pensant au refus de Vincent, lorsque j'ai foncé sur lui. J'ai alors pensé que c'était la première fois que je le voyais. Je me rappelle m'être fait mal à la tête en me cognant contre son torse. Ce dernier pouffe à ce souvenir, je continue alors de lui présenter ma version des faits :

J'avais levé la tête si haut après l'impact que j'aurais pu me dévisser le cou pour le regarder. J'ai alors croisé son regard bleu océan et c'était la première fois que j'oubliais de respirer.

Il rit franchement cette fois et me repousse en s'asseyant sur le lit.

— Gamine, dit-il, en continuant de rire.

Je mêle alors mon rire au sien, jusqu'à ce que nous nous rappelions de la réalité dans laquelle nous nous trouvons. Nous nous fixons un instant. Il pense à son absence prolongée à l'Unité de Feu. C'est fascinant de lire en lui, de voir ce qui se cache derrière ce masque d'indifférence. En réalité, j'y vois à peu près ce que je m'attendais à voir : du sérieux, une grande maturité et une carcasse de fer, comme à l'extérieur. Ce qui prouve d'autant plus à quel point il est intouchable.

En parlant de toucher, je me demande s'il me touchera à nouveau un jour. J'oublie que nous sommes reliés en pensées, je n'ai pas l'habitude. Son regard s'intensifie et je songe à lui bloquer l'accès. Qu'est-ce que je suis puérile à ne penser qu'à lui alors qu'il tente de se focaliser sur la survie de la Neutralité. Je baisse les yeux, honteuse. Il s'approche de moi et me relève la tête. Mon cœur s'accélère. Cela fait longtemps que je n'ai pas ressenti mon amour inconditionnel pour lui. J'ai presque oublié l'effet qu'il a sur moi. Je me sens à nouveau comme la jeune fille de seize ans dans l'ascenseur, qui découvre son attirance pour un homme de cinq ans son aîné. Cela me paraît à des années lumières alors que ce n'était qu'il y a deux ans. Je suis simplement devenue quelqu'un d'autre.

Je n'ai évidemment pas pu lui bloquer le fil de mes pensées comme je l'ai évoqué plus tôt, puisque je n'ai pas réellement souhaité qu'il sorte de mon esprit. Il s'approche un peu plus et pose un baiser doux sur mes lèvres. Il ressemble plus à un baiser de consolation qu'à autre chose. Ça aussi, il l'entend. Il recule, mais j'anticipe, me mets sur les genoux et le saisis derrière la tête. Il pourrait facilement se libérer mais ne le fait pas. À mon tour, je m'approche de son visage, les yeux rivés sur ses lèvres parfaites. J'aimerais pouvoir dire que je suis maître de mes gestes, or ce n'est pas vraiment le cas. Mon corps crie l'amour que je ressens pour lui et qui refait surface au fil des secondes qui s'écoulent à un rythme endiablé. Je l'embrasse alors avec une telle ardeur que j'ai moi-même du mal à me reconnaître. J'aurais aimé que tout se passe autrement.

J'aurais aimé pouvoir partager mon bonheur avec lui quand j'ai su que l'on attendait un enfant. Voir ses yeux pétiller à cette annonce, le voir fier et heureux. Il aurait pu évoquer tout ce que je m'attendais à entendre « *On ne peut pas, je suis désolé, ce n'est pas le moment* » Mais en réalité, il l'aurait voulu autant que moi. Je serais partie jusqu'à sa naissance et Matt m'aurait protégée. Il n'a jamais contesté les décisions importantes que je souhaitais prendre dans ma vie. Peut-être qu'en effet, il aurait désapprouvé la venue de ce bébé dans une période si critique, mais il ne m'aurait jamais forcée à avorter. Pourquoi ne l'ai-je pas su plus tôt ?

De toute façon, la question ne se pose plus, n'est-ce pas ? Toutes mes certitudes actuelles ne seront jamais vérifiées.

Perdue dans mes pensées, je ne me suis pas aperçue que j'avais cessé de l'embrasser. Mon front est posé contre le sien. Nous sommes tous les deux à bout de souffle. Comme si j'avais fait un immense effort physique alors que mon seul effort est de ne pas me remettre à pleurer.

Je pense à l'instant présent.

Lui, moi, sans rien autour. Pas de Don, pas de guerre, pas d'Unité. Juste lui et moi. Avec nos souvenirs, mais seulement les plus beaux. Dans un monde parallèle où tout serait possible. Il me surprend en m'embrassant à nouveau après avoir continuellement suivi ce à quoi je pensais. Il se met à genoux à son tour, cela m'oblige à reculer. Je tombe sur les fesses, dos au mur. Il me surplombe. Ma respiration se bloque.

Sa langue effleure la mienne de manière très sensuelle et je me laisse porter par l'ambivalence de douceur et de sauvagerie dont il fait preuve. Je reprends un bol d'air, enivrée par mon désir grandissant.

Ses pensées prennent le dessus sur les miennes sans que je n'aie cherché à les entendre. Il me trouve magnifique. Je me concentre pour ne pas rougir. C'est très étonnant qu'il ne se contrôle plus au point de me laisser entrevoir ses pensées intimes. Je perçois également son désir pour moi. Il imagine me faire l'amour et cela semble si réel que j'en perds mes moyens. Il se rappelle étonnamment bien de chaque détail de mon corps nu. Ses baisers se perdent dans mon cou, même s'il les imagine ailleurs. Il va me rendre folle avec ses pensées, il faut que j'arrête d'écouter !

J'ai extrêmement chaud, je commence même à trembler. La température corporelle de Matt n'arrange rien puisqu'il est un élément du Feu. Et quel élément ! Je le repousse d'un coup sec et il prend instinctivement de la distance, de manière surnaturelle, sans cesser de me regarder. Il est sur ses gardes. Je n'entends plus ses songes, ça y est, il a repris le contrôle. Que s'est-il passé déjà ?

Ah, oui.

Il sourit en baissant la tête de la manière la plus craquante du monde, comprenant que j'ai pu entendre tout ce à quoi il pensait un instant plus tôt.

Dois-je m'excuser d'avoir lu dans ses pensées ?

— J'dois m'excuser d'avoir pensé à ça ? Demande-t-il d'un air espiègle.

Là, je ne sais vraiment plus où me mettre tant j'ai honte. Certes, nous avons déjà fait l'amour, et pas qu'une fois, mais pas vraiment de la manière dont il était en train de l'imaginer !

Il rit.

— Il me tarde de tout te montrer.

Je rougis de nouveau, il se joue de moi. Très bien, alors je vais faire pareil.

— Ce sera quand exactement ? Avant ou après ton mariage avec Ophélie ?

Il s'arrête de rire et prend un air sérieux.

— J'avais presque oublié à quel point tu pouvais m'énerver, dit-il en changeant d'attitude.

Je me vexe, bien sûr, mais tente de le cacher.

— Il paraît que c'est bon signe.

Ses yeux me lancent des éclairs.

— C'est maintenant que tu veux que j'te dise que c'est impossible qu'il y ait quelque chose de sérieux entre nous ? S'emporte-t-il

— Je ne sais pas, c'est maintenant que tu as envie de mentir ? Demandais-je en feignant une assurance dont je ne dispose pas réellement.

— Cloé ! Gronde-t-il

267

Une fois de plus, je n'aurais pas dû ouvrir ma grande bouche.

— Matt… Dis-je calmement, en gardant mes yeux fixés sur les siens.

— J'dois y aller, me coupe-t-il tout à coup.

Il se lève et s'arrête au niveau de la porte.

— Y'aura pas de mariage.

— Bien. Dans ce cas, je t'attends.

Il se retourne vivement et fronce les sourcils.

— C'est pas là où j'voulais en venir.

— Où voulais-tu en venir ?

Je ne veux pas de réponse. Je me lève à mon tour. Mes jambes sont engourdies mais j'arrive tout de même à me rapprocher de lui. Je le prends dans mes bras.

Peut-être bien qu'il ne m'aime pas comme je l'aime. Peut-être qu'effectivement, il n'a jamais envisagé quoi que ce soit avec moi. Ce qui est sûr, c'est qu'il a du mal à me repousser. Il fait en sorte que je ne souffre pas. Avant, je croyais qu'il me protégeait comme sa petite sœur, mais avec tout le temps et les choses qui se sont passés, je doute que ce soit encore de cette manière qu'il me voit. Surtout quand je prends conscience qu'avec sa véritable famille, il évite de mettre de l'affect. Je ne prétends pas qu'il en met plus avec moi, mais au moins, il fait attention à ce que je peux ressentir.

Une fois de plus, j'oublie qu'il entend en moi comme si je pensais à haute voix. Je me reprends alors et m'efforce d'arrêter de lui dévoiler tout ce que je pense de nous.

— Tu… Tu devais y aller, dis-je, néanmoins sans rompre mon étreinte.

— Ça attendra, répond-il du tac au tac.

Je ne sais plus quoi penser. Tantôt il me fait comprendre qu'il n'y aura jamais rien de sérieux entre nous, tantôt il me fait passer avant le reste. Où est la vérité ? Qu'est-ce que je représente pour lui ? Que ressent-il pour moi ?

Est-ce parce que j'ai perdu notre bébé qu'il se montre si gentil avec moi ? Que pense-t-il, que ressent-il face à cette perte ?

Les questions déferlent à la vitesse de la lumière dans mon esprit. Questions que je n'oserai évidemment jamais poser de vive voix.

Il m'attrape par les bras et m'éloigne un peu de lui. Tout en me tenant, son regard s'intensifie et s'accroche au mien de sorte à ce que je ne détourne pas les yeux.

— Tu poseras ce genre de questions quand tu seras prête à entendre les réponses.

Je comprends tout de suite le sens de ses mots. Je hoche la tête. Les réponses, je les veux, mais seulement si elles vont dans le sens qui me convient. Si ce n'est pas le cas, si j'ose poser des questions auxquelles je n'ai aucune idée de la réponse, il se pourrait que je vois mon monde s'effondrer. Il faut que je me prépare au fait qu'il ne soit jamais mien, au cas où. Quand il me le dira clairement, s'il me le dit un jour, ni lui ni moi ne pourrons continuer à faire semblant. Peut-être que je n'arriverais tout simplement plus à le regarder en face.

Si un jour cela se produit, il n'y aura plus aucune relation possible entre lui et moi. Et je ne suis pas prête à affronter cela.

Je préfère garder espoir ou me bercer d'illusions que de devoir affronter cette réalité sans lui.

Je m'en lasserai peut-être un jour, qui sait. Le jour où j'aurai envie d'avancer, de fonder une famille, un foyer. De vivre l'amour à fond avec un homme qui veut entièrement de moi.

À ce moment-là seulement, je pourrai poser ce genre de questions à Matt. Soit on crée ensemble cette vie, soit je passe à autre chose. Après tout, il y a plein d'autres hommes sur terre.

En fait, je n'ai jamais envisagé l'avenir. Que ce soit avec Matt ou sans lui, je ne l'ai jamais fait.

Je serai peut-être toujours ici, je n'aurai pas avancé d'un poil. L'Unité de Feu aura colonisé nos terres. Adam m'aura enlevé mes pouvoirs ou que sais-je encore : je vivrai parmi les Sans-Don.

Voilà. Les trois possibilités les plus probables. Et dans les trois, Matt sera marié à Ophélie, leader adjoint de l'Unité de Feu. Super.

Il soupire et s'assoit sur la chaise de son bureau.

— Tu as peut-être raison.

Je m'assois à mon tour, mais sur son lit. Coincée entre le fait de ne pas pouvoir poser de questions et vouloir à tout prix des réponses. Il pourrait m'aider un peu quand même. Vu qu'il espionne tout ce que je pense !

Il souffle et se masse les tempes

— Nos avenirs à tous dépendent de ce qu'il adviendra de l'Unité de Feu, je peux pas t'éclairer. Même si j'avais l'incroyable pouvoir de visualiser l'avenir, il reste malléable et peut changer à tout moment.

Ah, il reprend son ton de professeur. Il le fait à chaque fois qu'il veut mettre de la distance entre nous. Mes yeux se portent vers la forêt. La seule chose dont on soit sûr, c'est le passé. Le nôtre n'est pas génial, alors il nous reste l'espoir. Matt espère sûrement être libéré du poids de son frère et de l'Unité de Feu.

— C'est pas si simple, m'avoue-t-il, j'aime trop le pouvoir *et* l'Unité de Feu.

Je tente de ne pas montrer ma détresse. Voilà le côté sombre de Matt dont Lana et Naomi m'ont tant parlé. Celui que j'ai pu apercevoir au travers de ses souvenirs. Je ne peux pas croire qu'il soit foncièrement mauvais. Mais une part de lui aime sa position à l'Unité de Feu. Il aime inspirer l'admiration et la peur. Il aime diriger.

Je ne peux pas dire que cette partie de lui m'ait été totalement inconnue. Je ne l'ai jamais vu à l'Unité de Feu mais ici aussi il était lui-même. Ici aussi, cette part de lui apparaissait. C'est d'ailleurs sûrement ce qui m'a fait l'admirer de plus belle. Sa façon d'être naturellement supérieur, son indifférence à tout, son calme sans faille, sa force, sa froideur, sa sévérité. Même en essayant de me focaliser sur ses défauts, je n'y vois que des qualités.

— J'oublie à chaque fois que tu entends, finis-je par dire, les yeux toujours rivés dehors.

— J'aime t'entendre penser.

Je fais un gros effort pour rester tournée vers la baie vitrée.

— Tu sais déjà tout.

— Je sais que tu m'aimes.

Je me retourne vivement cette fois. Quelle arrogance !

— J'suis désolé, dit-il soudainement. Les crépusculaires sont infertiles. J'le suis normalement. J'aurais dû me douter que chaque fois qu'ça te concerne, y'a plus de normalité.

Ma colère s'évapore aussi vite qu'elle est apparue.

— Ne t'excuse pas. C'est la plus belle chose qui me soit arrivée.

— Si j'avais su… Continue-t-il sans m'écouter

— Tu ne l'as pas su, je le coupe. C'est moi qui devrais m'excuser de ne pas te l'avoir dit. Tu ne l'as pas su et maintenant, c'est terminé.

— J'pense que c'est parce que je t'ai donné beaucoup de sang, poursuit-il

271

— Tu veux dire qu'en plus d'avoir hérité de ton élément, j'ai développé une compatibilité telle que je suis la seule à pouvoir t'offrir un enfant ? ris-je.

Voilà, là, il m'écoute de nouveau. Je lui souris, en faisant en sorte que mon regard soit plein de sous-entendus. Le sien est triste. Il fait rouler sa chaise vers le lit où je suis assise et pose ses jambes à côté de moi. On se retrouve face à face. Il regarde à son tour par la fenêtre et semble se perdre dans la forêt.

— Les premiers à avoir développé un Don étaient les ancêtres de nos trois familles : les tiens, ceux d'Vincent et les miens. Avant qu'Adam et Ben construisent chacun leur Unité, on était tous regroupé ici.

« C'était pas trop mal. À c't'époque, Adam, Ben et Vincent étaient amis, jusqu'à c'que ton père rencontre ta mère. Ça s'est mal passé. Mes parents étaient pas d'accord pour dévoiler l'existence des Dons à ceux qu'en avaient pas. Et ta mère en avait pas. C'est là qu'les gens ont commencé à se séparer : y'avait ceux qui se sentaient supérieurs et ceux qui voulaient redevenir « normaux ». Vincent a tranché en prenant le pouvoir ici. Ton père est quand même parti, sans Adam. Entre Ben et lui c'était dev'nu une course vers celui qui s'rait le plus fort. Ben voulait régner, Adam nous enlever nos Dons à tous. Mais… C'est pas vraiment de ça que j'voulais te parler »

Il se rapproche un peu plus de moi, tandis que je bois ses paroles. Il me range une mèche de cheveux derrière l'oreille, comme il aime le faire, avant de poursuivre :

— Un jour, ton père est rev'nu au château, avec un bébé. Ma mère l'a touchée et a eu une « absence ». J'me demandais c'que ce bébé avait bien pu faire à ma mère pour qu'elle perde connaissance. J'avais cinq ans. Pendant que j'me précipitais, elle est revenue à elle.

272

Il me montre son souvenir grâce à ses pouvoirs : sa mère, grande et brune, ressemble comme deux gouttes d'eau à Jinn. Mon père, le portrait craché d'Adam, en plus vieux, lui sourit gentiment.

— Matt, ne cours pas, lui dit sa mère.

Mon père arrête Matt en pleine course et celui-ci se débat, il est très en colère. Sa mère lui sourit et il se calme tout de suite. Elle lui tend l'enfant. Mon père la questionne du regard mais la laisse faire. Matt attrape le bébé, en fronçant les sourcils.

— Matt, je te présente Cloé. Regarde la bien, c'est un cadeau du ciel. Il faudra toujours que tu la reconnaisses, explique la mère de Matt.

— Pourquoi ?

— Je t'ai déjà expliqué que je ne peux pas parler de mes visions, chéri. Je peux juste te dire qu'il faudra que tu la protèges, car elle te sauvera.

Elle fait un clin d'œil à mon père. Il rit.

Matt est de nouveau en colère. Il pose ses yeux sur ce maudit bébé — Je reconnais mes yeux. Je veux dire les *anciens*, vert émeraude — Matt se fige intérieurement, stupéfait par leur couleur et les deux adultes éclatent de rire.

Je reviens à l'instant présent. Je ne sais pas ce qui me perturbe le plus : voir mon père, ou Matt enfant. Peut-être bien les deux. Matt rit.

— J'te détestais. On s'était jamais moqué de moi avant ça. J'ai été le premier crépusculaire. Le monstre, l'étrange. Tout l'monde avait peur de moi. Sauf Ben, il était trop fier.

— Que voulait dire ta mère ?

— J'en avais aucune idée. Elle voyait l'avenir. J'détestais l'idée d'être rattaché à quelqu'un. J'voulais lui

273

prouver qu'elle avait tort. Quand j't'ai revue, j'ai voulu te tuer. Et … Final'ment j'ai pas réussi à aller jusqu'au bout.

Pourquoi ?

— T'sais, notre « accident », comme tu l'appelles. Tu me quittais pas des yeux. Tu t'accrochais à la vie. C'qui m'a le plus marqué c'est qu't'avais pas peur. Ma mère était déjà morte à la naissance de mon p'tit frère. J'avais plus rien à lui prouver. J'avais peu de lien avec mes frères et sœur. Leur sang est noble mais j'suis le seul crépusculaire et ça a créé un gouffre entre nous. Le seul lien que j'avais, c'est ma mère qui me l'a donné peu de temps avant de mourir, et c'était toi.

Toutes les questions que je me suis toujours posées concernant le lien d'attache que j'ai avec Matt viennent de trouver leur réponse. Je n'en reviens pas du flot de paroles qu'il vient de partager avec moi. Il s'est complètement ouvert à moi. Un petit frère ? A-t-il survécu ? Je ne lui poserai pas la question, j'ai trop peur qu'il s'arrête de parler. Je crois que je ne l'ai jamais autant entendu parler, même lorsqu'il donnait des cours.

Notre lien repose donc sur cette vision dont personne ne connaît le contenu exact. De plus, le futur est malléable. Peut-être que je ne « sauverai » jamais Matt. Pourtant, c'est ce qu'il croit. C'est pour cela que je suis « spéciale ». Pour une vision inconnue datant de plusieurs années. Je ne sais pas si je suis contente parce qu'il y a bel et bien un lien particulier qui nous unis, ou si je suis déçue de par sa nature. J'espérais qu'il soit amoureux de moi.

Nous nous retournons d'un seul mouvement vers la porte d'entrée en entendant l'ascenseur sonner. Des petits pas résonnent dans le couloir, jusqu'à ma chambre.

— Cloé ! Crie Lana en tapant à la porte

Elle l'ouvre, entre, et se dirige vers la porte intermédiaire restée ouverte. Elle y passe sa petite tête et ouvre de grands yeux en nous apercevant tous les deux. Je me retiens de rire. La tête qu'elle fait, c'est trop drôle. Et qu'est-ce que ça fait du bien de la revoir !

— C'est fou comme ton visage cache bien tes pensées, déclare Matt en m'observant.

— Ouais, ouais, commence Lana, faussement blasée. Elle est parfaitement adaptée à ce monde de dingues où l'on doit cacher toutes nos émotions

Elle s'approche de Matt et le pointe du doigt.

— Par contre, toi, quand tu es énervé, ça se voit tout de suite, hein ! Tu ne le caches pas trop.

— Vraiment navré de t'avoir importunée Lana, répond-il calmement

— Il faudrait faire des excuses publiques vu le nombre de personnes que tu as « *importunées* » renchérit-elle sur le même ton.

Une vague de tristesse m'assaille en me rappelant la cause de son comportement.

— Lana…

— Tu n'es pas obligée de lui dire, déclare sèchement Matt.

Je me tourne vers lui. *Je ne suis pas obligée ou je ne dois pas ?* Lui dis-je, en pensée.

Son regard vrille vers la forêt. Il ne répond pas à ma question mais ce n'est pas la peine.

— Le neveu de Matt a tué notre bébé.

Personne ne bouge. Lana ouvre la bouche, la referme, regarde mon ventre, puis Matt. Elle ouvre de nouveau la bouche :

— Oh …

Puis, elle manque de tomber à genoux. Matt tend instinctivement un bras vers elle. Pourtant, il a le regard toujours rivé vers la forêt. Il la relève, presque sans bouger.

— Je… suis désolée. Je… ne savais pas.

Matt me lance un regard étrange. Je ne distingue aucune émotion, ni au travers de son visage, ni dans son esprit complexe.

Il ne répond rien à Lana et je comprends que tous deux essaient de déceler ce que je ressens, moi. Et, contre toute attente, je ne ressens rien. C'est bien comme cela. Il faut que je mette cette histoire de côté pour pouvoir me focaliser sur la situation actuelle.

Je me lève, déterminée. Mon bouclier se remet en place à mesure que j'avance vers ma chambre. Lana me suit et entre à son tour. Elle s'assoit sur mon lit. Je referme la porte, non sans jeter un dernier coup d'œil à Matt, qui s'éclipse. Je prends place sur le siège de ma coiffeuse. J'aurais pu lui dire au revoir. Quand est-ce que je vais le revoir ? Chaque fois c'est pareil : on se quitte sans un mot, pendant des mois.

Je résume à Lana ma tragique histoire, du début à la fin, en m'excusant de ne pas lui avoir dit plus tôt. Je lui raconte comment j'ai appris que j'étais enceinte. Puis, je lui décris l'appartement et ma vie à la campagne. Le bonheur dans lequel j'étais, la relation que j'avais avec mon bébé. Pour finir, j'explique l'apparition d'Eddy. À la fin de mon récit, Lana s'allonge sur mon lit et me laisse une place. Je m'y installe à mon tour, elle me prend la main.

— Ça fait du bien de te revoir, lui dis-je.

Elle exerce une pression sur ma main puis se colle à mon épaule. Nous restons là un long moment.

Naomi II

Depuis quelques jours, la tension monte à l'Unité Neutre. De plus, les soldats de Feu qui viennent occuper la Neutralité sont passés au nombre de quatre, suite au meurtre des deux précédents.

Pour ma part, j'alterne entre les deux Unités. Il faudra bientôt que je fasse jouer mon titre de soldat pour qu'un maximum de combattants rejoigne nos troupes dans la rébellion. Cependant, ce n'est pas si simple. Certains ont été formatés depuis leur enfance à défendre les intérêts de l'Unité de Feu, comme s'il s'agissait de leur propre vie. Ils ne rechigneront pas à me tuer sur le champ selon la façon dont ils perçoivent ma démarche. Je sais quels soldats éviter, heureusement. Ryan ne veut pas que je me mêle de ça mais il faut que je me rende utile. Nous avons besoin de tous nous impliquer pour pouvoir faire tomber Benjamin.

L'apparition d'un nouveau membre de la famille Kellor — le fils de Benjamin — n'arrange rien à l'affolement de la population de l'Unité de Feu. C'est un bon timing pour diviser l'Unité. Ce qui va être difficile, en revanche, c'est de convaincre la population de suivre Matt. En effet, le Prince Noir était d'une humeur exécrable ces derniers temps. Il ne s'est pas privé de tuer tous ceux qui avaient le malheur de dire ou faire quelque chose qui ne lui plaisait pas. Résultat : tout le monde le craint. Benjamin en est ravi, plus il y a de noirceur en son frère, mieux il se porte. Il va être déçu car sa mauvaise humeur va disparaître grâce au retour de Cloé.

Je passe les grandes portes de la Cour Royale. Benjamin Kellor est tellement imbu de lui-même qu'il ne se doute même pas que, moi, petit soldat de Feu, programmée depuis toujours pour servir ses intérêts, je puisse le trahir. Il ne se pose aucune question concernant mes va-et-vient entre la Neutralité et ici. Il ne se doute encore moins de la trahison de Matt. Il a placé tous ses espoirs en lui. Benjamin pensait le tenir en lui promettant le pouvoir et en le mariant à Ophélie Stellar pour qu'il puisse diriger non seulement les crépusculaires mais également le plus grand Clan externe aux Unités. Je dois dire que ce n'était pas bête, il connaît bien son petit frère qui a les mêmes aspirations de grandeur que ses ascendants. Ce doit être de famille. Et, quel prestige pour le père d'Ophélie d'être lié aux Kellor ! Il n'a plus rien à craindre pour la survie de son peuple. Ce dont il ne se doute pas, c'est qu'une fois que quelque chose appartient aux Kellor, ils en font ce qu'ils veulent. Alors, rejoindront-ils la rébellion finalement ?

Benjamin devrait savoir que son frère aspire à beaucoup plus que ce qu'il lui offre ! Matt ne veut pas se contenter d'un ridicule Clan externe. Il veut la Neutralité *et* l'Unité de l'Eau. Il vise Cloé Marc : la sœur d'Adam Marc, et petite protégée de Vincent ! La princesse est non seulement la plus belle fille qu'il ait été donné de voir mais également la plus influente, même si elle ne le sait pas encore. Cela ne m'étonne pas qu'il s'intéresse à elle. Qui aurait été plus intéressante pour lui ? Pas Ophélie en tout cas !

Plus j'avance dans l'Unité de Feu, plus cet endroit me dégoûte. J'arrive au cœur du château : la piscine de lave. Benjamin l'a faite construire il y a quatre ou cinq années. Tous ceux qui manient le feu peuvent se baigner dans la lave. Elle cicatrise nos plaies, nous revigore, nous donne de l'énergie, nous apaise, nous attire… Ce que préfère Benjamin, c'est évidemment sa capacité à tuer ceux qui manient l'eau. Il n'y a aucune personne qui manie l'eau, ici. J'imagine qu'aucun des habitants de l'Unité de l'Eau ne manie le feu. Il n'y a qu'à la Neutralité que l'on peut voir tous les éléments réunis.

Je m'approche de la lave. J'entends du bruit dans mon dos. Je sais qu'il s'agit de Ryan. Il m'effleure l'épaule. Je ferme les yeux et hume son parfum. Nous ne sommes pas seuls. Je me retourne, Enzo se tient en retrait. Malgré que l'on soit entre nous, on ne peut pas parler de la rébellion au sein de l'Unité de Feu, les murs ont des oreilles.

— Salut Nam's ! Crie Enzo

Il m'appelle comme cela depuis que nous sommes enfants. J'aime bien, mais je ne le lui dirai pas.

— Enzo, dis-je simplement.

— Tu as mis en colère Matt Kellor, jeune inconsciente !

Matt ne m'a pas adressé la parole depuis la disparition de Cloé. Je sais qu'Enzo plaisante. Il adore jouer avec le feu – c'est le cas de le dire – Mettre les pieds dans le plat est sa spécialité. Cependant, il devrait savoir qu'on ne peut pas parler du secret de Matt ici.

— Qui ne fait pas les frais de sa mauvaise humeur ?

— Même pas moi ! Clame une nouvelle voix à l'opposé.

Il s'agit d'Ophélie. Il faut que je me ressaisisse, je ne l'ai pas entendue arriver. Depuis quelque temps, Ophélie s'est parfaitement intégrée au Royaume. C'est surtout grâce à Jinn qui l'apprécie beaucoup. Elle n'est effectivement pas méchante, mais elle est naïve, influençable et faible. Pour le moment, je n'ai aucune raison de m'intéresser à elle ni de lui faire confiance. Jusqu'à ce que je lui trouve une place intéressante – pour moi – dans la rébellion. De plus, elle est en totale admiration devant les Kellor et cela risque de poser problème. De qui prendra-t-elle le parti ? Matt et Jinn ou Benjamin et Eddy ? Matt ne la ménage pas, contrairement à Eddy qui la couvre d'éloges pour lui faire comprendre ô combien elle est importante.

— Haha, ma pauvre, tu n'as pas choisi le plus doux !
Plaisante Enzo

Ophélie s'approche de nous et ajoute :

— Malgré tout le mépris qu'il a pour moi, il ne rate jamais un déjeuner en compagnie de mon père. C'est d'ailleurs pour cela que j'essaie d'en prévoir le plus possible. Mais hier, il n'est pas venu. C'est la première fois qu'il me fait perdre la face en public.

— Tu ne devrais pas trop te plaindre, dis-je, froidement.

Elle baisse les yeux. Moi non plus je ne suis pas tendre à l'Unité de Feu. Ici, c'est la loi du plus fort.

— Bien sûr, pardon. Tu dois avoir plus l'habitude que moi.

Si elle croit que nous allons être copines parce qu'on sort toutes les deux avec un membre de la Triade, elle se met le doigt dans l'œil. Je n'ai pas envie de faire « amie-amie » avec une personne qui ne sera peut-être même pas du bon côté lorsque la guerre éclatera.

Matt apparaît près de la lave, comme s'il en sortait.

— On te cherchait justement, dit Ryan.

— Sans blague ?

— Euh… Commence Ophélie.

Matt lui lance un regard dédaigneux :

— J'me suis d'jà excusé auprès de ton père.

— Bien, se reprend-elle en se tenant bien droite. Tout va bien j'espère ?

Matt écarquille les yeux de manière exagérée, comme pour dire « *tu te prends pour qui ?* » Jinn apparaît à son tour et rompt le malaise qui s'installait. Tout le monde s'est donné rendez-vous ou quoi ?

— Ah, vous êtes là, sourit-elle.

Ophélie se lance dans une discussion animée à propos d'une soirée. Il n'y a que Jinn qui l'écoute. La Triade et moi parlons par télépathie.

Je leur énumère les personnes qui ont rejoint nos troupes. J'ajoute Cloé Marc, l'air de rien. Matt plisse les yeux. Je n'arrive pas à savoir si sa relation avec Cloé est stratégique. On sait bien que son attention pour une fille vacille en fonction de ce qu'elle peut lui apporter à l'instant T. Cloé, elle, peut lui donner beaucoup. D'ici quelques années, si j'en crois les rumeurs, elle reprendra l'Unité Neutre, tandis que l'Unité de l'Eau lui revient de droit. Mais, est-ce là la seule raison pour laquelle Matt s'intéresse à elle ? Je n'en suis pas sûre.

Quoi qu'il en soit, Eddy sait qu'il y a un truc entre Matt et Cloé. Il avait conscience qu'en l'atteignant, elle, il l'atteindrait lui aussi. Cependant, pourquoi Eddy ne se sert pas de Cloé pour discréditer Matt aux yeux de Benjamin ? Il suffirait qu'il lui avoue ce qu'il sait sur leur relation. Ainsi, Benjamin aurait des doutes sur l'implication de Matt envers Ophélie et son Clan. Pire, Benjamin prendrait cela comme une trahison : son frère ne peut pas avoir de relation avec la sœur d'Adam Marc.

Cloé est en danger. Et cette fois, je ne la laisserai pas tomber. Maintenant que j'y pense, le mieux c'est de tuer Eddy en premier, pour ne pas qu'il fasse plus de dégâts. Il pourrait compromettre nos plans.

Ryan me fusille du regard suite à ma réflexion. Eddy est intouchable. Tant que Matt n'aura pas décidé de l'éliminer, aucun d'entre nous ne peut le faire. Il est le fils de Benjamin et ce serait pris comme une trahison envers lui. Pourtant, je suis convaincue qu'il ne faut pas tarder à tuer Eddy.

— C'est pas la peine, t'façon, lâche Matt à haute voix.

Jinn et Ophélie s'arrêtent de parler.

— Pas de concert alors ? Demande Ophélie d'une voix trop aiguë pour paraitre naturelle.

Ce n'est pas de leur soirée qu'il parlait. Il se retourne vers moi et prend un air de dégout :

— C'est pas la peine, il lui f'ra rien.

Jinn ouvre de grands yeux mécontents. Ophélie ne comprend pas ce qu'il se passe.

— Ils se parlent entre eux sans ouvrir la bouche, Ophélie. Quelqu'un écoute ce que l'on dit depuis tout à l'heure ?

— Moi oui ! S'exclame Enzo, j'attendais le moment où vous parleriez des danseuses !

Ophélie rigole de manière exagérée tandis que Jinn le foudroie du regard. Cette scène dépasse le seuil de puérilité que je suis capable de tolérer. Je préfère les ignorer.

— Il en a déjà assez fait, dis-je à l'attention de Matt.

Eddy ne pouvait pas faire plus de mal à Cloé. Je me sens en partie responsable, c'est à cause de moi qu'elle est partie.

— Bien sûr qu'on t'écoute, me coupe Ryan pour changer notre conversation. Demain, c'est ta fête d'anniversaire. D'ailleurs, on sera tous là.

Il est rarement si gentil. Cela sonne faux.

— De quoi parlez-vous ? Questionne Jinn qui n'est pas dupe.

— J'essaie de savoir qui sont nos ennemis prioritaires, dis-je en lançant un regard en direction d'Ophélie.

Ryan rit comme si j'étais en train de raconter une blague. Comme à son habitude, il essaie de sauver les apparences. Je déteste quand il fait ça. Je n'ai pas besoin de lui pour savoir ce que je dois dire ou ne pas dire. Jinn toussote.

— Je ne suis pas de l'Unité de Feu, déclare Ophélie.

— Chut ! Dit Jinn, pas de ça ici !

— Je veux simplement dire que je reste fidèle à mon cœur. Si vous cinq êtes dans le même camp, j'en suis.

Plus personne ne bouge. Nous fusillons Jinn du regard. Que lui a-t-elle révélé sur la rébellion ? Elle devrait savoir qu'il ne faut pas se fier à la première cruche venue, même si elle est sympa.

— Donc t'es de l'Unité de Feu, s'empresse Matt pour éviter tout quiproquo.

Ophélie est ravie. Ses yeux pétillent de bonheur.

— Je suis avec la famille Kellor puisque je porterai bientôt ce nom, dit-elle, fièrement.

Matt s'éclipse, sans prendre la peine de répondre, suivi d'Enzo puis Ryan et moi.

On atterrit dans un bar, dans le domaine de la Neutralité. C'est un bar connu, la Triade en est apparemment une habituée puisqu'elle a une place réservée en étage, qui surplombe tout.

— Bonjour Ryan, madame, dit un homme en uniforme.

Ryan se retourne vers moi et sourit. Il n'avait pas vu que je l'avais suivi.

— Bonjour Raphaël, voici Naomi.

L'homme me fait un signe de tête et reporte son attention sur Ryan.

— Je suis ravi que vous ayez de nouveau choisi mon bar pour une de vos fêtes. Quel âge a Jinn ?

Ryan me regarde d'un air interrogateur mais je n'en ai pas la moindre idée non plus. Peut-être vingt ans. Oui, vingt ans, elle est de l'année de Lana.

— A partir de dix-huit, on ne compte plus ! Plaisante Ryan.

Raphaël mêle son rire à celui de Ryan puis nous accompagne jusqu'à la table où sont déjà installés Enzo et Matt. Ces derniers ne sont pas étonnés de ma présence, c'est

283

comme si je ne les avais jamais quittés. Je dois avouer que ça me fait du bien d'être de nouveau à leur côté. Ils m'ont manqué. Ryan sourit à ma pensée ; Je suis étonnée qu'il soit de si bonne humeur.

— Vous parliez d'Eddy ? Demande Enzo avec un sérieux peu habituel.

— Ouais, répond Matt nonchalamment. T'étais déconnecté ou quoi ?

— Il faut bien que quelqu'un écoute les filles ! Dit Enzo en haussant les épaules.

Mouais… On sait tous qu'Enzo a toujours été attiré par Jinn, mais qu'il ne la touche pas pour la simple raison qu'elle est la sœur de Matt. Ce dernier se retourne vers moi. J'en profite :

— On le tue quand du coup ?

— Je ne suis pas sûr qu'on en ait besoin, répond Ryan à la place de Matt. Pour le moment, il nous sert à faire diversion. Ni lui ni Ben ne se doutent de quoi que ce soit. Je ne sais pas quels sont les projets d'Eddy…

— Bah, le coupe Enzo, il veut prendre le pouvoir, être légitimé, tout simplement.

— Matt est plus fort, Ben le sait, déclare Ryan. Et puis, il n'a pas Ophélie pour rallier le Clan externe à ses troupes.

C'est là que je comprends. Tout à l'heure, Matt m'a dit qu'Eddy ne ferait rien à Cloé. Maintenant, Ryan souligne qu'Eddy ne peut pas offrir le plus grand Clan externe à Benjamin. Ce n'est pas le Clan externe qu'il veut proposer à Benjamin. J'assemble les pièces du puzzle et tourne vivement ma tête vers Matt.

— Eddy n'a pas Ophélie, certes. Il ne la veut pas. Depuis le début, celle qu'il veut, c'est Cloé. Cloé et la Neutralité. Ou Cloé et l'Unité de l'Eau.

Enzo et Ryan mettent un temps avant de réaliser que ma supposition tient la route. Je suis étonnée qu'ils ne le sachent pas déjà. Je jette un coup d'œil à Matt : son expression me prouve que lui, le savait. Matt est le plus doué d'entre nous pour cacher ses pensées. Il peut lire en chacun de nous très facilement, mais le contraire est plus délicat. Cela explique pourquoi Enzo et Ryan n'étaient pas au courant des plans d'Eddy. Matt prend une gorgée de vin et repose lentement son verre sur la table.

— Il attend d'mettre Ben dans sa poche. Il cherche un moyen de salir ma réputation. Quand Ben saura que j'le trahis, il pourra faire confiance qu'à son fils, Eddy. Ce sera à ce moment qu'Eddy lui f'ra comprendre qu'avoir Cloé signifie diriger les trois Unités.

Je peine à déglutir :

— Et si, tout se passait comme cela ?

Matt arbore un sourire cruel :

— Crois-moi qu'si on en arrive là, je le tue moi-même.

— C'est un peu risqué de le laisser en vie juste parce qu'il nous permet de faire diversion. Si on n'agit pas avant qu'on nous bloque l'accès à l'Unité de Feu, on ne pourra peut-être plus l'atteindre. Et Cloé est encore…

— Naomi, gronde Matt. C'est quoi le but ? Sauver une personne ou une Unité ?

— Ne fais pas comme si tu t'en fichais de la mettre en danger !

— Tu t'sens coupable de c'qu'il lui est arrivé, c'est tout.

— Non, ce n'est pas tout ! Je me suis beaucoup attachée à elle ! Est-ce si mal ?

— C'est mal à partir du moment où ça t'empêche de réfléchir de manière raisonnable.

Lorsque Matt détache chaque mot comme il vient de le faire, ce n'est pas bon signe : il s'énerve.

— Hum hum, nous coupe Ryan pour apaiser l'atmosphère. Elle doit être extraordinaire cette Cloé.

— T'es jaloux ? Plaisante Enzo

Comme souvent, la tactique de Ryan marche. L'atmosphère est moins tendue. Matt a raison. Ce n'est pas seulement le fait que j'apprécie beaucoup Cloé qui m'empêche de réfléchir, c'est que j'ai l'impression de devoir me racheter auprès d'elle. Je me sens coupable de l'avoir fait partir. C'était une erreur, *mon* erreur, et son bébé en est mort. Alors, j'ajoute :

— S'il advient un moment où je dois choisir entre elle et vous, ce sera elle.

Ryan et Enzo se retournent brusquement vers moi, tandis que Matt est serein, voire satisfait : il ne veut pas que Cloé soit en danger.

— Combien de soldats avons-nous ? Demandais-je pour changer de sujet

— Environ dix mille soit deux fois moins que Ben répond Enzo tandis que Ryan encaisse encore le coup.

— Ça, c'est sans compter la Neutralité, explique Matt. On a plusieurs membres du Conseil de notre côté.

— Avec Ophélie, on a le plus grand Clan externe, renchérit Enzo. Jinn n'a pas tort en se rapprochant d'elle.

— J'compte pas trop là-dessus.

Matt reste vague. Il n'a pas confiance en elle. En parlant du loup, Ophélie et Jinn passent les portes du bar. Elles sont inséparables ou quoi ? J'aperçois également Lana et Davy. Ils se dirigent vers nous tandis que Jinn s'arrête auprès du manager, sûrement pour sa fête d'anniversaire.

Davy et Lana prennent place à côté de nous. La discussion change du tout au tout à cause de la présence d'Ophélie. J'aurais pourtant aimé avoir plus d'informations.

Ophélie nous parle de la fête de demain, de l'organisation qu'elle a prévue et du cadeau de Jinn : la dernière Ferrari. Les Kellor ont un faible pour les grosses voitures. J'ai du mal à concevoir qu'elles puissent penser à ce genre de choses. Elles sont à des années lumières de la réalité. On parle de guerre, tandis qu'elles parlent de fête d'anniversaire. Pathétique.

— Bien. Je dois rentrer, fais-je soudainement.

— Je peux compter sur toi ? Se précipite Ophélie. Il n'y a ni Benjamin, ni Eddy pour son anniversaire. Je ne voudrais pas qu'elle soit privée de quelqu'un d'autre.

Je l'ignore. Je n'en ai rien à faire de sa fête ! Ryan se lève en même temps que moi. Comme d'habitude, lorsque je fais quelque chose de gênant, il rattrape les pots cassés. Dans le cas présent, il répond à Ophélie :

— Compte sur nous, à demain.

Et nous nous éclipsons à l'extérieur du bar, suivis de Davy et Lana.

— Naomi, m'interpelle Lana

Je crains le pire. Je me retourne doucement vers elle. Je sais déjà à quels reproches je vais avoir droit.

— À l'Unité Neutre, on s'entraide. Ce n'est pas « chacun pour soi ». Tu aurais dû m'en parler pour Cloé. On aurait pu trouver une solution, ensemble.

— Je me suis dit que Matt l'aurait su tout de suite et l'aurait obligé à avorter.

Ce qui est à moitié vrai. Elle réfléchit un instant.

— Certes. Tu connais bien plus Matt que moi.

— Je n'ai pas évalué le danger du bon côté, avouais-je à mon tour, après un court instant.

— Personne ne connaît vraiment Eddy, déclare Davy. Personne ne pouvait savoir.

— Il est le seul responsable. Alors cessez de vous sentir coupables, poursuit Ryan.

S'ils connaissaient le réel cheminement de ma pensée au moment où j'ai su que Cloé était enceinte, ils ne seraient pas si indulgents avec moi. J'ai eu plus peur pour la rébellion que pour Cloé. J'ai eu plus peur du bébé que d'Eddy. J'ai eu tort.

Mes oreilles bourdonnent, c'est Mélodie qui cherche à me téléporter jusqu'à elle. Je m'excuse auprès de Lana, Davy et Ryan et la laisse faire. J'atterris à ses côtés quelques instants plus tard. Elle n'est pas encore très au point pour téléporter les autres près d'elle.

— Une bagarre a éclaté pendant que nous étions dans la chambre de Cloé, m'informe-t-elle. Vincent n'est pas là, ni aucun autre membre du Conseil. Ça dégénère !

Je m'approche de la salle de tirs. Il s'agit de deux élèves de Nuit, la quinzaine. Ils gisent sur le sol. Je me précipite vers eux, et demande aux autres :

— Que s'est-il passé ?

— Ils se sont entretués ! Sans raison ! Me répond une voix.

Les deux élèves respirent encore mais ils ont besoin de soins. Je m'assure qu'il n'y ait pas de Sans-Don dans les parages et téléporte les deux jeunes hommes à l'infirmerie. Davy est déjà présent. Il y a également Ryan, dans un coin de la pièce.

— Tu prends ton rôle de professeur bien à cœur, fait remarquer Ryan pendant que Davy soigne les blessés.

— Où est Vincent ? Demandais-je à Davy, en ignorant la remarque de Ryan.

À ces mots, Vincent apparaît avec un homme qui m'est familier. Ce dernier s'approche des deux blessés, tend les mains dans leur direction. Quelques secondes plus tard, ils n'ont plus aucune plaie. Je ne connais que peu de personnes qui ont ce pouvoir de guérison : Vincent, Matt, Cloé et cet homme…

— Vous êtes le grand frère de Cloé ?

Il se tourne vers moi et sourit.

— En général on me demande si je suis bien le gouverneur de l'Unité de l'Eau.

Il prend place sur une chaise, croise les jambes et ajoute :

— Et vous, vous êtes un soldat du Feu, une traqueuse de Don. Vous êtes une des figures principales de votre rébellion. — Il marque une pause — Vous êtes celle qui a ramené Cloé au château. Vous souhaitez faire tomber Benjamin Kellor ? J'en suis.

Davy et Ryan s'échangent des regards surpris, tandis que je réalise que nous avons l'Unité de l'Eau à nos côtés, grâce à mon amitié avec Cloé.

Vincent me demande alors d'aller calmer tout le monde dans les étages. Je m'exécute. Ryan établit un lien télépathique entre Matt et Adam Marc, pour le mettre au courant de l'avancée de la rébellion.

Après avoir renvoyé tous les élèves dans leur chambre, je passe voir Cloé au vingt-troisième étage. Les filles du désert sont au complet.

— Ton frère est là, je lui lance.

— Déjà ? La rumeur s'ébruite pour mon Don.

— Il est également au courant pour la rébellion, je poursuis.

Je ne ferai pas deux fois la même erreur. Lana a raison : nous sommes un groupe. Tout ce que je sais, elles doivent le savoir aussi.

— Et ? Demande Kélia

— Il veut une alliance.

— En abolissant tous les Dons ? Pas question ! S'exclame Mélodie.

— Moi, je pense que c'est bien, dit Ambre. Réfléchissez une seconde : les ennemis de mes ennemis sont mes amis. Après tout, Vincent et Adam n'ont jamais été en guerre.

— Si tu vas par-là, Benjamin et Vincent non plus, raisonne Mélodie

— Sauf que nos terres sont occupées par ses soldats ! Ajoute Ambre, d'ordinaire si discrète. Je ne connais pas bien Adam, mais d'après ce que l'on dit de lui, je pense que son Unité lui suffira amplement. Il n'a pas besoin de prouver à qui que ce soit qu'il est le meilleur et qu'il veut diriger. Il offre la possibilité à ceux qui veulent redevenir normaux de les aider. Pour tout le reste, ce ne sont que des rumeurs ! Alors que Benjamin Kellor a prouvé plus d'une fois qu'il veut dominer le monde et les Sans-Don.

Je savais qu'Ambre se pencherait plus du côté d'Adam que celui de Vincent. Ça lui est égal d'abandonner ses pouvoirs.

J'observe Cloé. Ses yeux gonflés me prouvent qu'elle a dû pleurer en partageant son secret avec les filles du désert. Pourtant, je lui avais conseillé de ne rien dire. Je me demande alors si elle a osé révéler que Matt était le père.

— Qu'en penses-tu ? Me demande-t-elle alors qu'elle me surprend à l'observer.

Je réfléchis un instant.

— Je suis assez d'accord avec Mélodie. Quelques alliés de plus, ça ne se refuse pas. Benjamin a toujours vécu dans l'idée de combattre. Durant toute sa vie, il a préparé ses soldats à cette fin. Alors que nous…

— Nous sommes trop peu nombreux, finit-elle.

Cette conversation ne trouve pas de fin alors nous restons un long moment silencieuses.

Puis, Kélia change de sujet. Un « ami » lui a parlé d'une fête qui se déroule demain soir dans un pub de la Neutralité. D'après elle, c'est « LA » fête qu'il ne faut pas manquer. Je me retiens de lui dire à quel point elle est puérile. À coup sûr, il s'agit de l'anniversaire de Jinn. Cloé et moi refusons tandis que Mélodie et Ambre acceptent. Kélia insiste un bon millier d'années. Au même moment, mon téléphone sonne :

— Allô ?

— Nam's, c'est Jinn. — Je mets le haut-parleur — Je t'appelle pour ma fête de demain. Je pensais que tu viendrais avec Ryan mais je viens de le voir rentrer, désespérément seul. — Elle rit — Alors, tu viendras ?

— Tout le monde parle de ta fête ici.

— Ah oui ? S'émerveille-t-elle. Eh bien, venez toutes les *cinq*, j'en serai ravie.

Son insistance sur le chiffre « cinq » me laisse à penser qu'elle veut se racheter auprès de Cloé. Je regarde en direction de la personne concernée. Elle hausse les épaules. C'est une bonne idée de les réconcilier ces deux-là, sinon elles ne le feront jamais. On a besoin d'unir nos forces contre Benjamin. C'est aussi l'occasion pour moi de reparler de la rébellion avec la Triade sans avoir besoin de nous cacher. Pour finir, Cloé a besoin de légèreté après tout ce qu'elle a vécu.

— Ok, nous viendrons.

Kélia saute de joie tandis que les filles se moquent d'elle. Jinn raccroche en rigolant. J'hésite à entrer dans leur jeu. Et puis, zut, je peux baisser ma garde juste une fois ! Il suffit que je me fixe un objectif. Contrairement à ceux que j'ai l'habitude de me fixer, – c'est-à-dire tuer, traquer les Dons ou enseigner le combat – celui-ci est plus… « humain » : distraire Cloé.

— Ah, voilà, là t'es contente, dis-je à Kélia.

Elle imite un rire démoniaque.

— Bah, j'espère que tu ne croiseras pas ton ennemie jurée, je rajoute pour embêter Kélia.

— Et qui est mon ennemie jurée ? S'étonne-t-elle.

— Je pense que ça commence par « La », finit par « na », plaisante Ambre.

Mélodie, Ambre et moi partons d'un rire franc. Cloé fronce les sourcils pour marquer son incompréhension. Kélia lui explique :

— C'est juste que j'étais un peu jalouse de Lana. Avec ses grands airs là ! Tout ça parce qu'elle te connaît depuis plus longtemps que nous.

Nous repartons d'un éclat de rire. Cloé se joint à nous. Kélia fait semblant de bouder puis ajoute :

— Je l'aime bien maintenant.

Et c'est reparti de plus belle.

— On dort ensemble ce soir ? Propose Ambre

À ces mots, Kélia et Mélodie s'excitent comme des puces. Quelles gamines ! Nous échangeons un sourire en coin avec Cloé. Ça lui fait du bien de nous retrouver. Je dois dire que, moi aussi, j'éprouve du plaisir. Il faut savoir décompresser.

Kélia fait apparaitre un matelas géant au pied du lit de Cloé et se rue dessus. Ambre lui marche sur le pied, sans faire exprès. Kélia lui envoie un grand coup d'oreiller. Cela dégénère vite en bataille de polochons.

Nous passons une bonne partie de la nuit à parler de la rébellion et de ce qu'a manqué Cloé depuis qu'elle est partie. Kélia nous régale de tous les potins qu'elle connaît. Nous nous endormons jusqu'à treize heures le lendemain.

Nous nous levons après Mélodie, qui nous a ramené le petit déjeuner et l'a installé sur la terrasse de Cloé. Une par une, nous prenons une douche, pendant que les autres mangent en profitant du soleil. Les ragots reprennent de plus belle, personne n'y fait vraiment attention. Jusqu'au moment où Kélia commence à parler de Matt Kellor. À ce moment-là, Ambre est sous la douche pendant que Mélodie se sèche les cheveux dans la chambre. Cloé est assise, face à la forêt, Kélia à côté d'elle et moi, en face. Kélia se retourne vers la chambre de Matt et demande :

— Il est souvent là, ce mec ?

Cloé feint l'indifférence. Elle cache bien son jeu.

— Bah, quand tu le vois, il est là. Quand tu ne le vois pas, il n'y est pas, répond-elle, simplement.

— Il paraît qu'il est plus puissant que Vincent, poursuit-elle

— Il est sûrement même plus puissant que Benjamin, j'ajoute.

Kélia ne quitte pas Cloé du regard. Cette dernière est *trop* indifférente. Kélia la connaît bien.

— Cloé, tu le savais ?

— Je ne connais pas l'intensité du pouvoir de Benjamin Kellor.

— Parce que tu connais celle de Matt ? S'enquit-elle

Cloé se pince la lèvre. Je l'aide :

— Tout le monde connaît ce qu'il veut bien montrer. Il a été prof ici et a entraîné Cloé je te rappelle.

Kélia nous scrute méticuleusement. Cloé reste, une fois de plus, trop indifférente. Pour ma part, je n'aurais pas dû prendre sa défense. C'est suspect. En temps normal, on se serait moqué d'elle.

— Cloé, l'interpelle-t-elle

— Quoi ? Répond celle-ci, plus énervée que d'ordinaire

— Tu le connais bien ce Matt ?

— Naomi le connaît mieux. Je n'ai pas très envie d'être victime de tes commérages, Kélia.

Cette dernière se vexe :

— Je pensais que nous étions amies, au même titre que Lana.

Cloé et moi échangeons un regard. Elle soupire et se tourne de nouveau vers Kélia :

— Nous le sommes.

— Alors, pourquoi tu ne me dis pas ce qu'il y a entre Matt Kellor et toi !

— Parce que je ne sais pas ce qu'il y a entre Matt Kellor et moi, Kélia. Tais-toi s'il te plaît.

Kélia fronce les sourcils et nous scrute de nouveau. Elle sait que je suis au courant de tout.

— Donc Naomi est digne de confiance mais pas nous ?

— Ne fais pas l'enfant, lui dis-je

Ses yeux me lancent des éclairs. Cloé veut apaiser les choses :

— Ne vous disputez pas à cause de moi. Naomi est au courant par hasard, c'est tout. Je vous aime toutes beaucoup, mais certaines choses doivent rester secrètes. Alors, laisse tomber, d'accord ?

— Qu'est-ce que ça peut te faire de me dire s'il s'est passé quelque chose entre vous ? Ne me dis pas que c'est lui le pè…

— Kélia ! M'énervais-je.

Elle se tourne vers moi, puis de nouveau vers Cloé qui a les larmes aux yeux. Kélia se fige.

— Excuse-moi Cloé, je ne voulais pas…

— A qui le tour ? Crie Mélodie en sortant de la douche.

— Moi ! S'écrit Kélia, visiblement gênée.

Cloé lève ses yeux vairons vers moi. Je pourrais lui dire que je l'avais prévenue. Je lui avais conseillé de s'inventer une excuse pour sa fugue. Cependant, je me sens toujours autant coupable de lui avoir dit de partir. C'est pourquoi, je préfère la jouer soft. Je la rassure du regard : même si Kélia a tout deviné, elle ne trahira jamais Cloé, sous aucun prétexte. J'en suis certaine.

Une fois que nous sommes toutes prêtes, nous prenons ma voiture et nous dirigeons à la soirée de Jinn. Nous lui avons pris un sac à main en passant devant le centre commercial. D'après Ambre, c'est plus personnel que de participer au cadeau commun.

Cloé et Kélia ne sont pas rancunières, heureusement. Lorsque Kélia est sortie de la douche, elles ont agi comme si rien ne s'était passé.

Arrivées au pub, je m'aperçois qu'ils l'ont agrandi pour pouvoir accueillir plus de monde. Une file d'attente s'étend à perte de vue au niveau de l'entrée. Par chance, nous faisons parties de la liste d'invités. Je m'avance vers la deuxième entrée, elle est déserte.

— Bonsoir, dis-je à l'homme qui se tient devant.

— Bonsoir.

Il n'a pas besoin de prendre mon nom : il me reconnaît tout de suite.

Nous entrons donc dans le bar où la lumière est tamisée. La musique est encore plus forte que la veille. Cependant, cela ne nous gêne pas. Nous avons toutes les cinq la capacité de nous entendre comme en plein silence. Cloé a un peu moins d'expérience que nous mais, la connaissant, elle va vite s'y faire. Les gens s'alcoolisent et dansent au rythme de la musique. Kélia aperçoit son « ami » sur la piste de danse et part le rejoindre, en embarquant Ambre dans sa lancée. Mélodie nous trouve une table et commande une bouteille de champagne. Mes yeux se baladent à travers la foule. L'endroit est noir de monde. Jinn se détache de l'attroupement en nous apercevant.

— Nam's, m'interpelle-t-elle

Elle m'embrasse puis salue poliment Mélodie. Elle regarde un instant Cloé et finit par la prendre dans ses bras. Si je ne contrôlais pas mes émotions, j'aurais écarquillé les yeux de stupeur.

— Je prends ta présence comme un signe de paix alors je te le renvoie, lui chuchote-elle à l'oreille.

Mes yeux se portent en hauteur, vers la Triade. Les autres proches de Jinn sont installés à côté d'eux. Ophélie fusille Jinn et Cloé du regard. Les trois membres de la Triade regardent également vers nous. Matt arbore un air suspicieux. Je sais qu'il entend Jinn autant que moi. Jinn rompt l'étreinte et son visage s'illumine d'un magnifique sourire. Quel cinéma celle-là ! Elle est complètement différente lorsque nous sommes en petit comité. Cependant, Cloé ne se démonte pas : elle l'imite. C'est assez impressionnant la capacité d'adaptation dont elle fait preuve alors que tout est, pour elle, une première fois.

— Belle soirée, mademoiselle Kellor, dit Cloé en employant un ton élogieux — certainement pour se moquer d'elle —

— Ce soir, ce n'est pas toi la princesse, mais moi !

Jinn se sert de ses pouvoirs pour faire apparaître une couronne du bout de ses doigts. En un éclair, elle la met sur sa tête.

Cloé rit. Pour de vrai. C'est vrai que ç'en est risible tellement c'est ridicule.

— Je te laisse volontiers ma place, Jinn. Tiens, prends ça, lui dit-elle en lui tendant son cadeau.

Jinn est émue par cette attention, elle ne s'y attendait pas. Pendant qu'elle regarde à l'intérieur, j'observe de nouveau la table de la Triade. Ophélie est rouge de rage, et en m'apercevant, elle se rapproche de Matt, qui ne la repousse pas. Je détourne vite mes yeux pour ne pas que Cloé regarde dans la même direction. Elle s'adapte peut-être au reste, mais quand il s'agit de sa relation avec Matt, c'est bien plus compliqué pour elle.

— Merci, dit Jinn en serrant légèrement le cadeau contre elle.

Il est difficile pour des filles de notre grade de se faire des amies. À cet instant, j'éprouve de l'empathie pour Jinn. Enfin, je crois.

— Ne restez pas là, j'ai prévu de vous faire asseoir à ma table. Les consommations sont gratuites, dit Jinn.

— Les filles préfèrent être au plus proche de la fête, m'empressais-je de répondre en désignant Kélia et Ambre du menton.

— Elles peuvent venir accompagnées, ça ne me dérange pas.

J'avais oublié que Jinn avait réponse à tout. Elle regarde en direction de Kélia et ajoute :

— Il est clair que cette fille préfère être à notre table.

Mélodie rit, Cloé aussi. J'essaie également mais la situation me déplait. Je n'ai pas envie que l'on se retrouve à la table de la Triade avec Ophélie. La distraction que j'avais prévue pour Cloé se transformerait en cauchemar. De plus, Kélia est au courant de tout et je n'ai pas eu le temps de la briefer pour qu'elle ne laisse rien transparaître.

— Elle a bien cerné Kélia ! Nous dit Mélodie, il lui en faut toujours plus !

Jinn sourit, satisfaite d'en avoir convaincue au moins deux. Elle regarde Cloé, puis moi, à tour de rôle, prend un air très mignon et ajoute :

— C'est mon anniversaire.

Cloé prend un air exaspéré et se lève de sa chaise. On n'échappera donc pas au désastre. Je suis les filles vers les

297

escaliers. Mélodie pêche Ambre et Kélia au passage. Plusieurs hommes tentent de parler à Cloé mais elle les ignore, sans s'en rendre compte. Je dois dire qu'elle est resplendissante. Je lève de nouveau les yeux vers la table que nous n'allons pas tarder à rejoindre. Matt ne quitte pas Cloé des yeux, tandis qu'Ophélie s'agrippe à son bras. Il m'arrive quelque chose de très rare : je stresse. J'espère que Cloé saura gérer. L'endroit grouille d'ennemis qui n'attendent que le bon moment pour que l'un d'entre nous montre une faille.

Nous montons les marches et je me concentre de nouveau sur le trajet. Arrivées en haut, je reconnais les invités privilégiés de Jinn : la Triade, Ophélie, Lana et Davy, deux dames d'honneur d'Ophélie, et trois hommes qui doivent être des connaissances de Jinn.

J'observe la réaction de Cloé, malgré moi. Je ne voudrais pas être flagrante mais c'est plus fort que moi. Ses yeux vairons se posent lentement sur chacune des personnes qui entourent la table. Elle se fige une demi-seconde en voyant Matt mais c'est à peine perceptible, et ce n'est même pas à cause d'Ophélie. Elle se tourne instinctivement vers Kélia, sûrement à cause de la conversation de tout à l'heure. Cette dernière est moins douée que Cloé pour cacher ses ressentis, elle fronce les sourcils en voyant le manège d'Ophélie. Cloé la fusille du regard, alors, Kélia baisse la tête. J'ai soudainement l'idée de faire demi-tour, je n'aurais jamais dû accepter d'emmener Cloé à cette soirée.

Lana se lève et prend Cloé dans ses bras. Il y a des échanges de regards qui me mettent mal à l'aise. Cependant, Cloé ne laisse rien paraître quant à ses ressentis. Lana tend un bras vers les verres propres et en fait apparaître un dans le creux de sa paume. Elle le donne à Cloé, en lui attrapant sa main libre pour qu'elle s'assoit avec elle et Davy. Kélia est d'une humeur massacrante. Entre Lana et Ophélie, elle ne sait plus qui haïr en premier. Peut-être bien Matt, car après vérification, c'est bien lui qu'elle fixe avec dédain. Nous nous asseyons, chacune à une place différente, au lieu de rester groupées. Je m'installe à côté de Ryan qui commençait à perdre patience. Il faut qu'il se calme, je ne l'ai pas volontairement ignoré.

Tout le monde entame une conversation en petit groupe. En général, la Triade reste silencieuse. Le plus souvent parce qu'elle parle par l'esprit, sinon par désintérêt. Cloé discute avec Lana et Davy. Cela me rassure. Jinn s'installe en face de moi. Ophélie entame une discussion animée avec elle. La soirée peut commencer.

— Hey, m'interpelle Ryan en posant une main sur ma cuisse.

Je tâche de masquer ma surprise.

— T'es tellement tendue que je ne peux pas lire en toi, se plaint-il

Je m'adosse à la banquette et prend une longue inspiration. Il me tend un verre de champagne. Matt est crispé. Cette situation le dérange. Ophélie ne cesse de lancer des regards en direction de Cloé mais cette dernière l'ignore complètement. Un des garçons est venu s'asseoir à côté d'elle. Au bout d'un moment, il l'invite à danser et, contre toute attente, elle accepte. Tout le monde est surpris, moi la première. L'ambiance s'améliore à mesure que Cloé descend les escaliers. Les proches de Jinn se détendent. Kélia aussi.

Je participe alors aux discussions de part et d'autre de notre espace VIP. Pour l'instant, nous ne parlons pas de la guerre. Nous profitons de la soirée, je m'autorise même à rire avec Ryan. Ophélie s'est décollée de Matt. Kélia et Lana discutent dans un coin. C'est une première ! Je réalise que la seule présence de Cloé attise toutes les tensions.

Matt observe la piste de danse depuis plusieurs minutes. Je l'imite. Cloé et son partenaire dansent côte à côte. Elle use de stratégies pour éviter qu'il ne se colle à elle mais, quand arrive une chanson de zouk, elle n'a pas d'autre choix. Elle réalise avec succès les danses, tous styles confondus. Cela ne m'étonne pas, elle réussit toujours ce qu'elle entreprend. Je comprends que cela puisse en agacer plus d'une.

Une bagarre éclate alors au sein de la foule. Pas étonnant, c'était une mauvaise idée de réunir deux Unités par les temps qui courent. Il s'agit d'un élève du château de la Neutralité que j'ai en cours et d'un apprenti soldat de Feu. Ils doivent avoir seize ou dix-sept ans tout au plus. Cela dégénère rapidement quand l'un des deux utilise ses pouvoirs pour esquiver un vigile. L'autre ne se retient donc plus d'utiliser les siens. Des boules de feu jaillissent de toutes parts puisque les deux jeunes hommes maîtrisent le même élément. D'autres personnes commencent à intervenir au sein de la foule, et comme prévu, deux clans se distinguent et représentent les deux Unités.

Voilà ce qu'il se passe quand la famille Kellor vient investir les terres de la Neutralité. D'en haut, nous avons une vision globale et ne craignons absolument rien. Ophélie est, malgré tout, pétrifiée et s'accroche à la banquette alors que ses dames d'honneur se sont rapprochées d'elle. Eh bien, cela se voit qu'elle a toujours été protégée !

Kélia s'amuse beaucoup de la réaction d'Ophélie. Cependant, elle se tient prête à intervenir. Sait-elle au moins de quel côté se placer ? La Triade est avide de combat, comme d'habitude. Je déteste ça. On dirait que ça leur plaît de voir des conflits, de parier sur le vainqueur. Ils aimeraient que ce soit les soldats qu'ils entraînent, cela flatterait leur égo déjà démesuré.

Lana se précipite pour voir la foule, elle se penche au-dessus de la rampe. Davy lui pose une main sur le dos. Ce doit être affreux de percevoir les émotions de toutes les personnes de la salle.

— Cloé, remonte ! S'exclame-t-elle.

Mince ! Cloé ! Je l'avais oubliée. Voilà pourquoi Kélia se tient prête à combattre. Nous savons que si l'une d'entre nous entre en conflit, les quatre autres suivent. Je me penche à mon tour et l'aperçois. Elle esquive une boule de feu. Son sang-froid est incroyable compte tenu de sa faible ancienneté dans ce milieu. Jinn, fâchée de la tournure que prend sa fête, utilise ses pouvoirs pour propulser les perturbateurs à l'extérieur de la salle. Les jeunes hommes volent au-dessus de la foule avant d'atterrir, dans un fracas, en dehors du bar. Cela calme un peu l'assistance. Il ne faut pas oublier qui est l'auteure de cette fête et, par conséquent, la puissance des personnes présentes. Un pauvre malheureux ne se satisfait pas de l'accalmie. Il attrape la première personne qu'il croise, par les cheveux, et tente de la faire tournoyer. Malheureusement pour lui, il s'agit de Cloé. Elle se retourne du tac au tac, le saisit par la gorge et l'oblige à lui lâcher ses belles boucles blondes. Ophélie ne cache pas son agacement.

L'homme écarquille les yeux de surprise, je ne sais pas si c'est dû à sa force ou à sa beauté. Elle ne compte pas se battre. Elle le relâche doucement, en signe de paix mais Jinn redouble de colère et l'expulse lui aussi. Les autres membres de l'Unité de Feu présents dans la foule n'ont pas réalisé qu'il s'agissait de l'œuvre de Jinn. Trois d'entre eux s'élancent vers Cloé, en actionnant leur pouvoir. Le bouclier de Cloé les repousse violemment et ils percutent une table qui tombe à la renverse. Matt regarde attentivement la scène tandis qu'Ophélie arbore un sourire triomphale. Pense-t-elle que Cloé va être éjectée de la salle également ? Je scrute Jinn. Elle a compris son erreur, elle est démunie. Elle aurait dû laisser Cloé se débrouiller toute seule. Les filles du désert se tiennent prête à bondir. En réalité, elles attendent mon aval. C'est la plus puissante qui montre le chemin à suivre. En réalité, la plus puissante de nous toutes est Cloé mais elle me laisse endosser ce rôle. J'ai plus l'habitude qu'elle, et ça ne l'intéresse pas de diriger. C'est pourtant elle qui devrait prendre les décisions et donner les ordres.

Lana est au bord de l'hystérie, Davy la calme de sa main bienveillante.

— Pourquoi elle ne monte pas ? Lui demande-t-elle, agacée.

— Parce que c'est une battante, répond-il, fièrement.

Il lui sourit et elle se calme un peu. Tout le monde s'est rapproché de la rambarde pour observer la foule. Les plus puissants ne feront rien sans les ordres de Matt. L'ami de Jinn qui accompagne Cloé semble activer ses pouvoirs. Il met ses mains sur ses tempes et ferme les yeux. Cloé recule instinctivement d'un pas en l'observant, sur ses gardes. Puis, elle se tourne vers ses agresseurs et de nouveau vers lui. Je l'entends parler comme si elle était à côté de moi :

— Tu manipules les esprits ?

Cloé adore connaître les pouvoirs des autres. Elle trouve encore cela extraordinaire. Il lui répond par un fier sourire, qui ne dure pas.

— Pas le tien apparemment.

Elle sourit poliment. Les trois hommes se mettent à boire en riant autour d'une table, comme s'ils avaient oublié ce qu'il s'est passé trente secondes plus tôt.

— A part si tu me laisses y accéder, poursuit-il à l'intention de Cloé. Tu me fais confiance ?

Il lui tend une main qu'elle regarde sans dire un mot. Je lève discrètement les yeux : certains d'entre nous ont repris leur conversation là où ils l'avaient laissé peu de temps auparavant, pour les autres — les proches de Cloé — ils observent encore la scène. Matt arbore une expression que je ne connais que trop bien : il s'énerve. Ses yeux virent au rouge puis redeviennent bleu, preuve qu'il lutte contre ses nerfs. Cela m'amuse un peu. Serait-il jaloux ?

— Crois-tu pouvoir me manipuler ? Demande Cloé avec malice.

Matt ne cache plus sa colère : il fronce les sourcils et fusille Cloé de ses yeux rouge vif tandis qu'elle saisit enfin la main de l'homme. Ce dernier ferme de nouveau les yeux. Cloé le regarde attentivement, visiblement intéressée par ce pouvoir qu'elle ne connaît pas encore. Il se rapproche d'elle doucement, les yeux toujours clos. Il saisit son visage de ses deux mains et approche dangereusement ses lèvres de celles de Cloé.

À quelques millimètres seulement, il se stoppe soudain, ouvre de grands yeux ronds et elle éclate de rire.

— Raté ! S'exclame-t-elle en lâchant sa main

Je ris malgré moi, comme les filles du désert, et même Lana. C'est si rare de voir Cloé s'amuser.

Les yeux de Matt ont repris une couleur normale, mais sa mauvaise humeur demeure palpable. Ophélie, que j'ai sous-estimée, a tout compris à la scène et lutte contre les larmes. Je sais que Matt s'en est rendu compte, mais apparemment il estime que ce n'est pas grave. Il l'ignore complètement au lieu de cacher les apparences.

Je vois Cloé s'échapper aux toilettes pour que son prétendant arrête de la coller. Ryan attrape mon menton de ses deux doigts et me fait tourner la tête vers lui. Il sait à quel point je n'aime pas les démonstrations publiques. D'ailleurs, il propose :

— On s'échappe ?

J'hésite. J'aimerais bien mais…

— Allez, elles sont bien entourées tes copines, dit-il en pointant son menton vers Matt et Enzo.

Il me sourit. Qu'est-ce qu'il peut être mignon quand il veut. Pour une fois, je me laisse aller à ses avances, cela fait trop longtemps que je n'ai pas eu un moment de répit avec lui. J'attrape sa main et nous nous éclipsons.

L'AFFRONTEMENT

Naomi m'envoie un signal, elle veut me parler. Je lui active l'accès à mon esprit, elle me dit « *je pars avec Ryan* » Puis, elle rompt la connexion. Non !! Non, non, non, non ! Je voulais partir aussi ! Elle m'abandonne ! Je cherchais une bonne excuse pour ne pas montrer à Ophélie que son petit manège de fiancée me touche.

Elle a un sixième sens cette fille ! Ou bien, elle se méfie de toutes les filles qui s'approchent de Matt ?

Ce dernier me surprend en passant la porte des toilettes, je l'aperçois dans le miroir. Que dois-je dire ? Cette situation est trop bizarre. Mon cœur s'accélère, comme à chaque fois que je me retrouve seule avec lui. En plus, il paraît différent, plus imposant, plus dangereux que d'habitude. C'est parce qu'il est dans son environnement : la fête, les bagarres, les filles, sa place réservée qui domine le reste du peuple. Bref, son statut de Prince Noir. Il s'approche du lavabo à côté du mien. Ne me dites pas qu'il est juste venu se laver les mains ? Nos yeux se croisent dans le miroir.

— Tu t'amuses bien ?

Je n'arrive pas à déceler le ton de sa question.

— Euh, oui. Merci.

Quelle est cette immense distance entre nous ? Je me sens minuscule. Je m'essuie les mains et m'apprête à partir. Il m'attrape par le bras pour que je me retourne. Il me tire soudainement vers lui et m'embrasse passionnément. Mon corps perd ses forces. Je me laisse aller à ce baiser, en m'abandonnant à lui. Il me fait perdre la tête. J'enroule instinctivement mes bras autour de son cou et me colle un peu plus à lui en me hissant sur la pointe des pieds. C'est un long baiser, *très* long et *très* fougueux. Matt est ... énervé ? Violent ? Hum non, je dirais... *sauvage*.

J'entends des pas dans mon dos et tente de me retirer en le poussant légèrement mais Matt resserre l'étau de ses mains sur mon visage et je ne peux me détacher de lui.

— Vous êtes imprudents les enfants, nous prévient la voix d'Enzo.

J'ouvre de grands yeux en poussant Matt un peu plus fort. Il me relâche au bout de quelques secondes qui paraissent durer une éternité, et se tourne vers son ami. En me tournant à mon tour, je m'aperçois qu'il n'est pas seul, Ophélie est à sa gauche. Elle me fixe, sans dire un mot. Je ne saurais expliquer l'expression qu'elle arbore.

— Ah ouais ? Dit Matt, amusé. On d'vait éclaircir les choses.

Je sens son regard sur moi mais je ne peux retirer mes yeux de ceux d'Ophélie. J'ai honte, sans trop savoir pourquoi. La pauvre. Cela se voit qu'elle l'aime vraiment. Elle fronce les sourcils.

— Quoi ? Tu crois que t'es la première qu'il embrasse devant moi ? Ne te sens pas spéciale, crache-t-elle.

Ce à quoi je ne trouve rien à répondre. Enzo s'attend à ce que je réplique, au lieu de quoi, je me tourne vers Matt :

— Apparemment, on n'a pas fini d'éclaircir les choses.

Il se met à rire, bien que je sois très sérieuse.

— Ma chère fiancée, commence-t-il, d'un ton qui ne lui ressemble pas — Ophélie soutient son regard comme pour dire « *arrête tout de suite* » — Tu as devant toi la descendante de la famille Marc, héritière du trône de l'Unité de l'Eau, princesse de la Neutralité et seule prétendante possible au titre de chef, d'après notre ami Vincent.

Mon sang se glace : *Quoi ?* Moi, chef de la Neutralité ?

— Puisque tu m'as déjà fait perdre la face, continue je te prie. Qu'est-elle pour toi ? Demande Ophélie, anéantie.

Ç'en est trop pour moi. C'est *ma* question, ça. De plus, je n'ai nulle envie de me sentir coupable de leur rupture ou que sais-je. Matt est en train de se servir de moi pour lui montrer qu'elle ne l'intéresse pas. Je m'apprête à partir mais il me retient une nouvelle fois, me tire vers lui, de dos, et entoure mes épaules de ses bras. Je me retrouve face à Ophélie et Enzo. Je me sens toute petite avec Matt qui me surplombe et me bloque.

— 'Paraît qu'tu veux rejoindre la rébellion, Ophélie ? Demande-t-il

— C'est ce que j'ai dit à Jinn, oui. Et j'ai ajouté que je serai toujours de votre côté quoi qu'il se passe alors ce n'est pas la peine de faire tout ça pour me tester, dit-elle en faisant un signe vers moi.

Matt rit, mais pas de manière naturelle.

— Ophélie, d'un seul clignement de cils, j'peux t'anéantir. J'en ai rien à foutre, de « te tester ». Tu veux être parmi nous ? Alors plie-toi à nos règles. T'es la fille de personne ici. Le moins gradé s'écrase devant le plus gradé, ou meurt.

— Et ? Où tu veux en venir ?

C'est Enzo qui répond :

— Même si tu n'aimes pas quelqu'un, s'il est plus gradé que toi, tu lui dois le respect, et l'obéissance. Surtout pendant la rébellion, on doit aller tous dans le même sens.

— ET ?! S'énerve-t-elle

— Cloé est plus gradée que toi, finit Matt.

— Cette gamine ?

Je tente une fois de plus de me libérer. Matt me lâche

— Tu vas où ? Me demande-t-il, d'une voix plus douce.

— Loin de votre cinéma.

Cependant, leur conversation m'intéresse quand même. Je m'arrête à la porte, à l'abri des regards.

— T'étais pas obligé, Matt ! J'aurais très bien compris sans que tu me foutes la honte devant une gamine.

— C'était mon idée, dit Enzo. J'ai vu ce que tu étais capable de faire quand t'estimes qu'une fille est trop proche de Matt. Et il est impensable que tu tentes quoi que ce soit contre Cloé Marc.

— Je m'adresse à Matt, siffle-t-elle.

— Je dis juste qu'il était important que tu saches qu'elle, tu ne peux pas l'attaquer, continue Enzo.

— Ce n'était pas la peine de l'embrasser !

— J'l'ai pas fait pour toi, finit par dire Matt. J'en ai rien à faire de toi. 'Fallait que tu le comprennes.

Il y a un moment de silence. Mes doutes se confirment. Matt m'a embrassée pour montrer à Ophélie qu'elle ne signifie rien pour lui.

— Je le savais déjà, chuchote-t-elle.

Ma colère monte. Pour qui me prend-il ? Je pensais qu'il m'estimait plus que ça, tout de même. S'il m'embrasse pour la simple raison de faire passer un message à Ophélie, je passe pour qui ? Je vais lui montrer qu'il ne décide pas toujours de tout, et que je ne suis pas à sa disposition. Je retourne sur la piste, déterminée à oublier Matt, mon bébé, Ophélie, la guerre… Tout. Ce soir, je vais m'amuser. Les filles du désert me rejoignent et nous allons toutes boire un coup. Nous sommes beaucoup mieux au cœur de la fête. Nous nous mettons à danser au milieu de la foule et je ne fais plus du tout attention aux personnes autour. J'ai sûrement trop bu, mais je m'en moque. Je veux juste danser, sans jamais m'arrêter. Les filles rient en racontant des blagues, je n'arrive pas à suivre le fil de la discussion mais je ris volontiers avec elles. Les voir s'esclaffer m'amuse. Qu'est-ce que je les aime. Je mets du temps avant de remarquer que des garçons nous ont rejointes. Nous dansons et rigolons avec eux un long moment.

Kélia renverse une table en dansant avec un inconnu. Ils s'esclaffent tous les deux et repartent danser de plus belle. L'un d'entre eux me fait les yeux doux. Je m'en moque. J'ai décidé de m'amuser. Cependant, au bout d'un moment, il tente de mettre ses mains à des endroits où je n'accepte pas qu'il les mette. J'esquive plusieurs fois gentiment jusqu'à ce qu'il devienne trop insistant. Je le repousse vivement et quelqu'un s'interpose entre nous. Il s'agit de Lucas, l'ami de Jinn qui manipule les esprits. Il pose les mains sur ses tempes et l'autre garçon s'en va, sans poser de problèmes supplémentaires. J'adore ce pouvoir !

Il me regarde un instant. J'ai l'impression de sourire comme une idiote. Il me prend par le bras et m'attire dehors, les filles du désert à nos trousses.

— Oh, chevalier servant, s'exclame Kélia, merci d'être venu à la rescousse de la princesse.

Elle emploie un ton théâtral qui nous fait beaucoup rire. D'ordinaire, je n'aurais peut-être pas ri.

Les autres amis de Jinn nous rejoignent dehors : Jimmy et Carl, ou Quentin ou… Enfin je ne sais plus. En tout état de cause, nous commençons à faire un tour à pied. Lucas me parle de sa famille et de leur vie à l'Unité de Feu. Ça n'a pas l'air si mal, finalement. De son point de vue, en tout cas. Comme à mon habitude, je ne m'étale pas sur ma vie. Les effets de l'alcool sont bien présents mais pas au point que je me confie à un inconnu.

Soudain, une voiture de sport noire aux vitres teintées s'arrête près de nous. Les trois garçons semblent au garde à vous : ils reconnaissent la voiture. La fenêtre descend tandis que Lucas passe un bras autour de ma taille.

— Bonsoir Monsieur Kellor, dit-il à Matt. Vous cherchez quelqu'un ?

Il emploie un ton très respectueux et les deux autres garçons sont sur leurs gardes.

— Raccompagnez-les, ordonne Matt, en observant l'endroit où Lucas a posé sa main.

Les garçons s'exécutent avec un signe de tête.

— Pas elle, ajoute Matt en faisant un signe dans ma direction.

Lucas hésite, moi pas. Je continue mon chemin avec les autres.

— Cloé, euh, tu ferais mieux de…, commence Lucas

Kélia évite de me regarder. C'est le mieux qu'elle puisse faire pour ne rien laisser paraître. Cette sotte n'a pas été discrète tout à l'heure, dans la boîte de nuit.

Ambre et Mélodie s'échangent des regards étonnés. Je les rassure d'un signe de tête et elles poursuivent leur route.

Je me retourne vers Matt et Lucas :

— Monsieur Kellor, je crains de ne pas être en état de m'entretenir avec vous. Lucas va me ramener.

Ce dernier arbore un grand sourire. Matt, quant à lui, me regarde comme si j'étais débile. Enfin, je crois. Je ne vois pas bien.

— Lucas, tu nous laisses ? Ordonne Matt

— Mais…, proteste Lucas.

Matt tend sa main vers lui et il est propulsé dans les airs. Puis, il finit par disparaitre. Je suis des yeux le trajet du vol de Lucas et me mets à rire, sans trop savoir pourquoi. Evidemment, Matt ne rit pas. Comme à son habitude, il me scrute sans laisser paraître la moindre émotion. Je m'arrête donc de rire et l'imite.

— Pour une fois que je m'amuse, tu viens tout gâcher.

— Monte, se contente-t-il de dire.

Je fronce les sourcils. C'est incroyable. Il ne sait qu'ordonner ou quoi ?

— Toi, descends, dis-je, sur le même ton.

Il marque une pause, expire bruyamment. Mon cœur bat la chamade. Il met le frein à main, éteint le moteur et ouvre la portière à la vitesse d'un escargot. Il passe son pied gauche à l'extérieur de la voiture, puis le droit tout en restant assis. Une rafale de vent souffle dans mes cheveux et fait valser ma robe. Matt écarte ses bras et je sens son pouvoir sur ma peau. J'ai du mal à me concentrer pour le repousser, sûrement à cause de l'alcool. J'abandonne très vite et le laisse m'envelopper de sa chaleur. En moins d'une seconde, je me retrouve devant lui, à quelques centimètres. Il se retire doucement, c'est incroyable comme sensation. Je me répète ? Sûrement. J'arrive à percevoir à quel point il est puissant. Il m'observe par-dessous ses longs cils noirs. Le vent fait claquer le col de sa chemise sur son cou.

— On joue à celui qu'a le plus de pouvoir sur l'autre ? Demande-t-il

— Ça voudrait dire que j'en ai sur toi.

En disant cela, je prends soin d'observer les traits de son visage : ils ne bougent pas. Aucune réaction. Quoique... Il finit par baisser la tête en expirant. Il s'appuie sur la portière et se dresse devant moi. Je recule instinctivement.

— Là. J'suis descendu. Tu veux bien monter maintenant ?

— …

— S'te plaît.

— Matt, qu'est-ce que tu veux exactement ?

— Que tu montes dans la voiture.

— On sait tous les deux que tu peux m'y mettre de force.

— Tu préfères que ça s'passe comme ça ?

— Je... J'ai trop bu.

Sur ce, je fais demi-tour et m'en vais, en pensant qu'il va me rattraper. Je m'arrête à quelques mètres car il ne le fait pas. Je me retourne vers lui. Il n'a pas bougé.

— Tu me rends folle, dis-je à voix basse, sachant pertinemment qu'il m'entend.

— C'est l'alcool qui t'rend folle, me reproche-t-il.

Il est en colère parce que j'ai bu ? C'est vrai que, maintenant que j'y pense, il se contrôle pour rester calme, depuis tout à l'heure. Enfin, mise à part l'expulsion de Lucas dans les airs. Je me mets à visualiser l'intérieur de la voiture que j'ai aperçu tout à l'heure. J'y atterris, une seconde plus tard. Alors que je m'installe sur le siège passager, je me demande pourquoi il veut rentrer en voiture plutôt que par téléportation. Matt se réinstalle à sa place mais n'allume pas le moteur. Au bout d'un moment de silence, je dis :

— Je pensais que tu voulais m'amener quelque part.

Il me regarde. Je n'arrive toujours pas à deviner l'expression de ses yeux.

— Si tu as envie de dire quelque chose, dis-le, m'énervais-je.

— Sois pas si imprudente, Cloé. Tu peux pas t'le permettre. Je comprends que t'aimerais faire comme tout le monde et j'suis vraiment désolé qu'on t'ait volé ta jeunesse. Souvent, j'me demande ce que je dois me garder de te dire pour la préserver.

— Du coup, tu ne me dis jamais rien.

— J't'ai toujours dit c'que t'avais besoin de savoir, se défend-il.

— C'est faux. Tu ne me dis pas tout ce que j'ai besoin de savoir, Matt !

— Genre quoi ?

— Tu m'as toujours dit de me méfier de tout le monde, de ne faire confiance à personne, de ne rien laisser paraître.

Est-ce que ça t'inclut ? Dois-je te faire entièrement confiance ? Est-ce que tu seras toujours là, quoi qu'il arrive ?

Une larme m'échappe, je la déteste. Je tourne vivement la tête du côté de la vitre. Il y a un instant de silence. J'aurais préféré qu'il me réponde spontanément.

— Oui, Cloé. Tu peux m'faire confiance.

Je me retourne vers lui.

— Matt… Tu sais que je t'aime depuis toujours. Et tu ne m'as jamais demandé d'arrêter.

— Tu pourrais ? Plaisante-t-il

— Je peux tout faire, me renfrognais-je. Je n'en ai simplement pas envie.

Il rit. J'adore son rire. Il est si rare.

— Ça ne me plaît pas de me sentir comme les autres. Ce qu'il s'est passé tout à l'heure, je ne veux plus jamais que ça se reproduise. Ne te sers pas de moi pour faire passer des messages aux filles dont tu veux te débarrasser.

— Cloé

— Quoi ?

— Personne me donne d'ordre, t'sais. Je peux tuer trop facilement.

— Pourquoi veux-tu que j'ai peur de toi ?

— T'es plus facil'ment manipulable quand t'as peur.

— Dis-moi simplement ce que tu veux de moi, je le ferai.

— Tu fais jamais c'que j'te dis.

Il marque un point. Je me tais et il allume le moteur. La voiture gronde quand Matt appuie sur l'accélérateur. J'allume alors le poste de radio car je suis trop nerveuse pour affronter le silence qui s'éternise. Je choisis une station pop et augmente légèrement le volume, il s'agit de « Candles » de Daughter. J'aime beaucoup cette chanson.

Nous arrivons à une intersection que je reconnais. À droite, nous retournons au château, à gauche nous prenons la direction de l'Unité de Feu. Il commence à tourner le volant à droite, il roule vraiment très vite. Je n'ai pas envie de rentrer. Je me concentre pour former une flaque d'eau au sol et obliger la voiture à tourner dans l'autre sens. Contre toute attente, ça marche. La voiture glisse et manque même de se retourner. Elle dévie complètement de sa trajectoire. Matt reste très calme et se tourne vers moi.

— Tu veux pas rentrer ? Demande-t-il simplement, comme si ce que je viens de faire est la chose la plus banale du monde.

Je tente de calmer ma peur.

— Montre-moi où tu as grandi, lui dis-je, sur le même ton.

Il me dévisage un instant, puis, se retourne sans un mot. Il accélère de nouveau, dans la direction opposée. C'est encore plus rapide que tout à l'heure. Je ne pensais pas qu'une voiture puisse aller aussi vite. Je le soupçonne d'utiliser ses pouvoirs pour ajouter un turbo.

Je regarde le paysage défiler à toute vitesse pendant de longues minutes avant de reporter mon attention sur Matt. J'observe attentivement les traits de son visage bronzé, sa bouche charnue, son nez parfaitement dessiné, ses yeux bleu clair, concentrés sur la route, accentués par ses cils noirs naturellement courbés. Ses cheveux d'ébène brillent à la lumière des lampadaires qui ornent la route. Sa chemise bleu nuit épouse parfaitement ses épaules carrées et ses muscles saillants. Suis-je la seule à m'émerveiller chaque fois que mes yeux le détaillent ?

Il me vient à l'esprit l'aspect des crépusculaires que j'ai pu croiser. Tous plus moches les uns que les autres. Matt est pourtant l'un d'entre eux, qui plus est, le plus fort. Où se cache ce monstre ? Le verrais-je un jour ?

La musique me berce alors que je continue de le contempler. Je sais qu'il en a conscience, mais il ne fait pas de remarque. Je finis par m'endormir sans m'en rendre compte. L'arrêt brutal du moteur me réveille et je m'aperçois que nous sommes arrivés. Le trajet que nous avons mis des jours à parcourir avec Eddy, Matt l'a parcouru en quelques heures seulement. Nous sommes apparemment garés en sous-sol, il y fait très sombre. J'imagine que Matt doit mieux voir que moi dans la nuit. Il ouvre la portière, je l'imite. Je suis à la fois apeurée et excitée à l'idée d'être à l'Unité de Feu pour la première fois. Le claquement des portières résonne dans le sous-sol. Matt se dirige, toujours en silence, vers un ascenseur. Je dois courir pour le rattraper. Je me sens comme une petite fille. Je le surprends à sourire. L'ascenseur monte et s'ouvre sur l'extérieur. Je m'avance un peu et me retourne vers l'ascenseur. Il est la seule chose qui se détache du paysage. Tout le reste, c'est le désert de l'Unité de Feu. Le vent est bien plus violent ici et les nuages de poussière que forme le sable m'empêche de distinguer quoi que ce soit. Matt se dirige vers la droite et je le suis de près pour ne pas le perdre. Il touche un rocher qui devient rouge. Quelques secondes plus tard, l'Unité de Feu s'étale à perte de vue devant mes yeux. Les habitations sont à même le sable, il y a des creux dans le sol où la lave jaillit et éclabousse les alentours, comme des petits volcans. Des soldats font des rondes de nuit, en adressant un mouvement de tête respectueux à Matt quand ils le croisent. Des gens se dépêchent de rentrer dans leur maison, d'autres m'adressent des regards compatissants. Personne ne dort ou quoi ?

— Ils pensent que je vais te tuer, m'informe Matt.

— Pourquoi ?

— Parce que c'est ce que font les soldats de la Cour lorsqu'ils ramènent quelqu'un du village jusqu'au château. Et surtout parce que je suis moi.

Mon cœur bat plus vite à ses mots. J'aimerais qu'il ne le perçoive pas mais je sais que c'est peine perdue. Je me retourne de nouveau vers les habitations en pierre jusqu'à ce que nous arrivions devant les portes du château. Il est plus petit que celui de la Neutralité. Un garde nous ouvre les grilles. Il marque une révérence et s'adresse à Matt :

— Monsieur Kellor, votre frère est absent. Si je peux faire quelque chose pour vous, s'il vous plait, n'hésitez pas à m'en informer.

— Préviens-moi s'il revient. N'fais entrer personne sans mon accord, et active la protection.

Son ton me fait frissonner.

— Bien, monsieur.

J'ai l'impression d'être revenue au Moyen-Age.

— C'est quoi la protection ? Demandais-je en admirant l'intérieur du château.

La Cour du château semble très ancienne, néanmoins effrayante. De la lave s'écoule sur les murets de pierre, il n'y a aucune végétation, pas de couleur. Tout est terne.

— C'est un champ de force mis en place par Benjamin. Il empêche l'utilisation des pouvoirs à l'intérieur du château. Ça évite les intrusions aussi.

— Aucune téléportation n'est possible ?

— Sauf si la personne est plus forte que Benjamin.

Matt paraît blasé depuis que nous avons mis les pieds à l'Unité de Feu. Ces explications l'ennuient, mais je ne sais pas quoi dire d'autre.

— C'est ce qu'il y a dans ma chambre ?

Il semble surpris.

— Ouais, c'est Adam qui t'l'a mise.

Je comprends mieux pourquoi je n'arrive ni à me téléporter, ni à me servir de mes pouvoirs dans ma chambre. Matt a pu le faire, lui. Si j'ai bien compris c'est parce qu'il est plus fort qu'Adam.

— Ici, 'y a toujours du monde, m'explique Matt. Au moins mon frère, quelques-unes de ses « amies », Enzo, Ryan, Naomi, et j'en passe.

— Eddy, Ophélie… Enumérais-je

— … Ouais.

Il me montre chaque pièce du château et s'attarde un instant dans la plus grande, où se trouve une espèce de piscine de lave. Il y fait extrêmement chaud. Je sens que Matt surveille ma réaction mais je ne comprends pas pourquoi. J'ai vu de la lave de partout depuis que je suis arrivée. Je l'imite donc et le scrute de la même manière.

— Ceux qui manient pas l'feu supportent pas d'être dans cette pièce.

Ah. C'est donc ça. Je me concentre sur mes ressentis. La « partie Eau » de moi s'est retirée pour laisser place à la « partie Feu » plus rarement présente. Je me sens soudainement très attirée par la lave. Je ferme les yeux. Elle bouillonne en moi, je sens qu'elle serait très puissante ici. J'ai du mal à résister à l'envie de sauter dans la piscine de lave. J'inspire profondément pour me contrôler mais ce n'est pas si facile. J'ouvre à nouveau les yeux pour couper le contact avec mes ressentis, et avec le feu qui tente de jaillir hors de moi. Je croise le regard de Matt qui est complètement différent d'il y a cinq minutes. Ses yeux pétillent, sa bouche forme un demi-sourire et il observe mes yeux, puis mes cheveux, mes doigts. Je baisse les yeux sur mes mains : le bout de mes ongles s'enflamme, je regarde mes cheveux qui retombent en anglaises au-dessous de ma poitrine. Là aussi, le feu jaillit des extrémités. Je devrais avoir peur mais ce n'est pas le cas.

Cependant, je n'apprécie pas de ne pas contrôler cet élément aussi bien que celui de l'eau. Je me concentre et éteins en un rien de temps toutes les flammes de mon corps. Le sourire de Matt s'estompe.

— Pourquoi tu luttes ? Demande-t-il

— Ça s'appelle le contrôle, tu devrais essayer.

Son rire résonne dans la pièce et il m'attrape au niveau des jambes, me soulève et s'approche dangereusement de la lave.

— Matt ! Matt !

Il ne s'arrête pas de rire. Moi, je prends peur.

— Arrête ! Je plaisantais ! Je ne contrôle rien du tout ! Ne me mets pas dedans !

— 'Fallait réfléchir avant de parler ! S'exclame-t-il avant de me jeter dans la lave.

En un rien de temps, je propulse mon bouclier hors de moi et il forme une bulle d'eau autour de mon corps. Matt s'est arrêté de rire tandis que je flotte sur la lave. Il me tend la main pour m'en faire sortir. Je modifie la forme de mon bouclier pour pouvoir la saisir, puis il disparaît complètement lorsque mes pieds touchent le sol. Matt garde ma main dans la sienne.

— J'pensais que c'était mon sang qui t'permettait de déjouer le champ de protection de Ben, mais t'as utilisé ton élément eau.

Je baisse les yeux

— Ton garde n'a pas dû activer la protection.

— Il l'a fait.

Nous nous regardons un instant en silence. Si j'ai bien compris, je suis plus puissante que Benjamin Kellor ? Impossible. Ou alors, ses pouvoirs ont dû encore évoluer depuis qu'il a posé ce champ de force. Je ne peux pas croire que je sois plus forte que lui. Pour en avoir le cœur net, je propulse Matt à l'autre bout de la pièce géante. Un fort courant d'eau sort de la paume de ma main. Il aurait pu l'éviter mais ne le fait pas et il atterrit contre le mur dans un grand fracas. Il m'envoie à son tour un jet de lave, je l'esquive et me téléporte juste devant lui. Il éteint le feu en fermant sa main. Il n'a pas vraiment cherché à m'atteindre. Je pose mes mains sur son torse et le pousse de nouveau contre le mur. Il me regarde avec tendresse puis est interpellé par quelque chose d'invisible. Il fronce les sourcils, m'attrape les mains et nous téléporte. Nous atterrissons dans une petite pièce encore plus sombre que le reste du château. Il me fait m'asseoir sur un lit et allume un chandelier avec son index.

— Je reviens. Ton frère m'appelle.

Mon frère ?

Matt hésite un instant en balayant la pièce du regard, puis moi. Il fait un signe de tête rassurant et s'éclipse. Je suis sagement assise sur le lit. Depuis combien de temps Adam et lui gardent-ils contact ? Quelle est leur relation ?

C'est la chambre de Matt. Je pose mes yeux sur chaque détail de chaque objet, comme pour connaître mieux son univers. C'est ici que je voulais aller depuis le début. C'est la chambre qu'il occupe depuis le décès de ses parents. Elle est assez vaste, néanmoins en bazar donc elle paraît plus petite que ce qu'elle n'est réellement. Je respire son pouvoir partout, il a dû y positionner son propre champ de force. J'essaie d'utiliser mes pouvoirs, en vain. Il est le seul à y entrer, ça, c'est certain. Mon sang bouillonne d'excitation. J'ai envie de tout découvrir, et il ne m'a rien interdit de faire.

Je commence par faire le tour de la pièce, en regardant simplement le choix des meubles. Ils sont tous en bois : bizarre pour un élément de feu. Il pourrait brûler toute sa chambre s'il n'y prend pas garde. Le lit est défait. Les draps, trop minces pour la saison, sont roulés en boules au milieu du lit. L'armoire est semi-ouverte. Je l'ouvre entièrement et hume son odeur enivrante. J'y découvre un dressing en désaccord avec le reste de la chambre. Tout est bien plié, rangé par couleur. J'aperçois le tee-shirt qu'il avait la première fois que je l'ai revu à la Neutralité. Je le touche du bout des doigts en me visualisant la scène. Je me tourne vers son bureau mal rangé. Il est envahi par tout un tas de papiers en vrac, certains complètement froissés, d'autres tâchés de café. Son ordinateur portable, posé au-dessus de tout ce méli-mélo, est ouvert. Des photos défilent en fond d'écran. J'y aperçois la Triade, la famille Kellor, des photos de classe où il y a Naomi. Je tourne mes yeux vers le contenu des papiers. Il y a des contrats de missions, des devoirs d'élèves qu'il doit sûrement corriger, de la publicité pour des restaurants, des numéros de téléphone… J'ouvre un tiroir en me sentant légèrement coupable d'aller fouiller jusque-là. Cela ne m'empêche pas de continuer. A l'intérieur, j'y trouve des dossiers de couleur avec chacun une lettre en guise de titre « C », « P », « D », Je prends au hasard, le dernier muni de la lettre « N ». Il s'agit de tout ce qui concerne la Neutralité. Il y a un contrat de travail en tant que professeur, un traité de paix signé par Matt, Adam et Vincent. Un plan du château avec des passages secrets dont j'ignorais l'existence, une photo de sa chambre vieille comme le monde, en noir et blanc, avec écrit au dos « *Tu vas adorer l'emplacement, joyeux anniversaire. Vincent.* » Il y a également une copie du règlement intérieur de chaque année. Il faudrait peut-être faire du tri là-dedans. Après celui de cette année je tombe sur une photo de moi, enfant. Je devais avoir sept ou huit ans. Sûrement aux alentours de l'accident avec Matt. Elle est accompagnée d'une lettre écrite d'une main d'enfant. J'y lis « *Bonjour Matt, voici une photo pour ne pas que tu m'oublies. Cloé* » Je me mets à rire, je n'en ai aucun souvenir. Au dos de la photo j'avais écrit « *Pour mon mari* »

Je garde un instant ce trésor dans ma main, puis le remet à sa place. Le dernier document est un contrat de mariage. Mon cœur semble se détacher de ma poitrine. Je m'assois sur la chaise. Je zappe la partie pleine de bla-bla pour aller à l'essentiel. De qui s'agit-il ? J'ai peur. Est-ce Ophélie et lui ? À la fin des documents, il y a plusieurs signatures : celle de Dolla Kellor, la maman de Matt, celle de Matt lui-même, il devait être très jeune et… la mienne.

Je n'en crois pas mes yeux. Il s'agit de *notre* contrat de mariage. Je tourne à nouveau les pages, dans un sens, puis dans l'autre, sans vraiment réussir à lire le contenu. Je n'en ai, une fois de plus, aucun souvenir. Qui est au courant ? Mes mains se mettent à trembler : encore quelque chose que je ne connais pas sur ma propre vie. J'étouffe. J'ai quand même envie de tout lire, mais la peur de voir Matt arriver est plus grande, alors je range en vitesse tous les documents là où ils étaient placés. Je ferme le tiroir un peu trop fort et me souviens de ce que j'avais écrit au dos de la photo lorsque j'étais petite « *pour mon mari* ».

Je lève la tête, Matt est déjà là, près de la porte, les yeux rivés sur moi. Mon cœur bat vite et fort, tellement fort qu'il va finir par sortir de ma cage thoracique. Je sens que j'ai perdu tout contrôle de mes émotions, et de mes réactions. Je m'attends à ce que Matt s'énerve tout de suite, mais il ne le fait pas. Je me trouve dans l'incapacité de bouger, de penser, de calmer mon cœur. Matt, quant à lui, ne réagit toujours pas. Qu'est-ce qu'il attend ? Ce sera pire s'il réfléchit. Dire qu'il est parti en se disant qu'il pouvait me faire confiance. Pourquoi est-ce que j'ai fouillé dans ses affaires ? Je sens qu'il tente de lire dans mes pensées. J'ouvre de grands yeux et en faisant « non » de la tête. Il arbore un air triste, puis baisse les yeux au sol.

— J'ai toujours du mal à te décoder, dit-il. Je pensais que tu serais contente de te souvenir de ça.

— De quoi ? Fais-je, la voix tremblante.

Il fait un signe de tête en direction du tiroir.

— Ce… C'est un mariage, Matt !

Il a un air démuni. Il fronce les sourcils. Il ne me comprend apparemment pas. C'est moi qui devrais être dans l'incompréhension !

— Un mariage, ça se fait par amour ! On n'est plus au Moyen-Age !

Il s'approche de quelques pas et je recule avec la chaise. Il vaut mieux que je reste assise.

— Quand il s'agit des deux familles les plus puissantes au monde, ça s'fait encore, Cloé. T'étais d'accord avant de perdre la mémoire.

— Nous étions des enfants ! Les enfants ne se marient pas, c'est insensé !

Il m'enveloppe de son pouvoir, plus déterminé cette fois. Il me contient de manière invisible, comme s'il m'entourait de ses bras. Je tente un instant de me débattre mais en vain. Au bout d'un long moment, je me calme en voyant qu'il ne fait rien. Il attend patiemment, à une distance raisonnable, afin que je reprenne mes esprits.

Ce que je ne tarde pas à faire. Le feu avait de nouveau envahi les extrémités de mon corps sans que je m'en aperçoive, et ce, malgré le champ de force. Mes yeux ont dû changer de couleur car ils me brûlent.

— Un jour, tu m'as dit que t'avais l'impression de pas pouvoir t'échapper de mon emprise. J't'ai répondu que si tu le voulais, tu pouvais partir. Tu t'rappelles ? Rien n'a changé.

— Ce n'est pas ce que je veux entendre ! Hurlais-je

Il s'approche cette fois à toute allure et me prend dans ses bras pour me contenir. S'il n'était pas Matt Kellor, il serait en train de brûler.

— Alors explique-moi c'que tu veux, chuchote-t-il à mon oreille.

Ce que je veux ? Ce que je veux c'est que ce mariage n'ait pas déjà eu lieu et qu'on le fasse par amour réciproque. Qu'il me demande ma main lui-même et qu'il me dise combien il m'aime et combien je compte pour lui. Mais ça, ça n'arrivera jamais.

— Je veux que tu me lâches.

Il ne le fait pas. Je me débats, et finis par crier :

— Lâche-moi maintenant ou ne me lâche plus jamais, Matt !

Il ne me lâche toujours pas. Je finis par m'apaiser. Je ne sais pas si j'aimerais qu'il dise quelque chose ou si au contraire je préférerais qu'il se taise. Si nous avions eu cet enfant… Mais on ne l'a pas eu. L'élément Eau reprend le dessus à l'intérieur de moi, je me détends, et Matt aussi. Il desserre son étreinte au fur et à mesure que je me calme. Je le pousse délicatement et évite de croiser son regard

— Qu'est-ce qu'il voulait, mon frère ?

— Mon avis pour t'enlever tes pouvoirs.

J'ouvre de grands yeux. Mon frère veut m'enlever mes pouvoirs ? Il expire et passe une main dans ses cheveux :

— J'suis contre, évidemment. Mais, il a pas tort sur tous les points. Tu les contrôles pas. La guerre va bientôt éclater et on pourra p'têtre pas te protéger.

— Je n'ai pas besoin d'être protégée.

— Benjamin a toutes les raisons de s'en prendre à toi. S'il t'atteint, il atteint non seul'ment Adam mais aussi Vincent.

— Ah ?

— Comme j'ai dit à ton frère t'à l'heure, Ben n'ira pas jusqu'à te tuer. À ce stade, Jinn, Davy et moi l'aurons trahi. 'Restera qu'Eddy. Il lui pass'ra ses quatre volontés. Et la seule chose qu'Eddy veut, c'est toi.

Je détourne le regard. Je n'attends qu'une chose, une seule : avoir l'occasion de me venger de lui. Ah, il me veut ? Qu'il vienne, je ne le raterai pas une seconde fois. Je ne pensais pas qu'il m'aimait à ce point. Que croit-il ? Après m'avoir pris mon enfant, pense-t-il que je lui pardonnerai un jour ? Jamais. Je me le jure. J'aurai ma revanche. Eddy ne veut que moi ? Vraiment ? Ce sera d'autant plus facile de l'atteindre. J'apprendrai à être cruelle.

Matt n'a pas besoin d'entrer dans mon esprit pour savoir à quoi je pense. Il passe ses doigts sous mon menton pour me relever la tête vers lui.

— Peu importe l'issue de cette guerre, Eddy paiera pour c'qu'il a fait, m'assure-t-il.

Je m'assois sur son lit défait. Je passe une main dans mes anglaises en vérifiant que l'extrémité n'est pas brûlée. Elle ne l'est pas.

— Adam sait qu'on est … Qu'on a…, commençais-je

Je lève la tête vers Matt pour éviter de finir ma question à propos de notre mariage, cependant il prend un air interrogateur.

— … Signé ce truc ? Finis-je, gênée.

Il ne répond pas. Je fronce les sourcils.

— Pourquoi te demande-t-il *à toi* ton avis pour m'enlever *mes* pouvoirs ?

— Parce que j'suis son ami le plus puissant, répond-il, une lueur dans les yeux qui me fait froid dans le dos.

Ma colère revient, j'essaie d'ouvrir le tiroir et d'en sortir le contrat de mariage. Si Matt et mon frère se mettent d'accord pour m'enlever mes pouvoirs, personne ne pourra m'aider à les garder. Ils sont trop puissants. Pourquoi je n'arrive pas à ouvrir ce fichu tiroir ? Ah, oui, à cause du champ de force de Matt. Il le fait à ma place et en retire le contrat qu'il dépose dans ma main sans même bouger un cil. J'essaie de ne pas montrer mon admiration.

— Dommage que tu me doives plus de choses à moi qu'à lui, fais-je en secouant le bout de papier.

— Pourquoi ? Me défie-t-il. T'as l'impression d'me devoir plus de choses depuis cinq minutes ?

— C'est... Différent pour moi. Je te dois beaucoup, depuis longtemps.

— Ah ? S'étonne-t-il faussement en rangeant le contrat.

— Tu m'as tout appris.

— Après t'avoir fait tout oublier.

J'ouvre de grands yeux vers lui, je ne peux pas y croire.

— Non ! C'est Adam qui...

— Pourquoi tu crois qu'il me demande mon avis pour t'enlever tes pouvoirs ? Il n'y arrivait pas seul, j'l'ai aidé à t'effacer la mémoire.

C'est une blague ? Je n'en reviens pas. Matt a aidé Adam à effacer mes souvenirs. J'essuie une larme qui s'échappe tout en le regardant. J'ai l'impression qu'il cherchait à me faire comprendre qu'il m'avait déjà trahie. Je ne lui donnerai pas le plaisir de faire un commentaire dessus. Je détourne le regard, puis reviens de nouveau vers lui.

— Pourquoi ?

— Parce que j'venais d'essayer de te tuer et j'avais besoin qu'le gouverneur de l'Unité de l'Eau me fasse confiance.

Je le regarde avec la même incrédulité que précédemment.

— Tu n'as plus besoin qu'il te fasse confiance ?

Il arbore un étrange sourire.

— Ah, réalisais-je. Tout est déjà acquis pour toi.

— Prend pas cet air dédaigneux. Tout c'que j'ai aujourd'hui, je l'ai gagné en faisant des sacrifices et en me battant.

— Moi aussi. Personne n'a le droit de me l'enlever.

Son regard s'adouci.

— Tu devrais quand même y réfléchir. On pourrait effacer tout c'qui te relie aux Dons, ça inclut le conflit avec Eddy.

— Tu choisis bien tes mots, ce n'est pas dans tes habitudes de tourner autour du pot. Tu veux dire que j'oublierais qu'on m'a enlevé mon bébé ? Je ne veux absolument rien oublier, Matt.

Je me lève et m'approche de lui avec un doigt menaçant.

— En plus de toute la peine que je ressens, tu effacerais l'amour inconditionnel que j'ai pu ressentir à son égard. Sans parler des amitiés que j'ai tissées depuis. C'est toute ma vie que vous effaceriez si le but est de me faire oublier les Dons.

Il reste muet un instant, puis déclare :

— Je t'ai dit que j'étais contre.

— Et à lui, tu lui as dit ?

— J'ai dit que c'était pas la priorité.

Je le regarde d'un air suspicieux un instant, avant d'être convaincue.

— Merci.

Il ne s'attendrit pas.

— Tu m'fais faire tout c'que tu veux, hein.

— Je… Je ne pense pas, non. Tu n'as qu'à me demander quelque chose toi aussi.

Il change d'expression mais je n'arrive pas à la déchiffrer.

— Tout c'que je veux ?

— Oui

— Promis ?

J'hésite. Dans quoi je mets les pieds, encore ? À quoi pense-t-il ? Je ne vais pas tarder à le savoir puisque je ne compte pas me démonter :

— Promis.

Il prend un air grave. Son attitude de prof, en fait.

— Ok. Tu vas accepter de diriger la Neutralité et revendiquer ton statut de Reine à l'Unité de l'Eau, et ce, dès qu'la guerre aura démarré.

Je suis abasourdie. J'essaie de comprendre ce qu'il a derrière la tête mais je ne vois pas du tout pourquoi je devrais faire cela. Je me mets à rire.

— T'es sérieux ? Regarde-moi. Je suis, parmi toutes les personnes avec un Don, celle qui a découvert le sien le plus tardivement. Je ne connais rien à vos politiques. Tu l'as dit toi-même, je ne contrôle pas mes pouvoirs. Comment veux-tu que je dirige un peuple ou revendique un titre ?

— T'as rien à faire, le mandat d'Adam va s'arrêter, la place te revient de droit. Fais acte de présence et tout ira bien.

— Mais je ne connais rien à…

— Tu apprendras.

— Mais…

— T'as promis, me rappelle-t-il d'un ton sévère.

— Tu abuses, commençais-je. Je t'ai juste demandé de ne pas m'enlever mes pouvoirs ou mes souvenirs et toi, tu…

— Ça a autant d'impact, crois-moi.

Je me mets à masser mes tempes endolories.

— Je n'ai pas du tout la carrure d'une chef. Je ne sais pas parler en public, je ne sais pas me faire aimer ni même respecter. Je ne sais pas diriger, ni prendre des décisions pour les autres.

— Moi, si.

Je lève mes yeux vers lui :

— Oh…

Je comprends. En acceptant la direction des deux Unités, je la lui offre puisqu'il est mon *mari*. De plus, il n'est plus sûr que Benjamin lui cède sa place maintenant qu'il y a Eddy. Donc, peu importe l'issue de la guerre, Matt assure ses arrières… En se servant de moi. Je suis peinée par cette brutale prise de conscience.

— Cloé, contrôle-toi. Si tu prends pas feu c'est parce que mon pouvoir te contient. Qu'est-ce que t'as ?

Je lève de nouveau les yeux vers lui en me concentrant pour que mon regard soit le plus agressif possible.

— Quoi ?

— Oh, rien de bien grave. Je viens de réaliser à quel point je suis précieuse pour toi, dis-je, d'une voix calme, en contradiction avec l'expression de mon visage.

Qu'est-ce que je suis bête. Tout ce temps à me demander s'il m'aimait, ou s'il ne ressentait ne serait-ce que de l'attachement pour moi. Ah, ça oui, il est attaché ! À mon statut. Je suis pour lui qu'une porte d'accès au trône. Je me lève et me dirige rapidement vers la porte. Il est plus rapide que moi et me rattrape facilement. Il saisit mon bras de sorte à ce que je me retourne vers lui.

— Je le ferai, ne t'inquiète pas. Je te l'ai promis.

— T'as l'air surprise, Cloé, tu m'connais pas depuis le temps ?

Inspire – expire – inspire – expire. J'en ai marre d'être une pleurnicheuse. Je ne pleurerai pas. On m'avait mise en garde sur la cruauté de Matt. Ce n'est pas comme si je ne le savais pas. Alors, c'est décidé, je ne me laisserai plus avoir. Je le regarde comme si c'était la dernière fois. Voilà, je mets un terme à mon attachement pour lui dès à présent. Je me libère, lève le voile de mes yeux. Dès que je passerai cette porte, je tirerai un trait sur Matt Kellor.

« *Tu t'contrôles tellement pas que t'as pas remarqué mon intrusion dans ton esprit* » Dit-il à l'intérieur de ma tête

— Elle est bonne qu'à ça la petite Cloé, représenter le pouvoir et non s'en saisir !

— Tu pourrais gouverner, si c'est c'que tu veux entendre.

— Je préfère largement quand tu es sincère et que tu vas droit au but. Cela nous fait gagner un temps précieux. Sors de ma tête, s'il te plaît.

Je le sens retirer son pouvoir de mon esprit. Il se rapproche un peu plus de moi et je le repousse de toutes mes forces. Il m'attrape les deux épaules et nous déplace à toute vitesse vers l'autre bout de sa chambre, il me bascule sur son lit puis me surplombe en me bloquant les deux poignets d'une seule de ses mains. Il paraît tellement calme, à quoi joue-t-il encore ?

— Laisse… Aïe !

Ses yeux virent au rouge : il est énervé. C'est plutôt moi qui devrais l'être ! Je le défie du regard en me débattant tant bien que mal. J'arrive à libérer une de mes mains, il la récupère en émettant un son guttural, comme un grognement et arbore un rictus qui laisse apparaître des… crocs. Je me fige. C'est la première fois que je les vois. Matt n'a jamais paru si offensif. Je réalise qu'il a complètement l'avantage sur moi. Je ne peux même pas me servir de mes pouvoirs, et je suis en terre inconnue. Mon instinct de survie cherche une solution pour me sortir de cette situation mais je n'ai pas beaucoup d'alternatives. Je m'accroche à l'idée qu'il a besoin de moi pour les deux trônes que j'ai à lui offrir.

Je me souviens de l'attaque du crépusculaire au château et je me demande si mon sang est également toxique pour Matt.

D'ailleurs, il s'approche dangereusement de mon cou et je peine à déglutir. Je sens ses crocs sur ma peau et j'ai le réflexe de serrer mes mains sur les siennes. Mon cœur tape vite et fort et je sais que lui aussi n'entend que ça en ce moment même. C'est vrai, j'ai très peur. Mais ce n'est pas pour moi.

— Matt ! Je suis toxique, ne prends pas le risque, je t'en prie. Arrête !

Il reste une seconde dans la même position, en effectuant une légère pression sur mon cou, puis lèche le trajet de mon artère, comme pour me signifier qu'il n'a pas peur du tout. Je frissonne brutalement. Je retiens ma respiration, comment est-ce que je peux avoir envie de lui si soudainement et dans une telle situation ? Je serre mes jambes l'une contre l'autre comme pour éteindre mon désir naissant. Je sens son pouvoir m'entourer de nouveau et, je sais qu'à présent, il peut me déplacer à sa guise. Il s'éloigne de mon cou et je respire enfin.

Ses yeux sont toujours aussi rouges.

— Tu as dit que si je souhaitais partir, je le pouvais. Je le veux maintenant, dis-je, la voix tremblante.

Il approche légèrement son visage du mien :

— Menteuse.

Il place ses jambes sur les miennes en les écartant légèrement. Ensuite, il se colle à moi, en murmurant contre mes lèvres :

— Menteuse.

Je tourne vivement la tête sur ma droite pour ne pas qu'il m'embrasse. Sauf que, sans le vouloir, je lui laisse un accès libre à mon cou. Il réitère son mouvement de langue et je frissonne de plus belle.

Matt libère mes bras, ce qui me met dans un dilemme : dois-je le repousser ou non ? Je sens ma respiration s'accélérer et me sens honteuse d'être autant sous son emprise. Il fait ce qu'il veut de moi. Comment puis-je être attirée par lui dans une situation comme celle-ci ?

Je me ressaisis et tourne de nouveau la tête vers lui pour qu'il arrête avec sa langue.

— Peut-être bien que mon cœur et mon corps te désirent, mais ma conscience, elle, me somme de partir, tout de suite, avouais-je, d'un ton plus assuré que je ne le suis en réalité.

Il sourit et je distingue à nouveau ses crocs. Il est effrayant.

— Deux contre un, dit-il

— Tu m'as appris à ne jamais me fier à mon cœur.

— Certainement pas à ta conscience non plus ! Rit-il faussement.

C'est vrai. Matt m'a toujours dit de me fier seulement à mon instinct. Difficile de le repérer parmi ce mélange de sentiments. Je prends son visage entre mes mains, ses yeux reprennent très vite leur couleur naturelle au contact de mes paumes, et son corps se relâche.

— Mon instinct me dit de me méfier de toi.

— Méfies-toi de tout l'monde, répond-il. Personne n'est à l'abri de péter un plomb un jour.

— Tu veux dire, surtout pas toi.

— Après tout, j'suis le moins humain d'entre nous.

Je m'attendris tout de suite. Cela ne sert à rien de nier ses dires. Il a été éduqué par son frère qui ne voulait lui apprendre que terreur et combat. Il a appris à vivre dépourvu d'émotion, ou en tout cas, il les a toujours cachés aux autres et à lui-même. De plus, il est l'un des seuls à être né crépusculaire.

— C'est peut-être pour cela que tu es le plus beau.

Cela le fait revenir à la réalité, il soutient mon regard, puis fixe mon sourire qui se veut réconfortant. Cependant, il reste sérieux.

— Mon instinct aussi se méfie de toi, lâche-t-il soudain.

J'ouvre de grands yeux, puis ris.

— Je ne te demanderai jamais d'acquérir le trône à l'Unité de Feu pour que *je* puisse diriger le monde, plaisantais-je.

Il ne rit toujours pas.

— Qu'est-ce qui t'embête ? Que j'compte sur toi ?

— Que tu te serves de moi, nuançais-je.

— Sers-toi de moi alors.

— Comment ? Et pourquoi ? Je ne veux rien de ce que tu as ni de ce que tu peux avoir. Je ne suis pas aussi intéressée que toi !

— Tu veux quoi alors ?

Je réfléchis un instant. Pendant de nombreuses années, ce que j'ai souhaité par-dessus tout c'était qu'Emilie revienne. Puis, la soif de vérité sur ma propre vie et l'existence des Dons a pris le dessus, même si Emilie me manque toujours autant. En fait, ce que j'ai toujours voulu c'est de pouvoir être au plus proche de Matt, de pouvoir être son égale. De pouvoir appartenir à sa vie, pour qu'il puisse rester dans la mienne.

— C'est toi que je veux.

Quand j'ai appris l'existence de mes pouvoirs, Matt m'a aidée à les maîtriser, il m'a secourue dans chaque situation périlleuse où j'ai mis les pieds. C'est aussi lui qui m'a léguée l'élément Feu, et qui donc, a permis que je sois aussi puissante. Il ne s'est pas pour autant senti abusé, il n'a pas pensé que je me servais de lui. Il m'a donné sans compter et je me dois de lui rendre la pareille.

— C'est en prenant ta place de chef que tu pourras m'avoir.

Bon ok, lui rendre la pareille, mais il n'abuse pas un peu là ? C'est quoi ce chantage à deux balles ? Je le prends par surprise en le repoussant violemment, il vacille et manque de tomber. En moins de deux secondes, il m'enveloppe de son pouvoir, échange nos places en me faisant voler au-dessus du lit, et me repose lentement sur lui, en position assise alors qu'il est allongé. Je sens son pouvoir se retirer, preuve qu'il ne me retiendra pas si je souhaite de nouveau partir.

— On est marié, tu m'as déjà. Tu veux quoi de plus ? Qu'on s'voit tous les jours ? Que j'dise haut et fort que t'es ma femme ? Tant que je suis sous le gouvernement de mon frère, c'est pas possible.

Je détourne le regard.

— Je... Je veux que tu m'aimes.

Il ne dit rien.

— Je sais que ce n'est pas quelque chose que l'on peut demander.

Son regard me transperce tellement il est intense. Il met une main sur ma cuisse :

— Parfois j'oublie à quel point t'es jeune.

— Tu veux dire, immature ?

Il rit, pour de vrai.

— Ouais, immature.

Je le fusille du regard.

— Sache qu'il n'y a qu'avec toi que je me comporte comme une gamine.

Il rit de nouveau.

— J'en attends pas moins de toi.

Puis, il s'apprête à se relever :

— J'vais te ramener.

— N... Non !

Je lui bloque les épaules de mes mains pour ne pas qu'il bouge. Il soupire, me mets debout en un rien de temps. Il ramasse sa veste en cuir sur la chaise du bureau, et revient vers moi. Je l'implore du regard : je ne veux pas le quitter. Il met une main sur ma joue et nous téléporte. Nous arrivons dans sa maison blanche, où nous étions allés la fois dernière, avant... Toute cette histoire. Il se dirige vers la cuisine où son téléphone ne cesse de sonner.

— Allô ?

Après un instant de silence :

— Tu peux régler ça ?

Son téléphone portable se met à sonner à son tour. Que se passe-t-il ? J'entends qu'il pose le fixe sur la table et décroche son portable :

— Ouais. (...) Mmh. J'suis au courant. J'vais pas me déplacer pour ça !

Je décide de sortir. La fois dernière, j'avais passé un long moment devant la baie vitrée en souhaitant faire un tour dans ce magnifique paysage. Le jour ne va pas tarder à se lever. Il doit être six ou sept heures du matin. Nous sommes restés éveillés toute la nuit. Je fais quelques pas et monte une colline en fleurs. Au sommet, je suis émerveillée par la vue extraordinaire qui se dresse devant moi. Je n'avais jamais songé aux choses que Matt pouvait apprécier. En voilà une. Je n'ai jamais rien vu de tel. Au loin, la mer épouse parfaitement le contour de la montagne enneigée. Ce qui m'en sépare est tout aussi beau : la forêt abrite tout un tas d'arbres plus prestigieux les uns que les autres. On croirait qu'elle va s'animer et prendre vie, laissant apparaître des personnages de conte, tels que des elfes ou encore des fées.

Il fait cependant encore un peu sombre et la vision de nuit n'est pas mon point fort. Je décide d'allumer une boule de feu et de la laisser en apesanteur pour m'éclairer le chemin. Je sens qu'à l'intérieur de mon corps, l'élément feu prend de la puissance. Je devine qu'il doit y avoir de la lave à proximité.

Plus j'avance dans l'immense forêt, plus je me sens puissante. J'ai l'irrésistible envie de tester mes pouvoirs. Et pourquoi m'en priverais-je ?

Après avoir vérifié, grâce à l'utilisation de mes sens, que je suis bien seule, je fais grandir la boule de feu, et, de l'autre main, laisse apparaître une boule d'eau, du même diamètre. Je tente de les mélanger. Au début, je vois que l'eau prend le dessus, mais, si je me penche plus attentivement sur la question, je remarque que le feu forme des petites bulles, comme lorsqu'on mélange de l'eau avec de l'huile. Peu de temps après, la boule s'élargit et prend la forme du Ying et du Yang de feu et d'eau. Le vent se met à souffler plus fort, sans que je n'y prenne vraiment garde, trop concentrée sur le spectacle que m'offrent mes Dons. Cependant, à la rafale suivante, une étincelle se produit sur ma boule de pouvoirs et provoque des chatouilles au creux de mes mains, alors que je suis à une dizaine de mètres d'elle. Je ris, jusqu'à ce que l'étincelle se fasse plus intense. Le chatouillis se transforme en douleur, je relâche une seconde le contrôle que j'exerce sur ma boule de pouvoir et celle-ci explose. Les arbres se déracinent tandis que je ne bouge pas d'un millimètre. J'en suis horrifiée. C'est moi qui ai fait ça ? J'éteins rapidement le feu qui reste au sol et observe avec angoisse les arbres couchés.

Matt apparaît dans mon champ de vision et, après un rapide coup d'œil aux dégâts, se place devant moi, de dos, à quelques centimètres, en position défensive.

— J'sens personne. Qu'est-ce qu'y a ?

Dois-je lui dire la vérité ? J'observe attentivement les racines des grands arbres qui semblent crier de douleur. Je suis un monstre.

— Cloé ? T'es blessée ?

— Je… Je pense que j'ai déclenché une tempête.

Il m'observe d'abord avec un étonnement décelable, puis se détend avant d'éclater de rire et j'en viens à me demander qui est le plus monstrueux des deux. Il place une main en direction des arbres déracinés, la terre se met légèrement à trembler, les feuilles vacillent et les arbres se remettent debout. Comme si de rien n'était. Lorsque je retourne de nouveau mon attention sur Matt, il m'observe avec admiration.

— Tu penses que c'est parce que ton sang coule dans mes veines ? Lui demandais-je.

— J'en sais rien. J'suis même pas sûr qu'ce soit moi qui t'ai apporté l'élément Feu. Le caractère d'un Don dépend d'la biologie, mais la puissance dépend de qui t'es.

Nous nous redirigeons vers la maison et Jinn apparaît devant la porte. Au fur et à mesure que l'on avance je distingue les autres : Enzo, Ryan, Ophélie, et deux hommes habillés en uniforme de l'armée de Feu. Tous les regards sont rivés vers nous. C'est alors qu'apparaissent Vincent, suivi de deux personnes aux visages familiers. Peu de temps après, Adam se matérialise avec une femme rousse aux cheveux bouclés que je n'ai jamais vue auparavant. Jinn se tripote nerveusement les cheveux et les deux derniers arrivants se tournent vers nous. Ophélie semble très contrariée en nous voyant arriver tous les deux, mais je me concentre plus sur l'expression d'Adam. Il fronce les sourcils, preuve de son étonnement. Je lève la tête vers Matt, qui s'est revêtu de son masque d'indifférence habituel. Nous arrivons lentement près d'eux. Il y a un silence pesant. Vincent semble hésiter à parler en nous regardant, Adam et moi, à tour de rôle. Contre toute attente, c'est Ophélie qui prend la parole.

— Benjamin et Eddy ont pillé mon village et enlevé les plus puissants d'entre nous, pendant que nous faisions la fête cette nuit.

Matt reste impassible.

— Ils se dirigent vers le nord, avec l'armée de Feu, ajoute Vincent, plein de sous-entendus.

Mon cœur manque un battement, je viens à peine de rentrer et la guerre a déjà commencé. Je tourne vivement ma tête vers Matt :

— Et tu n'es pas convié ?

Prise de conscience générale. Est-ce que Benjamin se doute de la trahison de son frère ? Tout le monde se met à chuchoter au sein du groupe, la tension monte.

— Peut-être qu'il se doutait que tu ne voudrais pas attaquer la Neutralité de ton plein gré... Et que tu le ferais seulement s'il te mettait devant le fait accompli, espère Jinn.

— S'il n'y a plus d'effet de surprise, on part avec un sérieux handicap, déclare un soldat.

La discussion part dans tous les sens, tout le monde parle en même temps. Matt ouvre la porte de sa maison et j'entre après lui. Les autres nous suivent tout en discutant. Matt s'assoit dans le salon et je ne sais pas trop quoi faire alors je l'imite en prenant place à côté de lui. Dans un autre contexte, Adam aurait sûrement demandé des explications concernant ma présence ici. Tout le monde prend place dans le salon, en utilisant les canapés blancs, les poufs mais également quelques chaises de la cuisine.

— Il ne vient peut-être pas faire la guerre, dit Jinn, naïvement.

— Comme dans mon village ? Renchérit Ophélie

— Tout dépend du point de vue, dit Enzo. Si réquisitionner les meilleurs du château pour venir combattre à ses côtés n'est pas un acte de guerre, alors non, il ne vient pas la faire.

— Et si Vincent disait simplement non ? Demande Jinn

— On ne dit pas non à Benjamin, tu devrais le savoir mieux que personne, crache Adam.

— Ce n'est pas la peine d'être arrogant ! La défend Ophélie.

Dieu que c'est ridicule.

— Bon, commençais-je pour couper court à leur querelle. Peut-être qu'il se doute que vous êtes contre la guerre, mais il ne sait pas que vous comptez l'affronter. Il n'attendrait pas sagement que vous vous dressiez contre lui, c'est débile.

— Donc rejoignez-le, poursuit Vincent.

— T'es conscient qu'on peut plus l'éviter là ? Le coupe Matt en sachant pertinemment que Vincent ne veut pas se battre.

— Je dirai non, Jinn n'a pas tort, il faut tenter. Je dirai non pour la réquisition de mes citoyens et selon ce qu'il prépare, on riposte, répond Vincent, calmement.

— Bien, nous nous tiendrons prêts à intervenir, affirme Adam

La Triade semble tenir un discours muet.

— Il faudra que vous attendiez le tout dernier moment pour nous rejoindre, précise Vincent. Vous aussi, Matt.

— Ce n'est pas plus mal qu'on procède comme ça, commence Ryan. Tous ceux qui n'osaient pas affronter Benjamin vont nous voir changer de bord, et auront la possibilité de prendre leur décision, alors que si on se dresse directement de l'autre côté, ils ne pourront pas nous suivre.

— Mon peuple pourra suivre aussi, dit Ophélie.

Matt observe Jinn, il doit être en train de lire en elle. Je la regarde à mon tour, elle est effrayée. Elle est pourtant une des plus puissantes. Ce qui l'effraie, ce n'est pas tant la guerre mais la mort probable de ses frères.

— Benjamin va appuyer sur chacune de nos faiblesses. Faut s'y attendre, dit-il à son égard. Ça vaut pour tout l'monde ici. Restez sur vos gardes, et changez pas les plans à cause de c'qu'il peut vous dire ou promettre. Il est très fort pour ça. Il sait sûr'ment déjà ce qu'il doit te dire Adam, vu qu'il attend votre conflit depuis des années. Il doit savoir comment t'mettre de son côté Vincent. Jinn…

— Je… Je ne le laisserai pas me parler, promet-elle.

Matt tourne sa tête vers moi pour la première fois depuis qu'ils sont là. Il y a un instant de silence.

— Tu viens avec moi Cloé, ordonne Adam.

— J'aimerais aussi, poursuit Vincent, mais c'est trop suspect. Ça fait un moment qu'il veut la rencontrer. Elle sera à mes côtés.

— Certainement pas. Je préfère encore qu'elle soit dans la foule, ajoute Adam.

Cela me surprend qu'il veuille bien que je reste au château. La foule, ça me va, je serai avec les filles et Naomi ne tardera pas à nous rejoindre.

— Tu penses que dans la foule elle sera moins voyante ? Tout le monde sait déjà qui elle est, Adam. Ben a même peut-être déjà donné des ordres pour elle ! Autant qu'elle soit en sécurité à mes côtés, continue Vincent.

Adam se tourne vers Matt pour y trouver un soutien. Je souffle :

— On va passer en revue chaque personne pour savoir où elle doit se placer ? C'est bon là, y'a plus urgent.

— À côté d'Vincent, dit Matt en m'ignorant.

Adam fronce les sourcils.

— Ok, capitule-t-il.

Je me rends compte qu'Adam a une confiance aveugle en Matt pour changer d'avis si vite. Pour une fois que j'étais d'accord avec Adam ! Pourquoi Matt veut-il que je reste avec Vincent ?

Ah, oui. Pour dissuader Eddy de venir m'affronter. Je n'hésiterai pas moi, par contre.

Naomi se matérialise à côté de Ryan. Elle semble être au courant de tout, elle a dû entendre notre conversation par son intermédiaire.

— J'ai prévenu Davy, dit-elle à Matt. Il sera directement au château avec Lana.

Elle se tourne vers Vincent.

— Ils se préparent au château. Les Sans-Don sont tous partis. D'ailleurs, Matt, si quelques crépusculaires sont inconnus de Ben, dis leur de venir s'installer maintenant. Ça rassurerait les troupes et ça leur permettrait de s'entraîner ensemble.

Il hoche la tête.

— « Ça leur permettrait » ? Tu viens avec nous ? S'étonne Ophélie, avide d'instaurer un conflit entre nous.

Naomi l'ignore et guette ma réaction. Je lui souris et hoche la tête pour la rassurer. Je savais qu'elle irait là-bas d'abord. Il ne faut pas qu'elle se fasse de souci pour moi. Il y a un nouvel instant de silence. Je pense que c'est parce que la Triade et Naomi parlent encore entre eux, en pensée. Je me lève. Pas besoin de faire durer le suspense.

— Vous allez mettre quoi, deux jours pour venir ? Demandais-je à Naomi.

— Oui, pour que tous les soldats soient regroupés, on doit s'accorder au rythme du plus lent.

Je lui souris de nouveau.

— À dans deux jours alors.

Je m'apprête à m'éclipser mais je sens le pouvoir d'Adam sur ma peau. Je me retourne vers lui :

— Epargne-moi les discours d'Adieu, dis-je, en le repoussant.

Les plus polis s'éclipsent, après de nombreux signes de tête respectueux. Certainement pour ne pas entendre cette conversation privée. La Triade, Naomi, Vincent, Adam et Ophélie ne bougent pas.

— Tu ne pars pas avec Jinn ? Demande Naomi à Ophélie.

— Pour sauver les apparences, je ferais mieux de rester avec Matt, dit-elle en me narguant d'un sourire immonde.

— Tu peux m'attendre dehors, renchérit ce dernier, sans même la regarder.

D'un coup, Adam m'envoie une décharge électrique, j'ouvre de grands yeux. C'est hyper douloureux. Ah, il me teste ? J'écarte mes bras vers lui et l'inonde d'un jet d'eau qui le propulse sur la baie vitrée. Je suis d'ailleurs étonnée qu'elle ne se brise pas. Il apparaît dans mon dos et m'attrape le cou, je me détourne de lui facilement et envoie un coup de pied sur sa joue gauche, en sautant légèrement. Il saisit ma jambe en vol, ce n'est pas grave, je prends appui sur sa main et utilise la deuxième. Cette fois, mon coup part de bas en haut et vient se loger sous son menton. Sa tête est éjectée en arrière, quand j'atterris sur mes pieds. J'en profite pour de nouveau foncer sur lui et mettre mes mains de part et d'autre de son visage. J'aspire ses souvenirs, et son énergie vitale avec, comme ce que j'avais fait au crépusculaire qui m'avait attaquée dans les bois. Il ne peut plus bouger. Je sens une résistance à mon intrusion mais j'insiste en appuyant mes mains plus fortement encore.

Je vois la dispute avec Emilie, quelques années plus tôt. Elle lui dit qu'elle veut partir, mais elle n'est pas sincère. Elle paraît affolée. Comment ne l'a-t-il pas remarqué ? Je vois ensuite toutes les recherches qu'il a menées à travers le monde pour la retrouver, jusqu'à aujourd'hui, et toujours rien. Je sens la culpabilité qu'il éprouve, le besoin qu'il a de me mettre à l'écart de tout ça. J'aimerais fouiller ailleurs, mais quelque chose me gêne, je tends l'oreille :

— Cloé ! Crie Naomi.

Je relâche mes mains, Adam s'écroule. Ses cheveux sont gris, sa peau est terne. Naomi se précipite vers lui et le met sur le dos. Vincent s'approche, plus lentement, et pose ses deux mains sur son torse. Quelques secondes plus tard, il reprend son aspect habituel. J'ai remarqué que toutes les autres personnes se sont mises autour de nous, à une distance très exactement égale les unes des autres. Je comprends alors que mon bouclier les a empêchées d'aller plus loin. Mais Matt ? Je me retourne vers lui, il est à la même place que tout à l'heure, il n'a pas tenté de m'arrêter. Néanmoins, il s'y préparait. Ses yeux sont rouge vif et ses muscles, tendus. Il se tourne vers Ophélie qui a les yeux écarquillés. Puis, se retourne vers moi.

— Efface lui c'qu'elle vient de voir.

Je m'exécute. Elle se recule et crie :

— Non !

Je ne la laisse pas terminer sa phrase, je place mes mains de part et d'autre de ses joues et effectue l'ablation de ce souvenir en un rien de temps. Le temps qu'Adam se remette sur ses pieds. Elle nous regarde à tour de rôle, l'air perdu.

— Jinn veut te voir, lui dit Enzo

Et elle s'éclipse. Matt se tourne vers Adam :

— Pourquoi tu fais ça en public ? Ophélie peut retourner sa veste au dernier moment. Moins elle en sait sur nos pouvoirs, mieux c'est.

Il dit cela vivement, mais sans être vraiment énervé.

— Elle voulait partir et je ne pouvais pas être tranquille sans voir ce qu'elle savait faire, avoue Adam en parlant de moi.

— C'est bon t'es tranquille maintenant ? Plaisante Vincent.

Je n'arrive pas à déceler l'expression de Naomi. Elle est restée accroupie à l'endroit où Adam s'est écroulé et me fixe d'un drôle d'air.

—*Tu as entendu tous nos cris ou juste le mien ?* Me demande-t-elle en pensée.

—*C'est important ?*

—*Ne fais plus ça, Cloé. Je te connais. Si tu tues quelqu'un, tu t'en voudras toute ta vie,* ajoute-t-elle.

— Si elle doit tuer elle le fera, renchérit Matt à haute voix

— On n'utilise pas un pouvoir qu'on ne contrôle pas parfaitement. N'était-ce pas la base de nos apprentissages ? S'énerve-t-elle

— Dans ce cas, doit-elle se battre qu'avec ses mains ? Demande Enzo

Adam et Vincent se regardent, sceptiques.

— Ça y est, on se fait vieux, Vince. On nous met à l'écart de la conversation. Il est temps de passer la main, plaisante Adam.

Vincent rit et me regarde avec son habituelle fierté mêlée de bienveillance. Je détourne les yeux, je n'ai pas envie de partager leur plaisanterie.

Je repense à ce qu'a dit Naomi, « *Si tu tues quelqu'un, tu t'en voudras toute ta vie* ». On est en guerre. Comment puis-je ne pas tuer ? Je dois bien me défendre !

Je la regarde un instant, elle est en colère. Il semblerait qu'elle soit en train de mener une dispute muette avec Enzo et Ryan. Matt les écoute mais ne participe pas, je pense qu'il jongle entre leur conversation et celle d'Adam et Vincent.

Pour ma part, je n'entends rien. Je me sens mise à l'écart. Le mieux serait que je m'éclipse mais j'avoue que j'aurais aimé pouvoir dire au revoir à Matt avant l'affrontement qui nous attend. Au cas où cela tournerait mal… Je ne me suis pas aperçue que je le fixe jusqu'au moment où ses yeux se posent sur moi. Je détourne vivement les miens, sans trop savoir pourquoi. C'est alors qu'il prend la parole :

— J'pense qu'on a beaucoup d'choses à préparer chacun de son côté. On se voit dans deux jours.

Sa phrase sonne comme un ordre. Il ne prend pas de pincettes pour nous mettre à la porte. Enzo et Ryan s'évaporent d'un même mouvement, suivis de Naomi qui me jette un dernier coup d'œil. Je prends un peu de temps avant de partir à mon tour. Adam s'éclipse en même temps que moi, sauf que je sens le pouvoir de Matt en pleine téléportation, il me ramène vers lui, je suis de nouveau dans son salon. Il ne reste que Vincent et lui. Je les questionne du regard.

— Reste ici, commence Vincent. Il va y avoir beaucoup d'allers et venues au château, et je … Bref, c'est plus sûr.

Je sais qu'il a peur de ne pas pouvoir me protéger, comme il n'a pas su protéger Emilie. Je pense alors aux filles qui m'attendent au château. Il s'en rend compte et ajoute :

— Je préviendrai les filles, et tu peux toujours les contacter par téléphone. Mais mieux vaut ne pas dire où tu es.

Pourquoi croit-il que je coure plus de danger que les autres ? N'a-t-il pas vu que je ne suis plus l'enfant fragile d'antan ?

Je ne désapprouve pas sa décision. Non pas que je crois qu'elle soit bonne mais parce que cela me convient très bien de rester chez Matt pendant deux jours. Il s'évapore à son tour avant que je n'aie eu le temps de lui répondre.

Un silence gênant s'installe et Matt prend une grande inspiration :

— On y est.

— Tu as peur ? Demandais-je, bien que je trouve ma question totalement absurde : Matt n'a peur de rien, si ?

Il m'observe un instant sans rien dire. Il est à demi assis sur le dossier de son canapé blanc, avec une posture nonchalante.

— Pas toi ? Demande-t-il à son tour.

Je prends soin de réfléchir avant de répondre. Peur ? Pas vraiment. Je ne sais pas à quoi m'attendre.

— Mmm, me contentais-je de dire, vaguement.

En fait, oui, j'ai peur qu'il arrive quelque chose de mauvais aux gens que j'aime. Et surtout à Matt. Il a dit que son frère anticipait tout, il a dû également prévoir la trahison de Matt. Que lui a-t-il préparé alors ? C'est surtout ça que je redoute.

— Tu restes aussi ? Lui demandais-je

— Jusqu'à c'que Ben m'appelle, ouais. Fais comme chez toi.

Je frissonne. Chez moi ? Il fait quelques pas en direction de la cuisine, mais s'arrête en entendant le son d'un mail sur son ordinateur. Je monte dans sa chambre. J'ai besoin de dormir, je suis exténuée. J'enlève mes vêtements, sachant pertinemment qu'il y en aura d'autres pour moi à mon réveil, et je me glisse sous sa couette en plumes.

Les deux jours qui suivent se déroulent très rapidement. Matt prend soin de garder ses distances avec moi tandis qu'il m'entraîne de manière intensive pour le grand combat. Je manie de mieux en mieux mes deux Dons en même temps, il en est tout aussi ravi que moi, voire plus.

Il passe les deux nuits sur le canapé tandis que je me couche dans son lit, bien avant qu'il s'endorme à son tour. Je n'ai pas essayé de me rapprocher de lui. D'une part parce que j'ai peur qu'il me repousse, d'autre part parce que j'ai peur qu'il ne le fasse pas.

Je commence à ressentir la peur du combat m'envahir en même temps que l'adrénaline et l'excitation. Je pourrais me servir de mes pouvoirs comme jamais auparavant. Je pourrais me venger d'Eddy. Je pourrais combattre aux côtés de Matt.

C'est le grand jour. Il est midi. Cette nuit, j'ai rêvé du combat. Benjamin Kellor tuait Adam et ce dernier se transformait en Emie. C'était bizarre.

Matt et moi mangeons dans son salon, en regardant la télé, comme un couple marié — que nous sommes. — Aucun de nous ne parle. D'ailleurs, nous n'osons même pas bouger. Matt tressaute légèrement et je me retourne vers lui. Il paraît absent, quelqu'un doit être entré en contact avec lui par l'intermédiaire de son esprit. Je me lève doucement et dépose nos deux assiettes dans son lave-vaisselle. Lorsque je reviens dans le salon, Matt s'est levé. Il me regarde d'un drôle d'air et j'ai soudain envie de pleurer. Je me fige tandis qu'il s'approche de moi, très, très lentement. Il me prend dans ses bras et je laisse mes bras pendre de part et d'autre de mon corps, soudain vidée de toute mon énergie.

— Quoi qu'il se passe, rappelle toi qui t'es et ce que tu dois faire, dit-il

Il parle de revendiquer mon statut de gouverneure à l'Unité de l'Eau. Et de remplacer Vincent s'il vient à disparaître. Je me mets à frissonner.

— Ne me lâche pas, lui dis-je.

Il s'écarte et sourit. Je me sens alors reprendre des forces et du courage, mes poumons se gonflent d'espoir à la simple vue de l'expression rassurante qui se dessine sur son visage d'ange.

On entend un crissement de pneus puis quelqu'un toque à la porte, je sursaute. Ophélie entre en courant. Elle nous toise puis remue la tête.

— Ton frère nous attend, dit-elle, d'une voix tremblante. On était censé être ensemble.

Matt pose de nouveau ses yeux sur moi, comme pour me dire au revoir, ou pour me rassurer une dernière fois. Il se dirige vers la sortie pour rejoindre la voiture d'Ophélie. Lorsqu'il passe la porte, j'hésite un instant et lui cours derrière. J'esquive Ophélie et attrape le bras de Matt, il se retourne. Je me hisse sur la pointe des pieds et l'embrasse comme si c'était la dernière fois.

Naomi III

Matt et Ophélie apparaissent au milieu de l'armée de Ben. Nous sommes arrivés il y a déjà dix minutes. Qu'est-ce qu'ils foutaient ?

Matt s'approche de son frère et de Jinn, Ophélie à ses basques. Il s'applique à arborer une expression étonnée en direction de Ben. Ce dernier sourit :

— Surprise ! On va agrandir nos troupes, dit-il fièrement.

— Il y avait besoin de tout ce monde ? Demande naïvement Ophélie.

J'avoue que, pour le coup, elle joue bien la comédie. L'avantage c'est que Benjamin ne se doute de rien quant à notre trahison. Néanmoins, il sourit de plus belle :

— Ah, ma chère Ophélie. Finalement, tu n'es pas assez futée pour être digne de mon petit frère.

Elle s'offusque, et lui tourne le dos. Il lève une main et des flammes jaillissent d'elle. À mon grand étonnement, elle n'est pas prise de panique et ne crie pas. Eddy s'approche d'elle et pose la main sur son épaule. Le brasier s'éteint.

— Pour une fois que j'en aime bien une, dit-il à son père.

Cela ne présage rien de bon. Déjà parce que Benjamin est apparemment d'humeur à brûler n'importe qui, mais aussi parce qu'Eddy use de stratagème pour qu'Ophélie l'estime. Croit-il qu'elle a le pouvoir de l'épargner si jamais nous gagnons la guerre ? Ou a-t-il un autre plan en tête ?

Benjamin hausse les épaules et se retourne vers Matt.

— Ouvre le portail, lui dit-il.

C'est rare que l'immense portail de l'Unité Neutre soit fermé. Heureusement, Benjamin ne le sait pas. Il trouverait cela suspect. Tout autant que le grand vide qui nous sépare des portes du château d'ailleurs. Il y a toujours du monde dehors.

Matt s'exécute et glisse l'index à l'intérieur du dispositif de lecture d'empreinte. La voix robotisée de l'interphone cite « Matt Kellor, grade un » et le portail s'ouvre.

Benjamin s'élance vers l'intérieur, accompagné de Matt et de Dann. Nous avons pour ordre de kidnapper toutes les personnes se situant entre le grade six et le grade deux, si Vincent décide de ne pas coopérer.

Ma connexion avec la Triade me permet d'entendre les pensées d'Enzo, Matt et Ryan, qui sont tous les trois très calmes. J'essaie de ne pas songer aux filles du désert de l'autre côté de ces portes. Je me concentre alors sur ce que perçoit Matt.

Ils entrent dans le château silencieux et passent les portes du bureau de Vincent. Celui-ci relève la tête de ses papiers, il est assis à son bureau. Il enlève ses lunettes et les dépose avant de se lever :

— Benjamin, Matt, Dann. Que me vaut cet honneur ?

— Nous avons besoin de tous tes soldats pour rétablir l'ordre à l'Unité de Feu et écraser Adam, annonce Dann.

— Mes… Soldats ? Demande Vincent. Les seuls soldats dont je dispose ici sont les vôtres. Le reste des habitants du château sont des élèves.

— C'est bien d'eux dont on parle, dit sèchement Benjamin.

Vincent s'appuie sur le bureau et prend un air détaché.

— Tous ceux qui souhaitaient te rejoindre l'ont fait. Les autres restent ici.

— On va quand même pas s'fâcher ? Appuie Matt

Benjamin sourit tandis que Vincent fronce les sourcils de manière exagérée. Dann a l'air sceptique, Matt s'en rend compte, il se retourne vers lui.

— Occupe-toi de la p'tite du dernier étage. La sous-estime pas. Charge-toi d'elle personnellement. J'la veux vivante, crache Matt

Je frissonne. À quoi est-ce qu'il joue ? Pourquoi envoie-t-il Dann chercher Cloé ?

Vincent arbore une expression d'horreur et Benjamin continue de sourire d'extase. Son petit soldat préféré est à la hauteur de ses espérances. Malgré toutes ces années passées au château, Matt choisit le côté de son frère. Dann hésite, et regarde Benjamin dans l'attente d'une consigne. Matt lève un sourcil pour feindre un étonnement.

— Tu l'as entendu ? S'agace Benjamin. Tu ne t'occupes que d'elle. Tu la ramènes à l'Unité et la fous dans une cage. Adam sortira de son trou si on la détient vivante.

Vincent s'intercepte entre Dann et la sortie. Je suis prête à bondir pour le rejoindre, mais Ryan me tient fermement le bras.

— Si tu t'en prends à mes élèves, Ben, c'est à toute la Neutralité que tu déclares la guerre, dit sèchement Vincent.

Il doute de Matt. J'avoue que moi aussi. Je me focalise sur les pensées de Matt mais il est en train de lire celles de Dann. « *Comment je vais bien pouvoir sortir cette petite de là ?* » Se demande-t-il. Je reprends mon souffle en repensant à notre rencontre dans le désert, Dann avait tout de suite apprécié Cloé. Il avait été touché par son innocence qui lui rappelait sa défunte enfant.

— Dans ce cas, que le meilleur gagne ? S'amuse Benjamin. Je t'épargnerai en souvenir de notre longue amitié.

Benjamin s'éclipse et atterrit à nos côtés, suivi de Matt. Je comprends alors qu'il avait déjà prévu de mettre Cloé à l'abri, en dehors de cette bataille. Tant mieux, je n'aurais pas à m'inquiéter pour elle.

Nous entendons l'alarme de l'Unité Neutre retentir tandis que nous nous engageons à l'intérieur. Tous les élèves sortent calmement, tandis que les soldats de Feu se précipitent en courant au signal de Benjamin. Ce dernier reste en retrait, comme toujours pendant les guerres, les cents premiers arrivés font un gigantesque bond en arrière et s'éclatent contre les arbres, signe que les élèves de la Neutralité ont dressé un bouclier. J'aperçois les filles du désert, prêtes à l'attaque. Je me sens fière d'elles. Quand est-ce que je vais pouvoir les rejoindre ?

Bientôt, répond Ryan à mes pensées.

Les soldats de Feu se sont figés. Benjamin fronce les sourcils :

— Bah alors, Vince ! Crie-t-il. Tu ne m'avais pas dit que tu m'attendais !

L'espace entre les élèves de la Neutralité et les soldats de Feu semble tout petit de l'endroit où je suis. Davy apparaît au milieu tandis que Lana se poste sur le côté, avec Vincent.

— On peut s'arrêter là, crie Davy. Il est encore temps, Ben.

Ce dernier redouble de colère

— Dois-je comprendre que mon propre frère se dresse contre moi ? Crache-t-il

— Celui qui se dresse contre les autres, c'est toi ! Renchérit Davy.

Jinn se contrôle pour ne pas pleurer. Elle tend le bras vers son grand frère mais il la repousse violemment.

J'en profite pour lui adresser un signe de tête. C'est à elle de commencer à montrer le chemin à suivre. C'est elle qui doit aller rejoindre Davy en premier. Elle tremble, me regarde d'un air implorant, et s'avance vers nous, tandis que Benjamin continue de s'énerver sur Davy. Il pointe un doigt sur Lana et Vincent s'interpose avant qu'il n'ait eu le temps de l'enflammer. Davy a activé ses pouvoirs. Enzo attrape le bras tremblant de Jinn et l'accompagne jusqu'à Davy, d'un bond. Ils se retournent tous deux contre l'Unité de Feu. Un murmure se fait entendre au sein des soldats. Benjamin, quant à lui, éclate d'un rire diabolique, pour montrer à quel point il méprise sa sœur.

— Qui d'autre veut les rejoindre ? Allez, voyons, faites preuve de courage ! Cela fait longtemps qu'on ne s'est pas autant amusé ! Lance Benjamin à son armée.

Ophélie se détache d'Eddy pour s'éclipser à son tour auprès de Jinn. Son peuple la rejoint très vite, et ils activent instinctivement leur pouvoir. Eddy balaie la foule des yeux, puis dirige son regard vers la fenêtre du dernier étage. Il cherche Cloé. J'observe alors Matt, qui joue un peu trop bien son rôle de soldat modèle. Il n'a pas l'intention de retourner sa veste. En tout cas, s'il le fait, ce ne sera pas maintenant. Il ne faut pas que je l'attende. Je me détache alors de mon Unité pour atterrir auprès des filles du désert, je me place devant elles et elles forment naturellement une position offensive selon la manière que je leur ai enseignée.

Benjamin grogne de colère en me voyant et je m'en étonne. Je ne m'attendais pas à ce qu'il réagisse si violemment pour moi. Certains soldats de Feu s'avancent timidement vers nous pour changer de camp. Je suis plus populaire que ce que je pensais. Les plus froussards se téléportent tout au fond de la rangée que nous formons et qui s'agrandit de plus en plus. Ryan me rejoint et une plus grande vague de soldats de Feu se dressent de part et d'autre de notre groupe. Ils enlèvent leur brassard qui indiquait leur appartenance à l'Unité de Feu.

Et là, tout se passe très vite. Simultanément, Benjamin lève un bras, furieux, déclenche un tremblement de terre qui nous sépare de l'armée de Feu, de la lave jaillit de toute part, tandis que les soldats, assoiffés de violence, actionnent leurs pouvoirs d'un seul mouvement. Tous les yeux s'illuminent d'une couleur différente. On ne voit plus que ça : des monstres dans un paysage d'horreur.

Benjamin, Eddy et Matt se postent sur un haut rocher pour observer la guerre de plus haut, et de plus loin. Une fois de plus, ils montrent à quel point ils dominent le reste du monde. Le paysage ici ne ressemble plus en rien à celui, paisible, qui caractérisait l'Unité Neutre. Des nuages noirs ont recouvert le ciel bleu et un orage retentit en enflammant un arbre. Voilà les tactiques de l'Unité de Feu pour effrayer ses adversaires. Vincent doit se mettre également à l'écart pour ne pas que Benjamin participe lui-même au combat. Si les dirigeants s'en mêlent, il se pourrait que l'on extermine la terre entière, et les Sans-Don avec.

J'entends Matt parcourir les pensées de son frère pendant que les premiers soldats de Feu attaquent notre groupe aux extrémités. Le combat démarre. Comme prédit, les soldats de Feu n'ont aucun scrupule à utiliser tout de suite leur Don. Les gens commencent à voler de toute part sous les coups des soldats de Feu qui les catapultent vers le précipice de lave. Benjamin demande l'accès à l'esprit de Vincent pour lui parler, je le perçois à travers Matt.

— Moi qui pensais que c'était elle qui t'éloignait du droit chemin ! Si j'avais su que tu étais fou dès le départ, je ne

me serais pas donné la peine de m'occuper d'Emilie, grogne-t-il à Vincent.

Bien sûr, Matt nous avait prévenus qu'il userait de stratégie pour faire flancher chacun d'entre nous. Pour s'attaquer à Vincent, il a choisi sa fiancée, la sœur de Cloé.

— *Mais il n'est pas trop tard. Poursuit-il. Donne-moi ce que je veux et je te la rendrai.*

Je me tourne vivement vers Vincent qui paraît bien seul à l'écart de nous, et sans Cloé, qui devait se trouver à ses côtés. Heureusement qu'elle n'a pas entendu cela, ni vu la réaction de Vincent : son visage se tord de douleur tandis qu'il essaye de ne pas tomber dans le piège de Ben. On ne sait même pas s'il dit la vérité. Vincent le repousse à l'extérieur de son esprit, sans dire un mot, et Benjamin n'insiste pas pour y rester. Il s'économise pour la suite. Il esquisse un faux sourire maléfique qui me fait froid dans le dos. Et s'il disait la vérité ? C'est tout à fait son genre d'éliminer l'obstacle qui l'empêche d'avoir le contrôle sur ses « amis » puissants tels que Vincent. Ce qui est sûr, c'est que s'il s'est occupé lui-même d'Emilie, personne d'autre n'est au courant. Avec toutes les recherches que Vincent et Adam ont faites pour la retrouver, ils sont sûrs d'une chose : personne ne sait, sinon ils l'auraient su à leur tour. Accuser Benjamin aurait été trop gros. Ce n'était pas possible, pas lui-même ! Il se sert toujours de quelqu'un pour accomplir ce genre de tâche. Et si, cette fois, il avait opéré seul ? Vincent le voudrait vivant pour pouvoir la retrouver. Et Adam aussi. Bien joué, Ben, tu viens d'assurer ta survie.

Une boule de feu effleure mon visage. Il faut que je me ressaisisse. Le combat, c'est maintenant. Je m'élance vers la foule, suivie des filles du désert et nous combattons comme nous avons appris à le faire durant ces derniers mois : ensemble. Nous sommes plus fortes et tellement bien synchronisées que nous faisons plus de dégâts que si nous opérions seules. Bien sûr, il manque un maillon de la chaîne, mais nous n'avons pas besoin de Cloé pour le moment. Elle doit être en train de mener son propre combat, en vain, contre quelqu'un qui ne lui veut finalement aucun mal. Ryan et Enzo se postent à nos côtés, sans prendre part à notre danse collective mais en effectuant la leur en même temps. Ce sont les plus gradés, courageux et ambitieux qui viennent nous défier, les autres nous évitent soigneusement.

Les élèves de Nuit ne font pas long feu devant le nombre et la puissance de soldats de Feu, beaucoup ont déjà atterri dans la fosse et se sont fait brûler vif. Notre nombre se restreint à vue d'œil et je m'en inquiète.

C'est alors que j'aperçois, du coin de l'œil, Adam débarquer avec des renforts. Beaucoup de renforts. Les membres de l'Unité de l'Eau paraissent sereins, mûrs, sages. J'ai l'impression qu'ils flottent au-dessus du sol. Ils sont tout de bleu vêtus et arborent un air grave. Ils se positionnent en cercle autour de nous et récitent quelque chose que je ne perçois pas. Mes oreilles bourdonnent tout à coup, il y a une explosion puis je n'ai plus de pouvoirs.

Loin de me déconcerter, je continue avec mes poings, comme mes camarades. Les soldats de Feu n'ont pas l'habitude de se battre démunis de leurs pouvoirs, certains tentent de partir en courant mais sont rattrapés par les élèves du Château. Si nous n'avons plus l'usage de nos pouvoirs, nous nous brûlons tout autant que les autres éléments au contact du feu, sauf les plus gradés.

Adam est posté auprès de Vincent tandis que Dann apparaît de nouveau aux côtés de son roi. J'imagine que Cloé est prisonnière à L'Unité de Feu. Que va décider Matt, alors ? S'il reste auprès de son frère, et qu'ils gagnent la guerre, il aura tout ce qu'il a toujours voulu. Le pouvoir, L'Unité de Feu, et Cloé.

Il sonde les pensées de Dann, mais ce dernier brouille le souvenir de Cloé pour ne pas que le Prince Noir y ait accès. Je me concentre de nouveau sur le combat. Les membres de l'Unité de l'Eau se sont eux aussi mis à combattre avec leurs quatre membres. Sont-ils fous au point de ne jamais utiliser leur Don ? Je sens d'ailleurs que je retrouve possession du mien, et je ne tarde pas à l'utiliser de nouveau. De ma main droite, j'envoie une grande vague de soldats les plus gradés dans le précipice, avant qu'ils ne puissent retrouver eux aussi l'usage du feu. De l'autre, je m'occupe du malchanceux qui tente de me donner un coup de poing dans l'abdomen. Je croise le regard de Benjamin, qui est furieux de ce que je viens de faire. Il tourne sa tête vers Lana, non loin de moi, et plisse les yeux. Il va l'attaquer. Je me précipite vers elle.

Je la vois tituber pour se sortir de la foule, je me téléporte à ses côtés en esquivant deux ou trois soldats. Davy se bat avec Ryan et Enzo, tandis que Benjamin a activé ses pouvoirs en voyant Adam. Sa colère redouble, sûrement parce qu'il a compris que son attaque a été anticipée.

Je forme un garrot autour de la jambe de Lana, malheureusement je n'ai pas le pouvoir de la guérir. C'est bien l'œuvre de Ben : le trou qui déchire son mollet est d'un noir de cendre. Les ennemis profitent de ce moment de faiblesse, certains ayant même récupéré leur pouvoir. Je n'ai quand même pas de mal à les éloigner. De plus, Lana a formé un bouclier autour de nous, ils ne peuvent pas nous toucher. Elle n'avait pas ce pouvoir avant, ce doit être instinctif. De plus, elle souffre le martyre, je le vois dans ses yeux. Mais elle ne dit rien, sûrement pour ne pas déconcentrer Davy qui ne l'a pas encore vue blessée. Jinn nous rejoint et entre en connexion avec moi.

— *Nous n'y arriverons pas. Ils sont trop nombreux. On a déjà perdu la moitié des nôtres,* me dit-elle en pensée.

J'étais tellement concentrée sur le combat que je n'ai pas vu le chaos autour. Les élèves de la Neutralité crient et gisent au sol ou se font propulser dans le précipice. J'attrape alors la main de Jinn et concentre mes pouvoirs avec les siens pour qu'ils redoublent de puissance, j'ai déjà utilisé cette technique lorsque je me battais pour Ben. J'envoie alors une vague de feu à tous les soldats qui n'ont pas encore accès à leur pouvoir. Ils courent dans tous les sens, enflammés, pour finir par se jeter eux-mêmes dans le précipice. Cela m'affaiblit mais ça nous a permis d'éliminer une centaine de soldats. Benjamin grogne et nous incendie du regard. Jinn frissonne « *Reviens, dépêche-toi !* » ordonne Benjamin dans son esprit. Elle me regarde, effrayée. Je serre sa main de plus belle et force Benjamin à sortir de sa tête. Il regarde Eddy et me désigne d'un signe pour qu'il vienne m'attaquer. Eddy s'exécute et apparaît face à nous.

C'est à ce moment qu'*elle* choisit d'intervenir. Je ne sais pas où elle était cachée, mais elle ne l'est plus. Elle bondit de nulle part, pas à la manière d'une téléportation, mais plutôt d'un puma en chasse. Elle semble légère comme une plume et j'avais oublié à quel point elle est belle. Je sens Matt frissonner par le biais de mon esprit et la Triade au complet se retourne vers Cloé. Elle est habile, rapide. Et elle tue. De ses deux petites mains d'enfant, elle tord le cou à tous ceux qui se dressent sur son passage jusqu'à Eddy. Benjamin qui s'est aperçu de son arrivée, fusille Dann du regard avant de le tuer, net. Il n'a même pas pris le temps de le brûler, Dann est simplement devenu un tas de cendres.

Cloé croise Ophélie et celle-ci tente de lui prendre le bras. La petite action héroïque d'Eddy quelques minutes auparavant a eu son effet finalement : cette crétine essaie de le protéger. Sauf que Cloé est sur la défensive et son bouclier propulse Ophélie à plusieurs centaines de mètres en entrainant une nuée de poussière incroyable. Il me vient une haine incommensurable pour Ophélie. À cause d'elle, Eddy a pu voir le bouclier de Cloé. J'aimerais être celle qui lui fera le plaisir d'égorger Eddy mais je sais qu'elle veut le faire elle-même.

Eddy l'entoure de flammes mais elle les traverse sans peine. Cependant, elle n'attaque pas. Je me demande ce qu'elle attend. Finalement, je comprends qu'ils sont en train de communiquer en pensées. *Non, ne fais pas ça Cloé, ne le laisse pas t'atteindre.*

Je romps ma connexion avec Jinn pour en établir une avec Cloé. Elle la repousse et Matt grogne tellement fort intérieurement que j'en frissonne. Cloé crée une tempête, l'eau jaillit du ciel à tel point qu'elle pourrait engendrer une inondation, ce qui coûte la vie à plusieurs soldats de Feu. Elle regarde un instant vers la forêt, comme si quelque chose l'avait interpellée. Je comprends qu'Eddy essaye de distraire son attention en lui racontant sûrement des mensonges par le biais de sa pensée. D'ailleurs, il en profite pour la propulser vers le vide, et vers … la lave. Je me fige. Adam tend un bras vers Eddy pour l'arrêter mais Matt se téléporte d'instinct à ses côtés en lui empoignant le bras. Si Adam s'en mêle, Benjamin n'hésitera pas non plus. Ce dernier écarquille d'ailleurs de grands yeux en voyant son frère passer dans le camp adverse alors que la partie était presque terminée, en faveur de l'Unité de Feu.

— Matt ! Hurle-t-il, hors de lui.

Les extrémités de Benjamin s'enflamment, ses yeux deviennent rouge sang et de la fumée sort de sa bouche, comme s'il allait cracher du feu.

Le temps se suspend un instant, tous les soldats de Feu arrêtent de se battre en entendant le nom du Prince Noir, c'est la première fois qu'ils montrent un signe de faiblesse. Sous le coup de la fureur, Benjamin lance une vague de lave et la terre se remet à trembler, formant des fissures tout autour de nous. Je prie pour que Cloé se soit téléportée car le précipice regorge maintenant de lave, la tempête qu'elle a créé s'estompe peu à peu jusqu'à disparaître. Le feu reprend ses droits. Je m'aperçois alors qu'elle ne s'est pas téléportée. Elle sort de terre, indemne, munie d'immenses ailes noires enflammées qui me laissent sans voix, ses yeux vairons redoublent d'intensité. Quelle est cette créature ? Où est mon amie ? Elle braque ses paumes vers Eddy et l'enveloppe d'eau pour le faire monter jusqu'à elle. Je n'y comprends rien. Elle est en feu mais manie l'eau. Enzo et Ryan profitent de l'ébahissement général pour faire quelques morts de plus, pour ma part, je ne peux pas m'empêcher de la regarder.

Le combat reprend son cours tout autour, les filles du désert sont méchamment amochées, Lana a perdu connaissance, je tiens sa tête entre mes mains en éloignant les ennemis, et en regardant Cloé. Elle n'est plus ici, je veux dire, son esprit. Trop concentrée à venger son enfant. Je ne suis même pas sûre qu'elle se rende compte de ce qu'elle fait. Plusieurs soldats de Feu tentent de l'atteindre, en vain. Son bouclier est trop puissant. Eddy, quant à lui, est en train de se noyer dans la bulle d'eau qu'elle a formé autour de lui. Elle est furieuse, et semble encore communiquer avec lui à travers son esprit tandis qu'il s'évertue à l'attaquer. En vain.

De l'autre côté, Adam et Benjamin s'affrontent violemment en faisant valser les personnes ayant le malheur de s'approcher un peu trop près d'eux. Au bout de quelques minutes de combat intense, Benjamin change d'apparence de manière étonnante, sa mâchoire se déforme, ses muscles doublent d'épaisseur, ses os semblent plus pointus. Il propulse Adam au milieu de la foule et l'immobilise, je ne sais comment. Puis il se déplace à toute vitesse et lui saisit la tête. Vincent se téléporte auprès d'eux et je le vois bouger les lèvres. Benjamin se tord alors de douleur. Je n'ai jamais vu Vincent utiliser ce genre de pouvoir offensif. Il pose une main sur Adam pour le soigner et celui-ci se remet à bouger. Benjamin s'éclipse loin d'eux, alors que je me focalise de nouveau sur Cloé. Elle tient Eddy entre ses mains fines. Il se débat et lui lacère le visage, les côtes, en déchirant ses vêtements avec ses … *griffes*. Cloé ne semble même pas ressentir la douleur, pourtant, elle saigne abondamment. Elle absorbe son énergie vitale jusqu'à ce qu'il apparaisse avec des cheveux gris et une peau ridée alors que ses propres plaies cicatrisent. Puis, elle écarquille les yeux de douleur et sa tête part en arrière. Je bloque ma respiration.

Cloé se relève alors et rattrape Eddy, non sans s'être battue avec les soldats qui tentaient de le protéger. Benjamin la voit faire et se précipite sur elle. Quelqu'un arrive à le stopper en route, de manière invisible, il me semble que c'est Matt. Au même moment, Cloé réussit à atteindre Eddy et lui aspire toute trace de vie restante.

Benjamin se libère, je me lève d'un bond en oubliant que je tenais Lana. Cloé tourne instinctivement la tête vers moi en sentant que j'actionne de nouveau mes pouvoirs, elle ne réalise pas d'où vient le vrai danger. En quelques secondes elle se retrouve à côté de moi et pose une main sur Lana pour la soigner. Ses ailes disparaissent et je m'apprête à affronter Ben à sa place. En écho à mes pensées, Ryan se retrouve à côté de moi avant Benjamin. Cela n'empêche pas ce dernier d'exercer une pression à l'intérieur de mon corps, comme si j'étais écrasée entre deux voitures. Je tombe à genou et retiens un cri de douleur. Du sang sort de mon nez, de mes yeux, de mes oreilles. Je vois trouble. Je n'arrive pas à me défendre. Ryan semble être immobilisé également, il ne peut pas m'aider. Benjamin tend sa main vers moi et je sens mon cœur comprimé entre ses doigts de monstre. Cloé le remarque, elle pose une main apaisante sur moi pour me soigner à mon tour, tandis que Benjamin me relâche. Et je sais que trop bien pourquoi : il s'attaque à Cloé.

Les filles du désert se retournent d'une traite pour lui venir en aide mais c'est Matt le plus rapide. Il arrive de nulle part et saisit son frère par le cou. Un puissant grognement sort de sa gorge et ses crocs s'allongent comme des piquets hors de sa bouche. Les deux frères ressemblent plus à des bêtes qu'à des hommes. L'armée de crépusculaires arrive enfin et s'attaque à tous les soldats de Feu en les mordant sur toutes les parties du corps auxquelles ils ont accès. Ils absorbent leurs pouvoirs sans une once d'humanité. C'est effrayant. Je comprends que Matt n'ait pas fait appel à eux plus tôt. Ils sont trop dangereux, et d'autant plus à mesure qu'ils absorbent du pouvoir. Si Matt vient à disparaitre, qui pourra les contenir ?

Cloé se met à crier, ce qui veut dire que Benjamin intensifie son emprise sur elle. Adam et Vincent arrivent ensemble près de Ben mais il les repousse vers la lave, de sa main libre, et une dizaine de soldats de Feu leur sautent dessus d'un même mouvement. Je comprends alors que Benjamin leur donne des ordres par la pensée. C'est incroyable le nombre de choses qu'il peut faire en même temps avec ses pouvoirs. Cloé est prise de tremblements et ses yeux se révulsent. Ses plaies s'ouvrent de nouveau et ses cheveux s'enflamment. Qu'est-il en train de lui faire ? En voyant la scène, Matt se met à trembler, tout autant que le sol, les arbres, le château. La plupart des soldats réussissent à léviter pour ne pas perdre l'équilibre. Moi, je reste à terre, sans pouvoir bouger. Les secousses se font plus violentes au fur et à mesure que Matt perd le contrôle sur son pouvoir. Il resserre ses mains sur le cou de son frère et la peau de ce dernier s'effrite comme de la cendre.

— Lâche-la, susurre Matt.

— Tu cachais bien ton jeu, hein ? Siffle Ben. C'est cette gamine que tu veux ?

Il propulse Cloé dans les airs et la fait flotter au-dessus de nous. Ses tremblements se sont arrêtés. Cependant, elle reste inerte. Matt flanque un coup de poing dans la mâchoire de Ben, alors que le sol se soulève. Puis, il le mord au cou. Il va aspirer toute sa noirceur avec son pouvoir. C'est dégueulasse. Cloé reprend vie dans les airs et manque de s'écraser au sol. Benjamin n'a plus le contrôle sur elle. Je vois Vincent, au loin, pointer une main vers elle pour ne pas qu'elle tombe. Elle tourne la tête dans sa direction avant de remarquer l'attaque de Matt envers son grand frère. Elle prend un air horrifié et s'approche d'eux à une vitesse phénoménale. Je voudrais l'en empêcher mais mes os semblent brisés et je ne peux toujours pas bouger. Matt tente de la repousser d'une main, au lieu de quoi, il fait surgir de la lave qui s'écrase sur son visage d'ange. Il ne contrôle plus son pouvoir, et nous n'avons plus accès à son esprit. Cela n'arrête pas Cloé pour autant, elle contourne Matt, hésitant une demi-seconde à écouter son conseil muet, et je sais que trop bien ce qu'elle ressent : doit-elle écouter son tuteur ? Doit-elle sauver l'homme qu'elle aime ? Sa décision s'arrête au moment où Matt commence à changer d'apparence.

Ses os deviennent pointus, à l'image de son frère. Ils lui transpercent la peau. Elle touche alors le bras de Benjamin, qui l'enflamme du tac au tac.

Une fois de plus, le feu ne l'arrête pas. Elle fait preuve d'un calme exemplaire et parvient à le glacer. D'abord par les pieds, puis le glaçon remonte sur les mollets, les cuisses, le torse de Ben jusqu'à sa bouche. Matt s'écarte en se heurtant au rocher de glace que Benjamin est devenu. Il met quelques secondes avant de se calmer, puis le séisme cesse. Cloé est toujours en flammes mais semble ne rien ressentir. Est-ce que son élément eau est trop puissant pour qu'elle puisse être atteinte par le feu ? Ou est-ce autre chose ?

Cloé dispose ses mains de part et d'autre de Benjamin, qui n'arrive pas à s'échapper de son emprise, et elle réitère le geste qu'elle a eu avec Eddy : elle aspire son énergie vitale, et tente de lui effacer ses souvenirs. Benjamin vieillit à vue d'œil, alors que Cloé est en sueur. Vincent et Adam se sont rapprochés de Matt et observent la scène avec stupeur. Personne ne sait quoi faire. Que risque-t-elle ? Je tente une nouvelle fois de la stopper mais Ryan se baisse à mon niveau et glisse à l'intérieur de mon esprit : « *si Matt la laisse faire, c'est qu'elle peut y arriver* ». Cependant, je vois bien que Matt est en plein doute.

C'est alors que Benjamin ouvre de grands yeux en tentant d'atteindre Cloé par l'esprit, cette dernière pâlit à vue d'œil tandis que Jinn se précipite vers eux.

— Arrête ! Crie-t-elle à l'attention de Cloé.

Matt la retient d'un bras avant qu'elle ne l'atteigne.

— Matt ! Arrête-là. Eh ! Cloé ! Cloé ! Il sait où est ta sœur !

Cloé s'arrête lentement, mais pas comme si elle était surprise par ce qu'elle vient d'entendre. Elle regarde Jinn avec tristesse. J'ai l'impression qu'elle va vomir. Adam en profite pour venir dans le dos de Benjamin, il pose une main sur sa tête. Matt se déplace vers lui et lui touche l'épaule, visiblement pour redoubler son pouvoir. Benjamin s'évanouit enfin. L'accalmie revient.

Je regarde autour de moi. Ça pue la mort. Il n'y a plus aucun soldat de Feu. C'est terminé.

ET DEMAIN?

Matt semble être le même et je suis soulagée de ne pas l'avoir laissé absorber toute la monstruosité de son frère. Cependant, entre Eddy et lui, avec leurs souvenirs respectifs, j'ai l'impression d'avoir pris dix ans. Vincent a proposé à tous les survivants de venir prendre asile au château. Je me retrouve dans son bureau avec Adam, Vince et Matt pour que l'on prenne une décision concernant Emilie. Vincent est assis, la tête entre ses mains, immobile.

Adam me regarde d'une drôle de manière tandis que je me retiens de gratter mes omoplates. Qu'est-ce qu'elles me font mal ! Exactement comme la fois où Jinn avait réveillé mes pouvoirs dans le désert. Si j'avais su que c'était pour avoir des ailes ! Matt pose une main sur l'épaule de mon frère alors que ce dernier m'observe toujours.

— Laisse-la, dit-il.

Adam ouvre de grands yeux et le repousse instinctivement.

— Je t'ai fait confiance, Matt… Commence Adam, en s'énervant.

Matt grogne quelque chose en une langue que je ne connais pas. Je vois à travers la fenêtre tous les crépusculaires qui s'activent et saisissent les membres de l'Unité de l'Eau un par un. Matt fait apparaître une grosse bulle en verre qui semble venir d'une autre planète et se glisse devant, face à Adam.

— Ne touche pas à ça ! S'époumone Adam

Je ne l'ai jamais vu si stressé.

— Si tu veux pas que j'te fasse pareil qu'à Ben, oublie cette histoire d'effacer les Dons. Cette guerre est finie, et votre règne aussi.

— Ôte-moi d'un doute, c'est ma sœur que tu veux ou le pouvoir absolu ? Crache Adam.

Mon cœur manque un battement. Tandis qu'en bas, la foule s'affole. Je comprends que cette bulle, la « bombe » est l'arme suprême qu'Adam a fabriqué toute sa vie pour abolir les Dons. Je m'en approche, la touche et la glace. Adam se fige. Matt se retourne vers moi et Vincent lève la tête, vidé de son énergie qui le caractérise tant.

— Le pouvoir c'est moi qui l'ai. Ton mandat est terminé, ton Unité me revient de droit. Cette arme n'a plus lieu d'être, tes sujets te suivront où que tu ailles, non ? Je veux dire, ceux qui veulent oublier qu'ils sont différents. Partez en paix, moi je veux rester. Et Emilie décidera d'elle-même.

Je ressens un bien extraordinaire de pouvoir prononcer le prénom de ma sœur sans parler au passé. On sait où elle est. Elle est vivante. Je n'ai jamais été si heureuse. Je brûle d'impatience de la retrouver. Cependant, je sais à quoi m'attendre. Benjamin a transformé tous ses souvenirs pour lui faire croire qu'elle était folle. Depuis, elle est dans un hôpital psychiatrique dans un village perdu, que même les Sans-Don ne connaissent que très peu. Je ne sais pas comment on va inverser le sort maintenant que Benjamin a perdu tous ses souvenirs, mais on trouvera. Le principal c'est qu'elle soit vivante, et bientôt avec nous.

— Il n'y a plus d'Unité de l'Eau, répond Adam. On l'a faite exploser en partant au cas où Benjamin gagnerait. Le bouquet final, c'était ce que tu viens de glacer. Je pensais que c'était mieux si on redevenait tous… normaux.

J'avoue que je suis rassurée. Je n'avais aucune envie de diriger l'Unité de l'Eau, c'est pour Matt que je l'ai fait. Mais, j'ai le sentiment que ça ne l'importe plus, je ne sais pas pourquoi cependant.

— Je vais venir avec toi, dit soudainement Vincent. Laissons-les se débrouiller. C'est leur tour. Allons chercher Emie, et retirons-nous je t'en prie.

Son ton me fait monter les larmes aux yeux.

— Alors tu savais, pour eux deux ? Lui demande Adam en nous désignant Matt et moi du menton.

J'écarquille les yeux vers Vincent.

— Evidemment que je savais, je t'ai promis de la surveiller. Allez, on s'en va. Va prévenir ton Unité.

Il se dirige vers la porte et je le rattrape.

— Eh, Vince, on ne te met pas dehors, lui dis-je, en attrapant la manche de sa chemise comme une enfant.

Il regarde ma main et rit.

— Et puis, je viens la voir avec vous, Emie.

— Reste là, il faut que tu parles à *ton* Unité, que tu rassures les troupes. Je la ramène ici ce soir. Il faut qu'on la kidnappe sans l'effrayer.

C'est moi qui suis effrayée quand il parle de diriger l'Unité Neutre. Je ne vais pas y arriver. Je ne veux pas diriger. Je me tourne vers Matt. Ses yeux me transpercent. Je baisse alors les miens au sol.

— Je suis désolée. Je ne peux pas le faire. Je ne veux pas le faire. Fais le toi-même. Je vais voir Emilie.

Et je m'éclipse sans attendre de réponse.

L'hôpital est minuscule. Je reste assise devant le bâtiment orangé et j'attends que la nuit tombe. L'équipe médicale est en réunion, je saisis l'opportunité pour aller voir Emilie.

Je trouve un papier avec le nom des patients et le numéro des chambres. Aucun ne correspond à celui de ma sœur. Je les fais alors toutes, jusqu'à tomber sur la sienne.

Elle est sur le lit, ses cheveux bruns tombant sur son épaule jusqu'à sa main. Elle paraît vraiment folle, en effet.

Je m'approche lentement et m'assois sur son lit. Elle lève ses yeux vers moi. Une larme m'échappe.

— Vos yeux sont différents, dit-elle.

— Je suis différente.

— Vous venez de là-bas ?

Je réfléchis un instant.

— J'habite au château, je suis venue te chercher.

Elle sourit.

— Vous en avez mis du temps.

Cette fois, je pleure pour de bon.

— Je suis désolée.

Elle me prend instinctivement dans ses bras. Qu'est-ce qu'elle est fine ! Elle ne mange pas assez. J'essuie mes larmes d'une main en entendant du bruit dans le couloir.

— Tu es prête ? Ferme les yeux.

Elle fait un signe de tête. Et je nous éclipse… Dans ma chambre, assises sur mon lit. Je suis finalement devenue plus puissante qu'Adam. Elle ouvre les yeux et regarde autour d'elle. Puis, elle se lève doucement et sort sur la terrasse.

Je la suis.

— J'ai souvent fait ce rêve… Commence-t-elle.

J'attends patiemment la suite, pour ne pas la brusquer, mais elle ne finit pas. Elle se retourne brusquement vers moi et ses yeux me transpercent.

— Avez-vous de la famille ?

— J'ai un frère, et une sœur, dis-je, le cœur battant.

— Moi aussi ! S'écrit-elle.

Mon cœur s'accélère.

— Je sais…

— J'ai aussi un fiancé, mais personne ne me croit.

— Je te crois.

Elle me dévisage.

— Pourquoi ? S'énerve-t-elle

— Parce que tu n'es pas folle.

Elle semble réfléchir. Elle paraît si fragile. J'ai de nouveau envie de pleurer. Ma grande sœur… Qu'est-ce qu'il t'a fait ?

— Ce qui m'a le plus énervée, commence-t-elle, c'est de ne pas pouvoir lui souhaiter son anniversaire. Je suis sûre qu'elle m'attend devant l'école.

À ces mots, je n'ai qu'une envie : la prendre dans mes bras pour qu'elle me réconforte. Si tu savais, Emilie. Si tu savais comme ce que tu dis est vrai. Je t'attends encore, je t'ai attendue jusqu'à aujourd'hui et te voilà devant moi sans pouvoir te rappeler que la petite fille dont tu parles, c'est moi.

— Avez-vous de la famille ?

J'hésite.

— Oui.

— On m'a dit que je n'en avais pas, dit-elle.

Mes jambes succombent au poids de mon corps et je tombe au sol.

— Qu'est-ce que je peux faire ? Lui demandais-je, plus pour moi que pour elle.

Elle me regarde, d'un regard vide, absent.

— Appelez mon fiancé.

Je sais qu'elle est ailleurs. Mais au moins, cela fait deux fois qu'elle se rappelle de Vincent. Alors, je m'exécute. J'établis la connexion avec lui et il choisit d'apparaître à l'intérieur. Il sort lentement, comme pour ne pas l'effrayer. Elle lève les yeux vers lui, toujours aussi vides.

— Emilie, dit-il dans un souffle.

— Emilie ? Répète-t-elle

Je me remets à pleurer.

— Oui, tu es Emilie. Je suis Vincent, dit-il bêtement.

Elle se retourne vers la forêt.

— Vincent… Murmure-t-elle.

Puis, elle se retourne, paniquée. J'ai l'impression qu'elle a une soudaine prise de conscience mais ce n'est pas le cas, elle se met à se gratter les bras nerveusement, puis à trembler comme une feuille.

— Ça recommence ! S'exclame-t-elle. Je redeviens folle. Où sont mes médicaments ?

Vincent me regarde, impuissant.

Adam débarque dans mon dos, je le sens venir. Je ne peux toujours pas bouger. Emilie se fige en le voyant. Puis, elle se précipite vers lui et le frappe au visage.

— Je t'ai dit que je ne voulais plus jamais te voir !

— Si tu savais comme je m'en veux, avoue sincèrement Adam.

— Va-t'en ! Continue Emilie

Il baisse la tête et s'éclipse. Il aurait dû rester. Il aurait dû se battre pour elle. Il aurait dû se battre il y a des années. Il aurait dû se battre maintenant. Je retiens mes larmes alors que Vincent les laisse couler, pris de secousses. Je trouve le courage de me relever.

— Tu vas rester avec nous, ici. On va s'occuper de toi. Tout va bien se passer, lui dis-je, en m'approchant doucement pour ne pas qu'elle m'agresse comme elle a agressé Adam.

Elle réitère son expression de vide et ses yeux se perdent à nouveau dans la forêt. Je l'accompagne en bas, dans une chambre à côté de l'infirmerie et pas loin de celle de

Vincent. Ce dernier lui avait préparé une chambre avec des affaires pour qu'elle se change.

Je ne sais pas comment consoler Vincent. Déjà, c'est une bonne chose qu'elle soit vivante. Même si elle n'est plus vraiment la même. Elle ne récupèrera peut-être jamais ses souvenirs, ni ses traits de caractère. Mais elle est en vie, et c'est ce qui compte, non ?

Durant les semaines qui suivent, je ne m'occupe que d'elle. Vincent, Adam et Matt remettent de l'ordre dans les Unités, et Adam décide de partir chez les Sans-Don avec plusieurs de ses amis. Pour lui, Emilie n'est pas Emilie. Juste un corps qui lui ressemble. Il a toujours été pessimiste. Pour ma part, c'est ma sœur, et je l'aimerais dans n'importe quelle situation. Qu'il parte, cela fait longtemps que l'on n'a plus besoin de lui.

Matt réintègre l'Unité de Feu avec les crépusculaires. Quelqu'un doit les diriger pour ne pas qu'ils fassent n'importe quoi. Surtout après l'absorption massive de tous les pouvoirs. Naomi est repartie également avec Ryan, et Kélia a voulu la suivre. Quelques élèves d'ici ont également souhaité partager la liberté de l'Unité de Feu, maintenant qu'elle n'est plus dirigée par un tyran. D'ailleurs, Benjamin a pris la place d'Emilie à l'hôpital psychiatrique. Jinn va lui rendre visite parfois, accompagnée d'Enzo.

Emilie fait quelques progrès, ses sautes d'humeur ne sont plus aussi fréquentes et ses moments de lucidité durent un peu plus longtemps. Elle m'aime bien, même si elle ne sait pas que je suis Cloé, sa petite sœur. Vincent passe tout son temps avec elle. Il faut dire qu'elle ne le lâche pas, je pense qu'elle est en train de retomber amoureuse de lui, et Vincent l'accepte telle qu'elle est maintenant. Il n'a jamais cessé de l'aimer. Finalement, il a décidé de garder les commandes à l'Unité Neutre, parce que je le lui ai demandé. Officiellement, c'est moi la chef de la Neutralité, je prends des décisions avec lui, mais c'est lui qui les fait appliquer.

Les cours ont repris, sans moi. Lana et Davy sont partis en voyage de noce. Ils se sont mariés peu après la bataille, rien que tous les deux, de manière simple, et au plus vite car ils se sont rendus compte qu'ils pouvaient se perdre à tout moment.

Eddy, c'est de l'histoire ancienne, j'ai tourné la page. Il m'a menti bien sûr, quand il était sur le point de se noyer et qu'il m'a dit qu'il avait sauvé mon enfant. Qu'il était viable lorsqu'il l'a extirpé de mon ventre. Il a menti pour que je le laisse en vie, et je crois que c'est ce qui m'a poussé à le tuer. Je ne regrette rien, j'ai fait ce qu'il fallait.

Ophélie a reformé son village avec son père. Nous n'avons plus de nouvelle d'elle depuis. Sauf peut-être Jinn.

Mélodie et Ambre vagabondent à travers le monde. La routine commence à s'installer au château, mais je ne me sens pas entière. Pourtant, j'ai retrouvé Emilie.

Un soir, après minuit, Vince sort de la forêt, m'aperçoit sur ma terrasse. Il fait un bond et atterrit à mes côtés.

— Salut, dis-je.

Il s'assoit sans rien dire. Un café apparaît au creux de sa paume.

— Qu'est-ce que tu fais encore là, Cloé ?

— Je ne suis pas fatiguée.

Il expire bruyamment.

— Je ne parle pas de cela. Tu as peur de quoi ?

Je réfléchis. Il fait référence à Matt. Je souffle.

— Je n'en sais rien.

— Tu ne l'as pas déçu en refusant de gouverner les Unités. Je t'assure Cloé.

— Tu parais si sûr de toi. Comment peux-tu savoir qu'il me veut à ses côtés ? Il n'est pas venu me le dire à ce que je sache.

— Et il ne le fera pas, il pense que ses mots ont trop d'impact sur tes décisions.

— Comment sais-tu tout cela ? Comment as-tu su pour lui et moi ?

— Je le connais depuis si longtemps, depuis qu'il est tout petit… Et je te connais aussi. Crois-moi, Cloé, le temps est court. Va lui parler au moins.

Il boit son café d'une traite et s'en va sans me laisser le temps de répondre. Je ne suis pas du tout sûre de moi. Qu'est-ce que je vais dire à Matt si je me retrouve en face de lui ? Je n'ai aucune nouvelle depuis la bataille, rien du tout.

Je décide de me coucher pour ne plus y penser. Je m'allonge un instant et ferme les yeux. Sauf que je me réveille toutes les cinq minutes.

À 4 h 35 je me lève de nouveau. Je prends une douche, enfile ma plus belle robe, des talons et mets une touche de maquillage. Je profite de mon soudain élan de courage pour m'éclipser à l'Unité de Feu. Rien n'a changé ici et pourtant tout semble différent.

Des jeunes rigolent au loin, on entend la musique des pubs partout dans les rues sombres. Je m'approche des portes du château et m'apprête à toquer lorsqu'une main me surprend sur mon épaule. Je me retourne vivement, activant instinctivement mes pouvoirs.

— Cloé ? M'interpelle Naomi.

J'éteins tout de suite mes pouvoirs, elle me prend dans ses bras. C'est rare.

— Naomi ! Lui dis-je en lui rendant son étreinte. Personne ne dort ici ?

— On vit plutôt la nuit, ici, depuis qu'il y a une majorité de crépusculaires. Viens voir, entre !

Elle m'accompagne à travers le château, il y a énormément de monde. Matt est au centre de la pièce principale et définit les rôles de chaque personne qui vient le voir. Il ne s'est pas aperçu de ma présence. Ça aussi, c'est rare. Il doit être débordé. Chaque crépusculaire l'aborde avec respect et crainte. Parfois, lorsque deux d'entre eux ne sont pas d'accord sur le partage des tâches, ou les terres que chacun occupera, Matt s'énerve dans un dialecte propre à eux. Un langage qu'il a sûrement inventé lui-même. Comme d'habitude, je l'admire. Naomi sourit en voyant mon expression et je tourne les yeux.

— Je veux bien t'amener dans sa chambre pour que tu puisses l'attendre mais personne ne peut y entrer.

— Je sais où elle est, merci Naomi. Tu m'as manquée tu sais.

Elle sourit.

— J'espère que tu arriveras mieux à dormir dans sa chambre que dans la tienne. Tu es toute cernée.

Elle s'en va rejoindre Ryan au coin du couloir et je leur souris à mon tour. J'admire encore un peu Matt — malgré la jalousie que j'éprouve chaque fois qu'une femme bat exagérément des cils devant lui — avant de décider de retrouver le chemin de sa chambre. Sans grande difficulté, j'arrive rapidement sur le pas de sa porte. Naomi a raison, je ne dors pas. Et je me sens extrêmement fatiguée.

J'hésite avant d'appuyer sur la poignée, et finis par le faire. La porte s'ouvre, j'en suis étonnée. Trop facile, non ?

Je passe un pied, puis l'autre, et referme la porte. Matt apparaît tout de suite face à moi. J'ai un élan de recul accompagné d'un petit hoquet de surprise. Je mets une main sur mon cœur, comme si cela allait le calmer. Il me regarde, sans émotion apparente. Il attend que je parle.

— Matt.

Il ne dit rien. Comme d'habitude, il rend les choses compliquées.

— Je ... Je suis désolée pour la promesse que je n'ai pas tenue. Il fallait que je te le dise. Je n'arrive plus à dormir.

— A cause de ça ? Demande-t-il, avec une rapidité qui me surprend.

Je baisse les yeux au sol.

— Je t'ai dit que j'allais sûrement te décevoir. Je n'aime pas cela, c'est tout.

— Quelle importance maint'nant ? C'était surtout dans le cas où Benjamin pourrait encore nuire.

— Pourquoi ?

Il hausse les épaules

— S'il avait gagné la guerre, on aurait eu une seconde chance de le vaincre en dirigeant les Unités. Et une excuse pour être ensemble.

J'essaie de deviner l'expression de son regard, en vain.

— On ... n'en a plus alors ?

— Plus besoin.

Il s'assoit sur le lit et s'ébouriffe les cheveux en expirant bruyamment.

— Qu'est-ce tu veux, Cloé ?

— Tu sais ce que je veux.

— Honnêtement, j'sais plus. Ça fait deux mois qu'la guerre est finie. Deux mois qu'on ne s'est pas vus. Comment tu veux qu'j'sache ?

J'en suis abasourdie.

— Parce que c'est évident ?

— C'qui est évident pour toi, l'est pas forcément pour moi.

— Qu'est-ce que tu veux, toi ?

Il s'approche à toute vitesse de moi pour s'arrêter à quelques millimètres, me dominant de tout son être. Il saisit une mèche de mes cheveux et la replace derrière mon oreille, comme à son habitude.

— T'étais en soirée ? Demande-t-il soudain.

Je reprends mon souffle : *hein ?* — Ah, il parle de ma tenue —

— Non, j'essayais de dormir. Et puis, j'ai décidé de venir te voir.

Il m'examine de la tête aux pieds. Je me sens mal à l'aise.

— Très bon choix.

Mon cœur s'accélère.

— J'adore l'effet que je produis sur ton cœur, chuchote-t-il

Je suis prise de frissons.

— Moi aussi.

Il paraît surpris, puis sourit. Mmh, quel sourire.

— Tu pensais réussir à mieux dormir ici ?

— Je n'ai pas très envie de dormir.

Il ne peut retenir une expression choquée.

— Cloé !

— Quoi ?

Il se reprend.

— Ne dis ça à personne d'autre, tu…

— Matt, depuis quand es-tu amoureux de moi ? Le coupais-je

Son visage s'attendrit. Il sourit de nouveau.

378

— Depuis toujours.

Je détourne le regard. Je ne pensais pas être si gênée. En réalité, je n'ai jamais, ô grand jamais pensé qu'il y ait pu y avoir une conversation comme celle-ci avec Matt. Je me sens soudainement exténuée. J'ai eu ma réponse. Celle que j'attends depuis des années. Celle que je n'ai jamais osé demander.

— Toujours ? Bien, alors, je crois que j'arriverais à dormir, maintenant.

Il rit et me fait une place dans son lit. J'enlève mes chaussures et me glisse à l'intérieur. Il ne s'allonge pas, et j'ai peur qu'il s'en aille. Peur que ce ne soit qu'un rêve.

— Tu ne restes pas ?

— Dors. J'reviens.

— Ne t'en vas pas.

Il passe une main dans mes cheveux et se lève. Cependant, il remarque que son départ m'angoisse, alors il s'approche de nouveau du lit, pose une main sur mon front, et je m'endors sur le coup.

En me réveillant, je réalise qu'il a utilisé ses pouvoirs pour que je m'endorme. Je suis furieuse. Puis j'effleure le lit de ma main, il est désert. La peur m'envahit. Je me lève d'un bond et fais quelques pas. Je ne suis plus à l'Unité de Feu mais dans sa maison blanche. J'ouvre la porte et descends les escaliers en courant. Je l'aperçois, adossé à son canapé, face à son ordinateur. Je suis soulagée. Il sourit, sans détourner les yeux de l'écran. Je me rends alors compte que je suis en sous-vêtements. Je me téléporte dans sa chambre et prends le drap blanc en l'enroulant autour de moi puis revient dans le salon. Ce mec n'a aucune gêne. C'est normal pour lui de me déshabiller chaque fois qu'il le souhaite.

— Depuis combien de temps je dors ? Demandais-je, pour ne pas m'énerver de bon… matin ?

— Ça fait trente-deux heures.

À ces mots, mon ventre se met à gronder. Il est quatorze heures. Cela fait deux jours que je n'ai pas mangé.

— Il y a des croissants dans la cuisine.

Il ne me regarde toujours pas. Je me dirige vers la cuisine, mange un petit déjeuner très copieux et me téléporte de nouveau en haut afin de me laver et de m'habiller. Matt m'a acheté des vêtements, comme l'autre fois. Un jean taille haute et une chemise blanche. C'est mignon. Je les enfile et fais les cent pas. Il se passe quoi maintenant ? Matt paraît tout aussi perdu que moi. Nous qui pensions que notre amour serait impossible, le rendre possible est soudainement... bizarre. Je me sens toujours aussi jeune et toujours aussi fragile face à lui.

Je redescends quand même les escaliers. Il va bien falloir parler un jour ou l'autre. Il me regarde descendre et arriver jusqu'à lui. Je tripote nerveusement les manches de la chemise. Il le voit et se tourne vers moi.

— Qu'est-ce que tu veux faire maintenant ? Demande-t-il

— Ce que je veux faire ?

— Ouais. Pour nous.

Je le sens entrer dans mon esprit, je ne le repousse pas. Cela me paraît tellement naturel. Je me concentre sur ce qu'il vient de me demander : « Nous » Euh, je ne m'attendais pas à cette question. Néanmoins, je sais de quoi il veut parler : je suis toujours à l'Unité Neutre et il est toujours à l'Unité de Feu. Qu'importe ? L'essentiel est qu'on finisse ensemble. Ça m'est égal qu'on ne soit pas au même endroit, et qu'on n'ait pas tout à fait les mêmes idées. L'important est qu'on puisse se retrouver chaque fois que l'envie nous vient. Je m'approche, me penche vers lui en l'embrassant timidement. Il se lève, me porte et nous déplace à une vitesse surnaturelle jusqu'à ce que mon dos touche la baie vitrée. Il me rend mon baiser bien plus assuré que moi. Ma réponse a l'air de lui plaire. Il sourit sur mes lèvres, de ce sourire si magnifique que j'aime tant, ce sourire qui marque le premier jour du reste de ma vie, du reste de *notre* vie.

Fin

Remerciements :

J'ai éprouvé le plus grand plaisir de ma vie en écrivant ce livre. Inventer une histoire, écrire un livre tel qu'il vous plaît, c'est comme découvrir le récit que vous aviez toujours voulu lire. Evidemment, je n'ai pas été seule à le faire. D'ailleurs, je souhaite remercier par écrit toutes les personnes qui m'ont aidée dans la réalisation de mon premier roman. À commencer par Roger, qui a su m'orienter et voir au-delà de mes mots. Je ressens une immense fierté quant à l'aboutissement des Trois Unités. Merci à ma famille de m'avoir soutenue et de me soutenir encore dans tout ce que j'entreprends, notamment Christine, qui croit en moi pour tout ce que je fais.

J'aimerais mettre un point d'honneur à souligner l'importance de Karla, Virginie, Madys, Greg, Mathieu et Nikita qui ont lu mon roman en tout premier et mis en avant ses défauts et ses qualités. Leur honnêteté m'a beaucoup aidée et appris. Je suis très heureuse d'avoir fait confiance à David et Stephane, de Sudarenes Editions et à toute leur équipe. Merci également aux personnes qui m'ont supportée au quotidien pendant l'écriture de ce récit, les personnes qui partagent ma vie : mes parents, mes frères et sœurs, Mohamad, Estelle, les Botta, mes danseuses et amies.

Pour finir, un ENORME merci à mes lecteurs, j'espère que vous avez pris autant de plaisir à le lire, que j'en ai pris à l'écrire.

Big love <3

Andréa.